Tim Keller ha sido un mentor in 

sotros.
Este libro es un relato abundante ... ual, de
las personas que ayudaron a llevarl ... iyeron
a los éxitos de la Iglesia Presbiteria... en la Ciudad de Nueva York.

George Marsden, autor de *Jonathan Edwards: a life*
[Jonathan Edwards: Una vida]

Collin Hansen examina con brillantez la historia detrás de uno de los pensadores, maestros y escritores más grandes de nuestro tiempo. Si la obra y ministerio de Tim Keller lo han bendecido tanto como a mí, debe leer este libro.

John Thune, senador estadounidense de Dakota del Sur

Como admirador de Tim Keller, estaba deseoso por leer esta biografía y Collin Hansen no me decepcionó. En su narrativa escrita con una calidad maravillosa, aprendemos mucho sobre las personas, las experiencias y las luchas que han moldeado al asombroso ministerio de Tim. Puedo añadir que encontré este libro inspirador, pero ¡soy consciente de que esto no hace justicia a las amplias maneras en que también habló a mi alma!

Richard J. Mouw, presidente emérito, Seminario Teológico Fuller

Esta es la historia de un hombre con inusuales dotes innatos de análisis y síntesis, de la vida hogareña y familiar que lo ha moldeado, de las personas tanto fallecidas hace mucho tiempo como contemporáneas de cuyas percepciones se ha apoderado para comunicar el evangelio y también de los giros y vueltas de la providencia de Dios en su vida. Estas páginas bien podrían haberse titulado *Cómo llegó a ser Tim Keller*. Ese «llegó a ser» no fue un camino rápido ni fácil. Sin embargo, el relato de Collin Hansen será tan desafiante como instructivo para los lectores.

Sinclair Ferguson, autor de *El Cristo completo*

Tim Keller es un padre espiritual para mí y para muchas personas a través de sus enseñanzas. Nadie ha moldeado más mi visión de Dios y de la Escritura, por lo que ¡es un tesoro poder leer todo lo que ha moldeado la suya! Esta es la historia de un hombre fiel e imperfecto y del Dios que tanto ama y por quien ha dado su vida en servicio.

Jennie Allen, autora de *Controla tu mente* y
fundadora y visionaria de IF:Gathering

El estudio informativo de Collin Hansen sobre Tim Keller explica cómo este calvinista tradicional llegó a ser tan efectivo como ministro en la Ciudad de Nueva York a pesar de que esta tiene la reputación de ignorar cualquier aspecto tradicionalmente cristiano. De especial importancia fueron las diversas influencias que incluyeron autores y predicadores conocidos, pero también los maestros de la Biblia y ejemplos pastorales menos conocidos, así como los compañeros presbiterianos que combinaron énfasis culturales, bíblicos y pietistas con el doctrinal. Bajo la autoridad de Dios, esta mezcla no solo ha funcionado, sino que también ha demostrado a otros el poder de permanencia, incluso en un mundo hipermoderno, de lo que podría llamarse calvinismo de caparazón blando.

MARK NOLL, AUTOR DE *AMERICA'S BOOK: THE RISE AND DECLINE OF A BIBLE CIVILIZATION, 1794–1911* [EL LIBRO DE ESTADOS UNIDOS: EL ASCENSO Y LA DECADENCIA DE UNA CIVILIZACIÓN BÍBLICA, 1794–1911]

Los sermones y los libros de Tim Keller me han influenciado mucho, pero creo que lo que más me influyó fue su curiosidad. Conocer sobre las personas y los lugares que cultivaron su *brillantez* (una palabra dramática pero adecuada) se siente como un regalo que no sabía que necesitaba.

JACKIE HILL PERRY, MAESTRA BÍBLICA Y AUTORA DE *EL DIOS SANTO*

Tim Keller ha hecho el arduo trabajo de ser un servidor fiel en este mundo roto. Su amor al prójimo y su testimonio constante del evangelio son inspiradores y aleccionadores. Incluso los que hemos subrayado sus muchos libros y escuchado decenas de sus sermones aprenderemos mucho sobre las ideas, las personas y los eventos (desde el tumulto de la contracultura de la década de 1960 y los atentados terroristas del 11 de septiembre hasta los tiempos polarizados que vivimos en la actualidad) que dieron forma a la vida y ministerio de Tim. El libro de Collin Hansen es un regalo especial.

BEN SASSE, SENADOR ESTADOUNIDENSE DE NEBRASKA

Al igual que a millones de personas, el ministerio de Tim y Kathy Keller me ha impactado en gran manera. En los últimos años, a medida que los he ido conociendo, aprecio cada vez más su fe inquebrantable en Jesús. Creo que todos los que nos hemos beneficiado de su ministerio nos interesaremos por aprender más sobre los eventos y decisiones que han dado forma a su vida.

BILL HASLAM, CUADRAGÉSIMO NOVENO GOBERNADOR DE TENNESSEE

Mi fe en Dios fue un desafío diario frente a millones mientras copresentaba *The View*. Esa misma década, mi pastor, Tim Keller, enseñó sin juicio los hechos de la Biblia a los incrédulos. Su enseñanza profundizó mi entendimiento de cómo despojarme de la vergüenza y me preparó para vivir la verdad y la gracia del evangelio mientras lo compartimos. Este libro iluminará las motivaciones detrás de la persona de Tim Keller.

ELISABETH HASSELBECK, GANADORA DEL PREMIO EMMY Y COANFITRIONA DIURNA DE *THE VIEW* Y AUTORA MÁS VENDIDA DEL *NEW YORK TIMES*

En nuestro tiempo, pocos líderes cristianos tienen una visión de la fe tan reconocible y tan influyente a nivel global como Tim Keller. En este libro cautivador, Collin Hansen traza el fascinante abanico de figuras cuyos escritos y ejemplos han influido esa visión y guía a los lectores a una vida dedicada a explorar y destilar lo mejor de la tradición cristiana. Al humanizar a una figura imponente, Hansen desafía a su propia audiencia a aprender de la deliberación que marca el propio viaje de Keller en la fe. En pocas palabras, no pude dejar de leer este libro.

JAMES EGLINTON, PROFESOR TITULAR MELDRUM EN TEOLOGÍA REFORMADA, NEW COLLEGE, UNIVERSIDAD DE EDIMBURGO

Estoy muy agradecido por este trabajo tan bien escrito y documentado. Collin Hansen revela cosas desconocidas para muchos de nosotros. Por supuesto, este es un libro sobre Tim Keller, pero al final, es un libro sobre Jesucristo. Estoy bastante seguro de que esto fue intencional o al menos instintivo y, como resultado, es una delicia.

TIM FARRON, MIEMBRO DEL PARLAMENTO BRITÁNICO Y EXLÍDER DE LOS DEMÓCRATAS LIBERALES

TIMOTHY KELLER

Su formación espiritual e intelectual

COLLIN HANSEN

Timothy Keller: Su formación espiritual e intelectual

B&H Publishing Group
Brentwood, TN 37027

Diseño de portada: Micah Kandros Design
Foto portada: Arianne Ramaker

Clasificación Decimal Dewey: B

Clasifíquese: KELLER, TIMOTHY \ CLERO-BIOGRAFÍA

ISBN: 978-1-0877-8514-1

Impreso en EE. UU.
1 2 3 4 5 * 26 25 24 23

A mi abuelo, William,
quien proclamó el evangelio antes de mí,
y a mi hijo, William,
por quien oro para que proclame el evangelio después de mí.

CONTENIDO

Parte 3: Prueba de fuego (1975 a 1989)

Parte 4: De Ciudad Gótica al mundo (1989 hasta la actualidad)

PREFACIO

«Cuando salga por la puerta, las primeras diez mil personas que vea no tendrán ni idea de quién es».

Así es como Kathy Keller describió a su marido, Tim, quien caminaba por las aceras de Nueva York. El asistente de Tim desde hace mucho tiempo, Craig Ellis, ha caminado con él por muchísimas calles de Nueva York y han hecho incalculables viajes juntos en metro. Nadie reconoce nunca a Keller.[1] No es que no sea notorio entre la multitud, ya que mide alrededor de 1,93 m (6 ft 4 in) y es calvo. Además, es una de las pocas personas que se ven por la calle leyendo un libro abierto.

Es más probable que se lo reconozca en Londres que en Nueva York, donde vive desde hace más de treinta años. Cuando Billy Graham organizó cruzadas evangelizadoras en Nueva York en 1957, buscó publicidad asociándose con personas ricas y famosas para así construir una plataforma más grande para predicar el evangelio. Cuando Tim Keller fundó la Iglesia Presbiteriana Redeemer en 1989, evitó deliberadamente publicitar la iglesia, en especial, ante otros cristianos.[2] Quería conocer a los escépticos de la religión en el barrio Upper East Side más que vender libros en Nashville. Ya fuera que la visitaran en ocasiones o que se unieran como miembros, celebridades como Jane Pauley, Elisabeth Hasselbeck, Robin Williams y Diane Sawyer descubrieron una iglesia que no explotaba su fama para llamar la atención.

Entonces, ¿por qué escribir sobre alguien con tan poco interés en la publicidad? Porque, en realidad, no se trata de él. A diferencia de una biografía tradicional, este libro relata la historia de Keller desde la perspectiva de quienes lo influenciaron, más que de su propia influencia. Quien conoce de cerca a Keller, sabe que no le gusta hablar de él mismo, pero sí de lo que lee, lo que aprende, lo que ve.

La historia de Tim Keller es la historia de sus influencias espirituales e intelectuales, desde la mujer que le enseñó cómo leer la Biblia, hasta el profesor que le enseñó a predicar a Jesús a partir de cualquier texto y el sociólogo que le instruyó a ver más allá de la superficie de la sociedad.

Con acceso libre a la familia, amigos y colegas de Keller, visitamos la casa de su infancia donde luchó contra los hostigadores. Volvemos a la pequeña iglesia sureña donde aprendió a cuidar de las almas. También exploramos la ciudad que lo elevó a la fama internacional que nunca quiso. Niño en los años 60, estudiante en los 70, plantador de iglesias en los 80 y líder de una de las iglesias más grandes de Nueva York el 11 de septiembre de 2001, la vida de Tim Keller abarca muchos de los acontecimientos más tumultuosos del siglo pasado.

Esta es la historia de las personas, los libros, las conferencias y, en última instancia, del Dios que moldeó a Timothy James Keller.

PRIMERA PARTE

SINCERO PARA CON DIOS

1950 a 1972

UNO

RIVALIDAD ENTRE MADRES

Allentown, Pensilvania

1950 a 1968

La abuela de Tim Keller les prohibió a sus dos hijos luchar en la Segunda Guerra Mundial. La prometida de uno de ellos estaba tan avergonzada que rompió el compromiso cuando él se registró como objetor de conciencia. El otro hijo, William Beverly Keller, conoció a su esposa en el pabellón de hombres violentos de una institución mental.

A William, conocido como Bill Keller, siempre le gustó contar la historia de esa manera. Louise Anne Clemente trabajaba como enfermera y Bill debía cumplir su servicio militar. Cuando ambos tenían veintidós años, se casaron en Wilmington, Delaware, el 24 de mayo de 1947. El matrimonio entre los Keller y los Clemente representó el cambio de las normas sociales en Estados Unidos tras la Segunda Guerra

Mundial. A medida que las parejas jóvenes se casaban cruzando bordes religiosos y étnicos, cambiaron las lealtades confesionales y contribuyeron al crecimiento de un movimiento evangélico. El hijo mayor de los Keller fue bautizado como católico romano, confirmado como luterano, se inscribió en el seminario como arminiano wesleyano y lo ordenaron como presbiteriano.

Bill Keller nació en 1924 en Quakertown, Pensilvania. Su madre estuvo bajo la influencia de los pacifistas menonitas de la zona. Una abstemia que detestaba las políticas y los programas del presidente Franklin Delano Roosevelt, pertenecía a la Iglesia de Dios (Santidad). La familia Keller, sin embargo, contaba con varios veteranos de la Revolución de las Trece Colonias en su historia familiar. El primer Keller en Estados Unidos llevó a su esposa y a sus cuatro hijos a Filadelfia desde Baden, Alemania, en 1738. Se instalaron en una granja en el condado de Bucks, Pensilvania, y construyeron su vida en torno a la iglesia y a la escuela luteranas. Durante 200 años, generaciones de Keller no se alejaron de su hogar.

Por su parte, el abuelo materno de Tim Keller nació en 1880 cerca de Nápoles, Italia, y llegó a Estados Unidos a los dieciocho años. Su abuela materna era hija de inmigrantes italianos en Estados Unidos y nació justo antes del inicio del siglo XX. Sus padres arreglaron el matrimonio.[1] Cuando Bill Keller y Louise Clemente se casaron en 1947, tuvieron que realizar la ceremonia en la casa del cura en lugar de hacerlo en la iglesia, porque Bill era luterano. Louise nunca perdonó tal desprecio e hizo bautizar a su hijo mayor como católico, pero abandonó la iglesia y educó a sus hijos como luteranos.

Louise dio a luz a Timothy James Keller en Allentown, Pensilvania, el 23 de septiembre de 1950. Bill enseñaba arte en un pequeño distrito escolar al sur de Allentown y vivían en un apartamento. Como a Bill no le agradaba su trabajo, abandonó la enseñanza por una carrera en publicidad con el objetivo de poder aportar un ingreso más estable a su familia; por consiguiente, comenzó a diseñar cocinas para Sears. La familia se trasladó a Allentown y construyó una nueva casa frente a los padres de Bill en un terreno que había sido el jardín de la abuela Keller. Con el tiempo, Bill aceptó un trabajo en un comercio minorista llamado Hess Brothers y ascendió de gerente de publicidad a gerente de promoción de ventas. Como ejecutivo, Bill pasaba muchas horas fuera de casa, lejos de su familia. Louise no esperaba que él cocinara, limpiara o cambiara pañales; en realidad, no esperaba que hiciera nada para ayudarla a criar a sus hijos.[2] Los amigos de Tim Keller recuerdan a Bill como una «sombra», sentado en silencio en su silla.[3]

Todos sabían quién administraba la casa.

Quién manda

Nacieron dos hijos más: Sharon Elizabeth en 1953 y William Christopher en 1958. Tim dedicó su libro *Caminando con Dios a través del dolor y el sufrimiento* «a mi hermana Sharon Johnson, una de las personas más pacientes y gozosas que conozco, quien me ha enseñado mucho a sobrellevar las cargas, enfrentar el dolor y confiar en Dios».[4]

Tim lideraba el camino para sus hermanos menores. Le enseñó a su hermana menor, «Shu», a montar en bicicleta empujándola hacia a una pila de cajas. También le enseñó a mantener el pulgar fuera del puño al dar un puñetazo para no romperlo. Escribía las historias para sus espectáculos de marionetas, donde vendían entradas y bocadillos. Shu recordaba escuchar a Tim mientras él se subía a la copa de un pequeño árbol y le contaba historias entre las hojas. Tim compuso una rutina de comedia sobre los primeros años de la historia de Estados Unidos. Al reproducir los álbumes de discos de sus padres, actuaban *The Music Man* y cantaban melodías de Stan Freberg. Tiempo después, cuando quería impresionar a su futura esposa, Kathy, tenía todo un catálogo de musicales al que recurrir, ya que era la única música que Louise permitía en casa, aparte de la ópera.

Ya que vivían en la penúltima calle de Allentown, sin biblioteca y con un solo vehículo familiar, los niños Keller aprovechaban al máximo los libros que su madre acumulaba. Y no es que los Estados Unidos de los años cincuenta le hubieran dado muchas alternativas con una señal débil en los pequeños televisores a blanco y negro. Tim ya leía a los tres años, incluso sin la inusual ayuda de sus padres. Los niños Keller desarrollaron amor por la historia y la no ficción, en general, cuando leyeron *Auge y caída del Tercer Reich* de William Shirer y, de manera especial, con la enciclopedia *Funk & Wagnalls Standard Reference Encyclopedia*. Cuando veían algo en la televisión, Tim quería buscarlo en la enciclopedia; no importaba el tema del artículo, le fascinaba todo. Parecía retener todo lo que aprendía y les daba lecciones a sus hermanos menores. La familia no tenía mucho dinero para libros, pero poseían una colección de obras de Rudyard Kipling y ejemplares de *Jane Eyre*, de Charlotte Brontë, junto con *Cumbres borrascosas*, de su hermana Emily Brontë.

Puede que Tim haya sido el cabecilla para sus hermanos menores, pero todos sabían quién mandaba. Las visitas no podían ni siquiera caminar por el pasillo sin que Louise les preguntara adónde iban.[5]

«Mi madre tenía una enorme necesidad de control —comentó Sharon—. El problema era que, ya que ella nos crio, había una sola manera de hacerlo: la suya. Y si eras diferente, estabas equivocado. No existía eso de: "Cada maestrito con su librito y, si no puedes encontrar una puerta, abre una ventana"».

La educación católica italiana de Louise Keller exigía que su hijo mayor la hiciera sentir orgullosa y que su hija mayor la hiciera feliz. Los tres hijos desarrollaron un don intuitivo para discernir el desagrado de los demás.

«Creo que era más dura con Tim, sin duda —expresó Sharon—. Tenía días en los que parecía que decía: "Esta semana le voy a enseñar a Tim quién manda"».

Cada niño afrontaba la presión de forma diferente. Por un lado, Sharon se escapaba en fantasías infantiles. Por el otro, Billy y Tim adoptaron la inclinación de su madre de hacer justicia, pero tenían vidas interiores secretas. Tim se opuso. Desafió. Discutió. No pudo ganarse el afecto y la aprobación de su madre. Muchos años después, cuando Tim se casó con Kathy, ella notó lo que más tarde llamaría «la rivalidad entre madres» entre Louise y su hermana mayor, Angela. El primo de Tim se graduó en la universidad a los quince años y llegó a ser ingeniero químico. Sin embargo, Tim no pudo igualar su brillantez, por lo que no consiguió que su madre ganara puntos en la importantísima rivalidad entre hermanas.[6] Sharon veía a su madre como una persona insegura que tenía la necesidad de que la vieran como la mejor en su papel para demostrar su valor.

«La inteligencia de Tim era muy amplia —dijo Sharon—. No creo que mi madre lo entendiera mientras crecíamos. Tim es un pensador global. Ella no lo era».

Un programa de aprendizaje acelerado, que la escuela abandonó más tarde, dejó cicatrices emocionales en el joven Tim. En tercer nivel, entró en las «clases de oportunidad» para jóvenes superdotados de Allentown. Los «mejores y más brillantes» estudiantes no asistían a clase con sus vecinos, sino que se reunían dentro de una escuela que se encontraba en uno de los barrios más pobres de la ciudad. No es difícil entender por qué el distrito cambió este plan incluso antes de que Tim se hubiera graduado del bachillerato. Estos «cerebritos» estaban marcados por el acoso, las burlas y las provocaciones. La escuela contribuyó al sentimiento de soledad de Tim en su infancia. Creció socialmente torpe, un invisible que no sabía cómo hacer o mantener amistades. Se refugió en la lectura como forma de controlar su entorno y afirmar su propio valor. Sin embargo, entre la soledad y el implacable perfeccionismo de su madre, Tim se volvió propenso a la constante autocrítica interna.

No obstante, Shu recuerda cómo su hermano mayor se adaptaba a condiciones adversas. Tim y su hermano menor, Billy, asistieron a las clases de oportunidad y se convirtieron en el blanco de los hostigadores del barrio. Tal vez al recordar cómo y por qué conoció a su padre, Louise prohibió a sus hijos meterse en peleas. Por puro instinto de supervivencia, Tim desarrolló una habilidad para salir airoso de los apuros con los hostigadores. Además, desarrolló aún más esa habilidad en las frecuentes discusiones con su madre, que no se privaba de decirles a sus hijos lo mucho que la decepcionaban.

«Una de las razones por las que creo que le va tan bien al hablar con la gente es la forma en que tuvo que arreglárselas para tratar a nuestra madre —comentó Sharon—. Y lo logró. Si no fuera por él, nunca habríamos visto *Star Trek*. Era él quien presentaba el argumento para ver esto o hacer aquello. Nuestra madre era bastante inflexible cuando se trataba de conseguir lo que pensaba. Según ella, nos estaba ayudando y dando buenos modales».[7]

Bajo el peso de la culpa en casa, Tim encontró cierto refugio en otras actividades. Si bien probó con la lucha libre, se destacó tocando la trompeta en la banda que marcha.[8] Tim valoraba tanto su experiencia con los Boy Scouts que uno de sus hijos llegó a ser Eagle Scout (el rango más alto de la organización) incluso cuando vivía en la isla Roosevelt de Nueva York. Kathy apodaría más tarde a su esposo «Boy Scout» porque su compromiso de hacer lo correcto no le permitía ni siquiera estacionarse delante de una boca de incendios en la ciudad.[9]

Iglesia Evangélica Congregacional

Incluso dentro de su familia de inmigrantes italianos, Louise Keller se destacaba por su alto nivel moral y juzgaba a otros católicos por no estar a la altura. Tiempo después, en su matrimonio, Louise Keller culpó a su marido de abandonar su liderazgo en la vida religiosa de la familia, por lo que ella terminó asumiendo tal responsabilidad. Como enfermera durante la guerra, Louise tenía una amiga protestante que leía la Biblia y oraba por ella, lo cual era ajeno a su experiencia católica. A Louise le fascinaba ver que su amiga podía interactuar de manera personal con

Dios. Después del bautismo de Tim, llegó a la conclusión de que la Iglesia Católica no se adhería a la Escritura.

De este modo, llevó a la familia a la iglesia luterana ancestral de los Keller, que, en aquella época, formaba parte de la Iglesia Luterana en Estados Unidos, una denominación que más tarde pasaría a formar parte de la Iglesia Evangélica Luterana en Estados Unidos. Los Keller asistían al servicio todos los domingos e incluso hicieron que Tim se bautizara de nuevo como luterano. Louise se convirtió en maestra de estudios bíblicos y en un pilar de la iglesia, que se encontraba a poco más de 1,6 km (1 mi) de su casa. Aunque no ponía mucho énfasis en la teología, Louise a menudo hacía juegos de preguntas bíblicas con sus hijos. De este modo, Tim memorizó los nombres de todos los reyes de Israel y de Judá.

De adolescente, a principios de los años sesenta, Tim asistió a las clases de confirmación en la iglesia luterana. En esta pequeña congregación, los pastores no permanecían mucho tiempo. Su primer profesor, un ministro jubilado, el reverendo Beers, ofrecía a sus feligreses una visión ortodoxa de la historia, las prácticas y la teología cristianas. Exigía a los alumnos que memorizaran el esquema de la Confesión de Augsburgo y enseñaba sobre el juicio y la creencia solo en Jesús para la salvación mediante el acrónimo SOS (en inglés) que enfatizaba que la ley muestra nuestros pecados y el evangelio muestra a nuestro Salvador. Era 1963, y esa fue la primera presentación clara del evangelio de la gracia que Tim Keller había escuchado.

Sin embargo, en ese momento de su vida, Tim no captó el mensaje; para él, no fue más que otra idea interesante que necesitaba dominar para aprobar una clase. Sin embargo, se había plantado una semilla. Más tarde, otro pastor, Jack Miller, regaría esa semilla cuando citó a Martín Lutero. De esa semilla del evangelio surgió el poder que, con el pasar del tiempo, transformó la vida de Tim y ayudó a definir su comunicación del evangelio como la liberación de dos tipos de legalismo.

El primer tipo de legalismo (salvación a través de buenas obras) lo aprendió de su segundo profesor de confirmación, un recién graduado del seminario luterano de Gettysburg, Pensilvania. Este ministro, que frustraba a la madre y a la abuela de Tim, abogaba por el movimiento de los derechos civiles en el apogeo del activismo social en 1964. Al igual que los profesores que después conoció Tim en la universidad, este ministro también ponía en duda la autoridad bíblica y lo que él consideraba doctrinas anticuadas. Dedicaba poco tiempo a hablar sobre la doctrina o la iglesia. El cristianismo era una cuestión de activismo político, un esfuerzo por hacer del mundo un lugar mejor.

La yuxtaposición entre su primer y segundo año de confirmación sacudió a Tim:

> Era casi como ser instruido en dos religiones por completo distintas. En el primer año, se nos había puesto frente a un Dios santo y justo, cuya ira solo podía aplacarse mediante grandes sacrificios y con un costo terrible. En el segundo, se nos hablaba de un espíritu de amor reinante en el universo, que requería que trabajáramos a favor de los derechos humanos y la liberación de los oprimidos. La pregunta directa que a mí me habría gustado hacerles a ambos era sencillamente «¿Cuál de los dos nos está mintiendo?», pero los adolescentes de mi tiempo no nos atrevíamos a hacer preguntas de esa clase, y mantuve la boca bien cerrada.[10]

Después de una década con los luteranos, Louise Keller encontró una perspectiva de la religión más afín a la suya en la Iglesia Evangélica Congregacional, que se enfocaba en el esfuerzo humano para mantener la salvación y alcanzar la perfección sin pecado. Tanto en su casa como en la iglesia, Tim Keller aprendió esta segunda forma de legalismo, la de la variante fundamentalista. Cuando Tim dejó su hogar para ir a la universidad, no solo conocía sobre Martín Lutero, sino que también se identificaba a nivel personal con él, a quien lo afligió una conciencia patológicamente exagerada que esperaba la perfección de sí mismo al tratar de vivir de acuerdo con sus normas y su potencial.

Esos estándares externos no hicieron más que aumentar cuando sus padres se hicieron amigos del obispo John Moyer, ministro de su pequeña denominación que tenía raíces alemanas en la tradición metodista. Cuando Tim se graduó del bachillerato en Louis E. Dieruff High School y partió hacia la Universidad Bucknell en 1968, su madre preveía que algún día volvería para dirigir la Iglesia Evangélica Congregacional. Quizás, una posición religiosa tan elevada demostraría su valor como madre.

Por otro lado, Tim no estaba tan seguro de querer relacionarse con el cristianismo. Un ciclo de vergüenza lo había dejado con la necesidad de una comunidad donde lo pudieran incluir y aceptar, incluso admirar y, si eso significaba abandonar la iglesia, que así fuera.[11]

DOS

EL HOMBRE ABSURDO

Universidad Bucknell

La promoción de 1968 de la Universidad Bucknell graduaría a 650 estudiantes cuatro años después, en 1972. Desde su último año del bachillerato hasta el día de graduación en la universidad, el mundo se transformó ante sus ojos.

Mientras se preparaban para graduarse del bachillerato, Martin Luther King Jr. fue asesinado en Memphis, Tennessee, el 8 de abril. Menos de dos meses después, Robert Francis Kennedy fue asesinado en Los Ángeles, California, el 6 de junio. Mientras se dirigían a la universidad, la Unión Soviética suprimió un movimiento reformista e invadió Checoslovaquia el 20 de agosto. Y la nación fue testigo de cómo la policía de Chicago del alcalde Richard Daley maltrataba a los manifestantes frente a la Convención Nacional Demócrata entre el 26 y el 29 de agosto.

Bucknell, una pequeña escuela de artes liberales en la zona rural de Lewisburg, Pensilvania, seguía siendo, en gran medida, tradicional y conservadora. Unos 2800 estudiantes vivían a poca distancia unos de otros, en tres agrupaciones de dormitorios. Durante gran parte de la década de 1960, se seguía esperando que los estudiantes respetaran los toques de queda y se regulaba el largo de los vestidos de las mujeres. También se exigía anunciar y acompañar a los hombres que visitaban a las mujeres en sus habitaciones.

La contracultura llegó con la clase de primer año de Tim Keller en 1968. Los estudiantes se dividían en maneras fáciles de reconocer: por un lado, los *hippies* de pelo largo hacían alarde del consumo de drogas y la liberación sexual, mientras que, por el otro, estaban los estudiantes tradicionales que lucían las letras griegas de sus fraternidades y hermandades. Keller, un muchacho tímido, nunca se arriesgó al rechazo de los estudiantes de negocios, ingeniería y ciencias en las fraternidades, pero tampoco encajaba con los *hippies*, a pesar de que tomaban juntos muchas clases de humanidades.

Según Keller, los *hippies* eran muy parecidos a los atletas.[1] La sede local de Estudiantes por una Sociedad Democrática era relativamente pequeña. A Philip Berrigan, un sacerdote católico romano y activista antibélico, lo encarcelaron en la prisión federal de Lewisburg después de conspirar para quemar registros de reclutamiento con napalm casero. Sin embargo, ningún movimiento masivo de estudiantes en la cercanía protestó por su encarcelamiento en esta pequeña ciudad del centro de Pensilvania de menos de seis mil habitantes.

Puede que Lewisburg no haya sido el centro de las protestas contra Vietnam, pero Bucknell siguió el ritmo de muchas de las tendencias académicas de moda. Las raíces de Bucknell se remontan a 1846, cuando la escuela fue fundada por bautistas. No obstante, cuando Keller llegó, la administración ya no fomentaba las expresiones tradicionales de la fe cristiana. Era la época del protestantismo histórico, cuando el dogma pasaba a un segundo plano para hacer el bien, cuando la Asociación Cristiana del campus cambió su nombre por el de Asociación para la Acción. Hacía tiempo que el departamento de psicología había dejado de lado a Sigmund Freud, pero el departamento de religión seguía asignando sus enseñanzas con regularidad. Solo dos años antes, la revista *Time* se preguntó: «¿Dios está muerto?», estimulada por la publicación de la obra de Thomas J. J. Altizer y William Hamilton, *Radical Theology and the Death of God* [Teología radical y la muerte de Dios].[2] La facultad de religión de Bucknell promovía la causa de Altizer y Hamilton en sus cursos.

Otra lectura popular del curso fue *Sincero para con Dios*, de John A. T. Robinson. Cuando el libro se reeditó en 2013, en su quincuagésimo aniversario, la editorial afirmó que el libro se había descrito como «la obra teológica más comentada del siglo XX». Se consideraba que los existencialistas como Martin Heidegger, Jean-Paul Sartre y Albert Camus eran los pensadores de vanguardia de la época. Robinson, un obispo anglicano, abogaba por reajustar los conceptos de Dios según líneas existencialistas y rechazar cualquier noción de que Dios se encontraba «por allí». Robinson terminó por reunir el trabajo de Paul Tillich, Dietrich Bonhoeffer y Rudolf Bultmann para refundar el cristianismo para la era nuclear. Cincuenta años después, el editor explica por qué *Sincero para con Dios* causó tanto revuelo:

> También personificó el espíritu revolucionario de una forma fresca y desafiante de ver el mundo, que, a lo largo de la década de 1960, provocaría la desintegración de las ortodoxias establecidas y normas sociales, políticas y teológicas. Articulaba las inquietudes de una generación que consideraba que estos valores tradicionales ya no eran aceptables ni necesariamente creíbles.[3]

Como estudiante de religión, Tim Keller leyó todos estos textos y muchos más. En un curso sobre la Biblia como literatura, escuchó la narrativa liberal estándar de que los Evangelios habían sido compilados como tradiciones orales de comunidades dispersas por el Mediterráneo. Los profesores de Keller le enseñaron que las comunidades no trataron de atestiguar la realidad histórica, sino más bien de elaborar una narrativa original que abordara su propia situación y consolidara su propio liderazgo. Con el paso de los años, estos relatos de transmisión oral adquirieron dimensiones aún más fantasiosas. Solo entonces, se registraron por escrito y se estandarizaron. Según esta interpretación, la noción de un Jesús histórico no es más que una fábula. La mayoría de los estudiosos de la religión de la corriente principal del siglo XX presentaban al Jesús histórico a su propia imagen: un maestro especialmente dinámico y lleno de sabiduría, que exigía justicia y ofendía a las autoridades.[4]

Los departamentos de historia y sociología de Bucknell no eran menos radicales, ya que estaban comprometidos con Herbert Marcuse y la teoría crítica neomarxista de la Escuela de Frankfurt. Keller estaba de acuerdo con algunos aspectos de su crítica a la sociedad burguesa estadounidense que lo había educado en Allentown, pero la filosofía que subyace a esta forma de marxismo lo desconcertaba de adolescente. No podía entender cómo la búsqueda de la justicia social coincidía con una comprensión de la moralidad como algo relativo. Desde un punto de vista intelectual, no pudo alinearse con la extraña fusión de Freud y la terapéutica moderna con el análisis cultural marxista.

Su confusión se intensificó aún más porque Keller no veía mucha preocupación por los problemas sociales en los cristianos que defendían la moralidad personal. Sabía que no podía conformarse con un cristianismo que ordenara el *apartheid* en Sudáfrica o la segregación en el sur de Estados Unidos.[5] Le horrorizaba la violencia que veía ejercerse en nombre de Cristo contra los afroamericanos y sus aliados en el movimiento por los derechos civiles en todo el sur. En su juventud, Keller se sintió horrorizado por una foto de James Meredith, a quien dispararon mientras marchaba por los derechos civiles en 1966. El tirador no demostró ninguna preocupación por Meredith ni por las consecuencias de su crimen. A Keller le costaba creer que toda una sociedad, en particular, una tan cristiana, pudiera racionalizar el mal de la segregación racial.

> Fue la primera vez que me di cuenta de que la mayoría de los adultos blancos mayores, de mi vida, me hablaban de cosas que estaban

> totalmente equivocadas. El problema no eran solo unos «pocos alborotadores». Los afroamericanos *tenían* derecho a exigir la reparación y rectificación de muchos males.
>
> Aunque crecí en la iglesia, el cristianismo empezó a perder su atractivo para mí cuando estaba en la universidad. Una de las razones de mi inconveniente era la desconexión entre mis amigos laicos que apoyaban el movimiento por los derechos civiles y los creyentes cristianos ortodoxos que pensaban que Martin Luther King Jr. era una amenaza para la sociedad. Me preguntaba ¿por qué los no religiosos creían con tanta pasión en la igualdad de derechos y la justicia, mientras que, a los religiosos que yo conocía no les importaba en absoluto?[6]

Durante estos años universitarios, tan diferentes a nivel intelectual y moral de la Iglesia Evangélica Congregacional de su juventud, Tim empezó a tener dudas sobre el cristianismo. Sin embargo, no era solo un problema intelectual para él; sencillamente no podía percibir nada real en el cristianismo. Durante dos años, se debatió entre la rígida fe evangélica de su madre, que no podía sentir, y la teología existencialista progresista de sus profesores, que no le satisfacía a nivel intelectual.

El nuevo nacimiento

Como estudiante de religión, Keller realizó cursos de judaísmo, islam, hinduismo, confucianismo y budismo. Sobre todo, quería encontrar una alternativa a la visión cristiana del juicio eterno, de la condenación y del tormento eterno consciente en el fuego del infierno. Buscaba una religión que no juzgara a nadie, sin importar lo que hicieran o creyeran. Él sabía que creía en un Dios de amor, solo que no sabía qué religión podía presentarle mejor a ese Dios, si es que alguna podía hacerlo.

Keller apreciaba el énfasis budista en el altruismo y el servicio desinteresado a los demás, pero esta religión no permitía ningún tipo de Dios personal y llegó a la conclusión de que amar es algo que solo puede hacer una persona. Las religiones paganas no ofrecían este Dios amoroso, con sus mitos de la creación llenos de dioses caprichosos e incluso maliciosos que luchaban entre sí. Tim encontró solo en la Biblia a un Dios que creó el mundo para su propio disfrute, por amor. El estudio de otras religiones ayudó a Tim a ver que no todas las perspectivas religiosas incluyen un Dios amoroso.[7]

De este modo, dirigió su atención a los argumentos históricos contra el cristianismo y, en particular, a la fiabilidad del Nuevo Testamento. Se dio cuenta de que el cristianismo es bastante inusual al afirmar que sus creencias fundamentales dependen de la exactitud histórica de sus declaraciones.[8] A medida que Tim investigaba lo que aprendía en clase, no le convencían las pruebas en contra de los primeros relatos escritos del cristianismo. Por consiguiente, llegó a la conclusión de que sus profesores de Bucknell y los libros revolucionarios que le asignaron estaban equivocados.[9]

Es posible que Keller no estuviera de acuerdo con la afirmación de la revista *Time* de que Dios estaba muerto, pero todavía no sentía que Jesús estuviera vivo. Los años en la iglesia no lo habían llevado a una experiencia personal de Dios. No oraba con ningún sentido de Su presencia y se sentía atrapado en una crisis de identidad. Percibía las intensas expectativas de su madre, pero le faltaba el deseo de cumplirlas. Mucho antes de los teléfonos inteligentes, Tim hablaba con sus padres no más que una o dos veces al mes y, cuando su madre le enviaba cartas, no solía responder. Sentía poco apego personal al cristianismo que conoció en su adolescencia y seguía buscando un lugar donde encajar y pertenecer. Valoraba la objetividad filosófica del aula, pero solo en retrospectiva pudo reconocer su necesidad real: que le importaba poco la verdad y más el pertenecer. En aquel momento se sentía solo y rechazado.[10]

Durante su segundo año, Bruce Henderson, amigo de Tim, vivía fuera del campus, en el tercer piso de un apartamento con techos tan bajos que Tim, por su altura, no podía estar de pie cómodamente. Por lo tanto, se quedaba a menudo fuera del apartamento, en lo alto de la escalera, con la espalda apoyada en la pared. Tim, «el maestro de las visitas sin avisar», según Bruce, a menudo debatía con tanto fervor que su amigo temía que los grandes brazos y manos de Tim abollaran las paredes del pasillo del apartamento. Bruce, que tenía tres trabajos en su época de estudiante, a menudo cedía porque no quería pagar los daños. Sin embargo, no daba el brazo a torcer del todo, ya que los dos jóvenes debatían sobre la identidad de un modo en que solo los estudiantes de segundo año pueden hacer: descontentos con la autoridad, pero sin la experiencia suficiente para encontrar una manera de proceder.

Bruce y Tim se conocieron y se hicieron amigos a través del ministerio InterVarsity Christian Fellowship, donde Tim había asistido al retiro de primavera en 1969 durante su primer año. Jim Cummings, un estudiante del mismo piso de la residencia de estudiantes de Tim, lo había invitado a las reuniones de InterVarsity. Con su trasfondo luterano y sus estudios de religión, Tim era un contacto atractivo para estos estudiantes con mentalidad evangelizadora. Él podía hablar el lenguaje de InterVarsity debido a su experiencia en la Iglesia Evangélica Congregacional. Incluso se comportaba como un cristiano porque quería tener amigos más que nada en el mundo. No pasó mucho tiempo antes de que los estudiantes de InterVarsity pusieran en sus manos un ejemplar de algunos libros de C. S. Lewis. Poco después, las obras de John Stott le hicieron retomar la distinción de Martín Lutero entre la ley y el evangelio, entre salvarse mediante buenas obras y recibir la salvación como un don de gracia. Lo que Tim había recitado para un examen de confirmación a los catorce años, ahora a los veinte, le parecía revolucionario. Empezó a ver que la rígida religión de su madre no era el único camino para ser un cristiano ortodoxo y creyente en la Biblia.

Aunque Keller había participado en varios eventos de InterVarsity, no formaba parte del círculo íntimo de la organización local durante el retiro de primavera, que se celebró en una granja que se había convertido en la casa de verano de un miembro de la facultad de Bucknell. No es que InterVarsity tuviera un círculo «externo». No había más de quince estudiantes activos en la división de Bucknell en la primavera y el otoño de 1969; e incluso ese pequeño grupo nunca estaba reunido a la vez. Tim aún no estaba preparado para unirse al grupo, pero había encontrado una comunidad que le ayudaría en su búsqueda de respuestas a sus muchas preguntas. Como mínimo, se trataba de alumnos dispuestos a debatir con él y que lo ayudaban a refinar sus propias creencias. A medida que los alumnos mayores se interesaban por él, Tim les correspondía, pero no les confesó que fuera de InterVarsity tenía otra vida, una aparte del cristianismo que había adoptado frente a los compañeros de este ministerio.

En enero de 1970, durante su segundo año, Tim sabía que no podía seguir con esa doble vida. Había estado leyendo los libros de InterVarsity y haciéndose amigo de los estudiantes del ministerio, pero solo quedaba un obstáculo. ¿Qué pasaría si se enamoraba de alguien que hiciera que la vida valiera la pena, pero el cristianismo planteara que no podían estar juntos? ¿No haría ese rechazo que un joven solitario se sintiera aún más solo?

Bruce Henderson recuerda un momento decisivo en su vigésimo cumpleaños, el 21 de abril de 1970, cuando se despertó y encontró a Tim sentado en el suelo, a los pies de su cama, esperándolo en silencio. Bruce sabía que había algo diferente, que algo importante había cambiado en Tim. Su lucha había terminado. Tim se había arrepentido de su pecado y había creído en Jesús; había puesto la fe y la confianza de su corazón solo en Cristo para la salvación.

Entonces, ¿qué pasó? ¿Por qué cambió? Sus preocupaciones intelectuales sobre el mal, el sufrimiento y el juicio no desaparecieron de repente; sin embargo, después de buscar respuestas en otras religiones y de debatir con los cristianos, Tim finalmente llegó a experimentar su necesidad personal de Dios. No se trataba de un método nuevo de iluminación espiritual. Por el contrario, por fin llegó al final de sí mismo. Abrumado por su pecado, confrontado con sus fracasos y defectos, Tim encontró al Dios del amor que se reveló en Jesucristo y en Su Palabra.[11]

Ya no se atrevería a juzgar a Dios. Ahora seguiría al Dios que es justo y que, al mismo tiempo, justifica a los pecadores. El único Justo había perdonado su pecado. El estudiante de religión se había convertido en discípulo de Jesús.

«Durante la universidad, la Biblia cobró vida de una manera difícil de describir», recuerda en su libro *Jesus the King* [Jesús el Rey]. «La mejor manera en que puedo expresarlo es que, antes del cambio, estudiaba minuciosamente la Biblia, cuestionándola y analizándola, pero después del cambio, fue como si la Biblia, o tal vez Alguien a través de la Biblia, empezara a estudiarme, a cuestionarme y a analizarme a mí».[12] Su madre y la iglesia de su juventud le habían enseñado que la Biblia es la Palabra de Dios, pero hasta este encuentro personal, las buenas noticias de los Evangelios no le parecían ser la realidad suprema.[13]

Keller no recuerda ningún cambio dramático que acompañara su conversión. Sin embargo, percibió una nueva realidad en su vida de oración y abandonó su doble vida de «libertad»[14] sin Dios. No obstante, sus amigos sí fueron testigos de un cambio.

«Si pregunta si hubo un cambio en Tim, seguro que lo hubo en la universidad —expresó Bruce Henderson—. Era muchísimo más amable y se podía llegar a él emocionalmente. De repente, estaba presente. Estaba ahí».[15]

Intelectualmente creíble y existencialmente satisfactoria

Keller tampoco se guardó esta experiencia para sí mismo. InterVarsity se convirtió no solo en su fuente de alimento espiritual, sino también en su válvula de escape para el activismo cristiano. Durante los dos años siguientes en Bucknell, los estudiantes de InterVarsity lo ayudaron a desarrollar un fervor por la evangelización: le enseñaron a estudiar la Biblia y a enseñarla a otros; y le ayudaban a fundamentar sus creencias y acciones en Dios mismo y no en un sentido subjetivo o fugaz del mundo.[16]

Menos de dos semanas después de que Bruce Henderson se encontrara a Tim a los pies de su cama, los estudiantes de InterVarsity estaban en medio de una crisis nacional. Era el final de abril de 1970 y se vivía el punto álgido del movimiento de protesta contra la expansión de la guerra de Vietnam por parte del presidente Richard Nixon al invadir Camboya. El 4 de mayo de 1970, soldados de la Guardia Nacional abrieron fuego contra los estudiantes que protestaban en el campus de la Universidad Estatal de Kent y mataron a cuatro personas. Los estudiantes de todos los campus de Estados Unidos, incluido el de Bucknell, respondieron con una huelga y se negaron a asistir a clases. Keller y los demás estudiantes de InterVarsity en Bucknell, no más de quince en total, oraron y debatieron si debían participar en la huelga, la cual siguió siendo pacífica. Las clases se habían cancelado y la mayoría de los estudiantes de Bucknell se reunían todos los días en el patio, dónde había un micrófono abierto que invitaba a escuchar diversos puntos de vista, los cuales favorecían las opiniones más liberales y progresistas. Los estudiantes de InterVarsity no estaban seguros de cuál era la mejor manera de contribuir a la conversación en el campus.

Pasado un tiempo, uno de los estudiantes hizo un cartel, con letras blancas sobre un fondo negro, y lo colocó en las afueras de la multitud. Durante los dos días siguientes, Tim y otro estudiante interactuaron con toda persona que se acercara al cartel que decía: «LA RESURRECCIÓN DE JESUCRISTO ES INTELECTUALMENTE CREÍBLE Y EXISTENCIALMENTE SATISFACTORIA». No obtuvieron mucha respuesta, más que nada, fueron burlas y miradas de reojo. Un estudiante, un amigable conocido, sorprendió a Keller gritando: «¡Tim, al diablo con Jesucristo!». Sin embargo, desde otra perspectiva, Keller recordó también muchas conversaciones sustanciales con estudiantes confundidos. Observó que cada persona que consideraba el cristianismo planteaba objeciones y preguntas racionales, así como personales, al igual que él antes de su encuentro personal con Dios.[17] Cuando Tim estuvo a cargo de la mesa de libros de InterVarsity, repartió muchos de los mismos libros que lo habían ayudado en su propio viaje de fe.

Keller se lanzó de lleno al liderazgo de InterVarsity. Él y Bruce, funcionarios entrantes de InterVarsity en Bucknell, viajaron ese verano de 1970 a Upper Nyack, Nueva York, para una sesión de entrenamiento de una semana con el legendario C. Stacey Woods. Los estudiantes de Bucknell fueron el resultado de las oraciones de Woods. InterVarsity había querido abrir una sede en Lewisburg, pero un capellán hostil había frustrado ese plan durante años.

Bruce no recuerda mucho de lo que aprendieron en el retiro. Sin embargo, recuerda que, durante el viaje de ida y vuelta de seis horas, y el tiempo juntos a orillas del río Hudson, él y Tim elaboraron las actividades de todo un año para InterVarsity; planearon retiros, nombraron a los oradores invitados, organizaron grupos pequeños, todo ello en una semana.

Esos planes incluían un concierto de *rock* con propósitos evangelizadores. Bruce conocía a un grupo de Pittsburgh que se llamaba John Guest y los Exkursions. Ese otoño de 1970, el grupo dio tres conciertos en Bucknell, que incluyeron breves sermones evangelizadores de Guest, un sacerdote episcopal. Guest, quien nació en Oxford, Inglaterra, había entregado su vida a Cristo a los dieciocho años en 1954, durante un sermón de Billy Graham. Con el tiempo, se convertiría en un reconocido evangelista por derecho propio y ayudaría a fundar el seminario Trinity Episcopal School of Ministry y formaría parte del consejo de la Asociación Nacional de Evangélicos.

Los conciertos de *rock* de Guest en Bucknell no dieron resultados evangelizadores inmediatos, pero dieron lugar a más de cien solicitudes de estudiantes que expresaban su interés en mantener conversaciones espirituales. El pequeño grupo de estudiantes de InterVarsity en Bucknell tenía ahora trabajo que hacer: el seguimiento de los estudiantes interesados.

«Esta era la especialidad de Tim —mencionó Bruce—. Tomó esas tarjetas y visitó, una por una, a cada una de esas personas. No sé cómo pudo hacer los deberes de la escuela. Le hacía realmente bien tener a estos jóvenes bajo su cuidado. Le encantaba».[18]

De repente, su promedio de notas se encontraba entre los últimos puntos de la lista de prioridades para Tim. Bruce recuerda haber asistido a una clase de psicología social con Tim, quien no demostraba gran afán ni proclividad por la escritura en aquella época de estudiante. Sin embargo, no importaba. Tim había encontrado su verdadero llamado en el ministerio público.

Los grupos pequeños que Keller y otros responsables de InterVarsity supervisaban proliferaron por todo el campus. La primera reunión de la sede contó con setenta estudiantes en lugar de la decena habitual que habían visto el año anterior. La propia fe de Tim floreció en el ambiente cargado de espiritualidad de esas crecientes reuniones de InterVarsity. Su compañero de cuarto durante cuatro años, Frank King, no profesó su fe en Cristo hasta su último año y, de hecho, se había frustrado con el flujo constante de estudiantes que pasaban y llamaban a Tim a todas horas. Los estudiantes más jóvenes de Bucknell estaban ansiosos por el consejo espiritual de Tim. Y él, a menudo, se conectaba de manera directa con sus esperanzas y temores más profundos.

«A partir de su propia experiencia de vida, tiene una profundidad de sentimientos que se refleja al predicar y que suena auténtica para la gente —expresó Janet Essig, una estudiante de primer año de Bucknell en el otoño de 1970—. No hablaba a las personas, sino que las escuchaba y estas se sentían animadas».[19]

Essig creció en Summit, Nueva Jersey, a unos 37 km (23 mi) al este de Manhattan. Eligió Bucknell porque lo consideró un refugio frente a los disturbios de muchos otros campus que había tomado en cuenta.[20] Se trató de una época turbulenta en muchas universidades y, hasta diciembre de 1972, el año en que Keller se graduó en Bucknell, no terminó el reclutamiento de Vietnam. Sue (Kristy) Pichert, de la misma clase que

Essig, recuerda Bucknell de forma un poco distinta, como una escuela de hermandades con tendencia a la fiesta. Ella eligió Bucknell porque sabía que tenían un grupo floreciente de líderes de la organización Young Life. Se había convertido en cristiana a través de un campamento de esa organización a los dieciséis años.

La primera vez que Sue oyó hablar de Tim Keller fue cuando recibió una nota escrita a mano por él, el verano anterior a su matriculación. Los responsables de InterVarsity se repartieron los 800 estudiantes de primer año y escribieron notas invitándolos a conocer la sede. En esta época, anterior a los teléfonos inteligentes, los correos electrónicos y los mensajes de texto, ella fue la única estudiante de primer año que contestó y solo después de que su hermana, Kathy, leyera la carta y aprobara el grupo. Dos años mayor, Kathy era una estudiante de primer año en la universidad Allegheny y ya había pasado por toda la gama de clases de religión con profesores incrédulos y capellanes que apoyaban todo menos el cristianismo genuino.

Durante la semana de los estudiantes de primer año, Sue (Kristy) Pichert se estaba instalando en el cuarto piso de la residencia femenina de primer año cuando dos estudiantes de último año la llamaron. Esto no era muy común y las otras mujeres estaban impresionadas. Uno de sus visitantes era Tim.[21] Como los estudiantes vivían tan cerca, Tim podía dar seguimiento a su lista de estudiantes de primer año interesados sin muchos problemas.

Durante el concierto de John Guest, muchos estudiantes de primer año sintieron que Dios estaba obrando de manera inesperada y poderosa. Janet Essig recuerda el concierto que se llevó a cabo justo afuera de su dormitorio. Sue conoció a otro estudiante de primer año creyente en Cristo, con quien se casaría más tarde. Su esposo, Jim Pichert, recuerda que Guest enfatizó la diferencia entre conocer a Jesús y saber de Jesús.[22] Cientos de personas asistieron al evento. Los estudiantes de primer año no podían creer la cantidad de cristianos que había en el campus, todos con el índice en alto para señalar «el único camino» hacia Dios a través de Jesús. Ese año, InterVarsity en Bucknell pasó de diez o quince estudiantes a más de cien, en gran parte impulsado por los creyentes fervorosos de esta clase de primer año. Muchos estudiantes profesaron una nueva fe en Cristo a pesar de que no había un programa organizado de evangelización. Para Tim y sus amigos, todo esto fue impactante y maravilloso.

«El movimiento de Jesús» había llegado a Bucknell.

Vida en comunidad

Los dos últimos años de Tim en Bucknell se caracterizarían por los intensos y frecuentes debates sobre Jesús con estudiantes que consideraban la fe cristiana.[23] Esta experiencia y la constante expectativa de avivamiento permanecerían con Keller el resto de su vida.

En la primavera de 1971, en nombre de InterVarsity, Tim invitó a Ed Clowney, el primer presidente del Seminario Teológico de Westminster, a visitar Bucknell y a dar una charla especial de evangelización. Dada la popularidad del existencialismo, Keller pidió a Clowney que abordara el tema «El cristiano y el hombre absurdo» y que hablara sobre Albert Camus y Jean-Paul Sartre. Camus era tan popular entre los profesores de la época que, en el mismo semestre, a Tim le asignaron la novela *El extranjero* en tres cursos distintos. Tim le había pedido la palabra a la persona adecuada. Clowney había estudiado al cristiano y existencialista danés Søren Kierkegaard para su maestría en Teología Sagrada en Yale.

Clowney esperaba una pequeña reunión de diez estudiantes para recibirlo después de su viaje de tres horas desde Filadelfia. En cambio, se presentaron unos 150. El evento solo ofrecía espacio para estar de pie.

Keller recuerda la charla como una de las mejores que había escuchado. Clowney afirmó la descripción de Camus de la alienación que aflige a los humanos. En comparación con los liberales optimistas, Camus era mucho más realista sobre la vida. Entonces Clowney sostuvo que «la existencia absurda» no es noble, sino maldita. La alienación no es solo una realidad arbitraria, sino que es nuestra condena, nuestra maldición, por pretender vivir separados de Dios. Clowney demostró cómo el cristianismo ofrece una mejor explicación de por qué este mundo no satisface y recorrió la historia bíblica desde la creación hasta la caída antes de apuntar a la redención.

InterVarsity invitó a los que asistieron a la charla a unirse a ellos en su retiro de primavera el siguiente fin de semana, pero Tim no creía que alguien asistiría. ¿Por qué? Clowney planeaba hablar sobre la iglesia, con cinco largas exposiciones de 1 Pedro 2:9-10. Tim, que seguía creyendo que era necesario salir de la iglesia para encontrar una vida espiritual vibrante, solo se inscribió en el retiro porque era un líder de la sede. Para su sorpresa, asistieron unos veinte estudiantes y una mujer profesó una nueva fe en Jesús después de hablar con Clowney.[24]

«Me dejó boquiabierto —dijo Keller respecto a la enseñanza de Clowney sobre la iglesia—. Nunca la olvidé».[25]

Bruce Henderson, amigo de Tim y presidente de la división de InterVarsity, también quedó impresionado con Clowney.

«Clowney estuvo maravilloso. Fue simplemente fantástico —dijo Bruce—. Podía hablar con uno. Podía hablar a su nivel. Se interesaba de verdad por cada persona. Era una de esas personas que, una vez que lo escuchaba, podía estar en una ciudad a unos 80 km (50 mi) de distancia, pero conduciría hasta ese lugar para escucharlo».[26]

Además de la charla y el retiro de Clowney, los estudiantes de InterVarsity en Bucknell dirigieron estudios bíblicos de evangelización. Y organizaron una mesa de libros fuera de la cafetería en el consejo estudiantil. A Keller, en particular, le encantaba dirigir la mesa de libros. «Siempre estaba fomentando libros, como podrá imaginar», expresó Sue Pichert.[27] Los libros daban pie a debates con cristianos y no cristianos y Tim estaba dispuesto a hablar con todo el que quisiera hacerlo.

Los libros de InterVarsity Press ocupaban un lugar prominente en las reuniones de la sede y en las ferias de actividades de los estudiantes de primer año. El libro de F. F. Bruce *The New Testament Documents: Are They Reliable?* [Los documentos del Nuevo Testamento: ¿Son fiables?], que se publicó originalmente en 1943, ofrecía un contraargumento contra el pensamiento predominante del departamento de religión de Bucknell. El libro de Colin Brown, *Philosophy and the Christian Faith* [La filosofía y la fe cristiana], se publicó en 1969 en InterVarsity y abarcó los escritos de Tomás de Aquino, René Descartes, David Hume, Immanuel Kant, Georg W. F. Hegel, Søren Kierkegaard, Friedrich Nietzsche, Ludwig Wittgenstein, Karl Barth y Francis Schaeffer. Brown, profesor del Seminario Teológico Fuller, resumió sus posiciones, pero también ofreció respuestas cristianas a ellas. Otros autores destacados de InterVarsity Press fueron Paul Little, Francis Schaeffer, J. I. Packer y John Stott.

El conocimiento del Dios santo, de Packer, que Keller leyó en 1971, le permitió conocer la teología reformada. Aprendió que la doctrina y la devoción deben ir de la mano en el camino cristiano. Por supuesto, *Mero cristianismo*, de C. S. Lewis, fue quizás el título más popular que Keller recomendó en la mesa de libros. Tanto como el contenido, Keller admiraba el estilo único de Lewis y su capacidad para entrelazar una prosa clara con ilustraciones memorables y una lógica convincente. La imaginación y la razón podían combinarse de forma convincente y hermosa.

Para un estudiante precoz como Keller, el compromiso filosófico de alto nivel de estos autores de InterVarsity le demostró que se podía ser serio a nivel intelectual y también cristiano. De hecho, Keller representaba el fruto de la labor de InterVarsity en los campus universitarios desde la década de 1940. Si los evangélicos habían luchado por evangelizar a los estudiantes universitarios antes de la Segunda Guerra Mundial y, por lo tanto, sufrieron una reputación de ser antiintelectuales, eso no es lo que recibió a Keller en Bucknell a finales de la década de 1960.[28] Durante el resto de su vida, el ministerio de Keller nunca se alejaría de lo que aprendió mientras estaba detrás de la mesa de libros, en particular, de autores británicos como Stott, Lewis y Packer.

«Tim brillaba en esta situación —expresó Bruce Henderson—. Su extroversión salía a relucir. Los brazos empezaban a moverse. Le encantaba el debate. Le encantaba hablar. Creo que eso fue muy importante para el crecimiento intelectual de muchos de nosotros».[29]

InterVarsity introdujo a Keller a una corriente especialmente reflexiva del cristianismo evangélico; a autores como Packer, que moldearon su enfoque teológico, y a Stott, que le dio su primer modelo de predicación; a la práctica de un tiempo diario en silencio de oración y lectura de la Biblia; a la prioridad de leer con atención los textos bíblicos en pequeños grupos que se reunían cada semana para hablar y adorar; y al valor perdurable de las amistades cristianas sólidas, la clase de «vida en comunidad», fomentada por Dietrich Bonhoeffer. Inspirados en la vida en comunidad del seminario clandestino de Bonhoeffer durante la guerra en Alemania, los estudiantes de InterVarsity se reunían en pequeños grupos todos los días a las 5:00 p. m. para orar y luego comer. Este régimen espiritual se parecía a una orden monástica. Keller nunca conoció una comunidad cristiana más intensa y formativa.[30] Antes de las redes sociales y los contestadores automáticos, los estudiantes se apoyaban unos a otros en los momentos vulnerables e íntimos de estos años de transición.

Tanto la amistad como el liderazgo de Bruce Henderson ocuparon un lugar sobresaliente para Tim en estos momentos que al principio eran confusos, pero terminaron siendo esclarecedores. Además, más tarde sería el padrino de la boda de Tim. Keller recordó: «Bruce también amaba de manera dura. Recuerdo que me apoyaba por completo como amigo, incluso cuando a veces me confrontaba por problemas en mi vida que creía que no había afrontado del todo».[31]

Bucknell, junto con su red de exalumnos, seguiría siendo una influencia de por vida para Keller. Mako Fujimura, uno de los primeros ancianos de la Iglesia Presbiteriana Redeemer de Nueva York, era otro graduado de Bucknell, y atribuye el énfasis de la escuela en la educación interdisciplinaria como un elemento formativo vital para el éxito ministerial de Keller.[32] El exalumno de Bucknell, Dick Kaufmann, serviría más tarde junto a Keller como pastor ejecutivo de Redeemer durante una transición crucial para la iglesia a medida que crecía en tamaño y complejidad.

Keller no se mantuvo en contacto con muchos de sus compañeros de clase durante bastante tiempo después de Bucknell, principalmente porque él y su futura esposa, Kathy, formaron amistades muy fuertes con parejas del seminario y de su primera iglesia. No obstante, Tim siempre recordará lo que aprendió sobre la vida cristiana como nuevo creyente del equipo de Bucknell que incluía a Jon Voskuil, Betsy Hess, Bob Pazmiño, David Reimer, Janet Kleppe y Lora Graham.

Sobrepasados

Su amigo Bruce Henderson permaneció en Lewisburg tres años después de que se graduaran e incluso sirvió en el liderazgo en la Primera Iglesia Presbiteriana, la congregación más popular entre los estudiantes de Bucknell, incluido Keller. La Primera Iglesia Presbiteriana se remonta al Segundo Gran Avivamiento de 1833, y en esa larga y venerable historia, el reverendo Richard (Dick) Merritt recibe solo una mención obligatoria junto a otros pastores en la historia oficial de la iglesia. Sin embargo, los exalumnos de Bucknell ven mucho de Merritt en el ministerio de Keller hasta su tiempo como pastor en Nueva York.[33]

Antes de llegar al centro de Pensilvania, Merritt se graduó en el Seminario Teológico Princeton, donde había estudiado con el renombrado profesor Bruce Metzger. Para quienes han oído predicar a Keller y a Merritt, las similitudes son evidentes en varios aspectos clave.

«Dick Merritt era una persona sofisticada al extremo. Leía mucho», recuerda Bruce Henderson. Merritt condimentaba sus sermones con referencias literarias. «Era, tal vez, tan sofisticado como ningún otro que haya conocido en cuanto a la amplitud y profundidad de sus lecturas. Es quizás el mejor predicador de cualquier clase que he escuchado.

Aquí estaba este desconocido en esta ciudad universitaria pequeña en el centro de Pensilvania. Pudo haber sido una figura nacional. Era así de bueno. Creo que gran parte del estilo de Tim refleja el enfoque de Dick Merritt».[34]

Ya sea de Clowney o de Merritt, Keller escuchó en Bucknell el tipo de enfoque de la predicación evangélica que él mismo encarnaría en décadas futuras. Nada de luces ni brillos. Presenta siempre el mensaje básico del evangelio: Cristo está a cargo del mundo y es el camino hacia Dios, porque solo Él puede redimirnos de nuestros pecados.

«Eso era común tanto en Dick Merritt como en Edmund Clowney: la capacidad de decirle a uno que es un pecador y que uno lo crea, pero también que hay una salida, y ese camino es Cristo», indicó Henderson.[35]

Sin embargo, la predicación de Merritt no fue su única contribución al crecimiento espiritual de los estudiantes de Bucknell. También oró con los alumnos de último año de InterVarsity por la clase de primer año de 1970. Durante la semana de exámenes finales, Merritt abrió la Primera Iglesia Presbiteriana y su oficina en la iglesia a los estudiantes que buscaban un espacio de tranquilidad. Los domingos por la noche, cuando Bucknell servía su peor comida, la Primera Iglesia Presbiteriana organizaba una cena de estudiantes. Las familias de la iglesia se turnaban en la cocina y Keller era un concurrente habitual. Merritt no planeaba ningún programa formal con los estudiantes. Se limitaba a responder preguntas y a pasar tiempo con ellos.

El estilo y la sustancia de Merritt fueron formativos para Keller. Junto con InterVarsity, la Primera Iglesia Presbiteriana ofrecía un refugio espiritual frente al establecimiento religioso de Bucknell, que estudiantes como Bruce Henderson consideraban que era activamente hostil hacia los evangélicos.

Hace varios años, Henderson recibió al teólogo escocés Andrew Purvis, catedrático de teología reformada en el Seminario Teológico de Pittsburgh y defensor de la renovación evangélica en su denominación.

Mientras su hijo asistía a Bucknell, Purvis fue invitado al campus para predicar en la iglesia Rooke Chapel.

«Eso habría sido impensable en nuestra época —expresó Henderson—. Al mirar hacia atrás, está claro que Dios nos bendijo, a pesar de que la situación nos sobrepasaba».[36]

TRES

LA MUJER QUE LE ENSEÑÓ CÓMO ESTUDIAR LA BIBLIA

InterVarsity Christian Fellowship

Nadie habría confundido a Barbara Boyd con una *hippie*. Era intensa y disciplinada, se mantenía erguida y derecha. Vestía de forma conservadora y prefería la ropa de oferta de Talbots. Algunos la describirían como rígida. Todos estarían de acuerdo en que llevaba una vida autocontrolada y organizada.

Cuando Janet Essig la visitó tiempo después, Boyd se molestó porque llegó tarde. Boyd, antigua maestra de primaria, seguía valorando la puntualidad. Essig había conocido a Boyd en Summit, Nueva Jersey, a poco más de 16 km (10 mi) al sureste de Morristown, donde George Washington acampó dos veces con su ejército durante el invierno en la Guerra de la Independencia. Un día, a finales de los años sesenta, Essig estaba leyendo en la biblioteca pública el *best seller* de David Wilkerson *La cruz y el puñal* cuando una mujer se le acercó y la invitó a un estudio bíblico.

Ese estudio bíblico, a cargo de Barbara Boyd, cambiaría la vida de Janet.

La organización Young Life había intentado y fracasado varias veces en lanzar ministerios de bachillerato en la zona de Summit. Boyd tenía a cargo un estudio bíblico para madres y, en ausencia de ministerios juveniles dinámicos, decidió dirigir uno para sus hijas también. La madre de Janet no asistió al estudio. De hecho, el interés de Boyd en su hija hizo que se sintiera amenazada. Sin embargo, Boyd solo trataba de ayudar a nutrir a las jóvenes de manera espiritual.

«Exigía mucho y, como resultado, la gente se esforzaba mucho, porque sabía que podíamos hacer más de lo que estábamos dispuestos a hacer a veces —recuerda Janet—. Cuando digo que era intensa, era porque nos daba la sensación de que estábamos entrando en la presencia de Dios Todopoderoso y ¿cómo no íbamos a tomarlo en serio?».[1]

Boyd no quería que las jóvenes dependieran de ella para obtener conocimiento bíblicos. Su objetivo era prepararlas para que estudiaran la Palabra de Dios por sí mismas durante toda su vida, con la guía del Espíritu Santo.[2] Sin embargo, se responsabilizó de asegurar que las adolescentes encontraran una comunidad cristiana cuando se graduaran del bachillerato y comenzaran la universidad.

Janet se matriculó en Bucknell en el otoño de 1970, el año en que el avivamiento llegó a la sede de InterVarsity. Mientras reunía a los estudiantes de primer año para un estudio bíblico evangelizador, Tim Keller se presentó sin previo aviso en su puerta. La siguiente persona que Tim recogió se convertiría más tarde en el marido de Janet, Jim Essig. La primera boda que Keller ofició fue la de Jim y Janet en 1975. Después, varios amigos y familiares comentaron que no necesitarían asistir a la iglesia al día siguiente, ya que Keller había pronunciado un sermón de treinta minutos. Sin embargo, el propio Keller no podía faltar a la iglesia.

Esa noche, condujo a casa para poder predicar a la mañana siguiente en Hopewell, Virginia.[3]

Poco después de que Janet llegara a Bucknell, Barbara Boyd también le enseñó a Keller a estudiar la Biblia. A lo largo de sus estudios de seminario y doctorado y de décadas de predicación y enseñanza, Keller edificaría sobre los cimientos establecidos por el método de estudio bíblico inductivo de Boyd y sobre el espíritu ecuménico de su empleador, el ministerio InterVarsity Christian Fellowship.[4]

La charla del señorío

Barbara Boyd, que comenzó su labor en 1950, trabajó para el ministerio InterVarsity Christian Fellowship durante cuarenta años. Boyd, la primera mujer en formar parte del personal de InterVarsity, nunca se casó. Un primer pretendiente, también miembro del personal del ministerio, murió de manera inesperada poco después de proponerle matrimonio.

Boyd comenzó a enseñar a los estudiantes a dirigir estudios bíblicos evangelizadores en 1964. Ese año, organizó ocho conferencias de fin de semana sobre el estudio de la Biblia.[5] Tiempo después, estas conferencias se convertirían en los famosos cursos de formación Bible and Life de InterVarsity. En poco tiempo, la demanda creció de ocho fines de semana a veintisiete cada año. En 1971, con los campus todavía envueltos en protestas, Boyd dirigió cincuenta fines de semana de Bible and Life en todo el país para estudiantes.[6]

La formación de Boyd en Bible and Life cubría los aspectos básicos para los estudiantes de primer y segundo año de la universidad, incluidos los nuevos creyentes. Les enseñó a tener un tiempo devocional, a hacerse amigos de no cristianos, a presentarles a Jesús y a guiarlos en el estudio de la Biblia mientras discipulaban a cristianos más jóvenes. En el punto cúlmine de Bible and Life, el personal de InterVarsity dirigió 130 fines de semana de formación en un año.

Boyd también enseñó sobre el señorío de Cristo, una enseñanza suya que Keller reconocería en muchos sermones que dio en Redeemer con el pasar de los años. Los detalles casi nunca cambiaban al volverlos a relatar. Durante el verano de 1971, asistió a un campamento de InterVarsity de un mes en el Rancho Bear Trap, en Colorado, donde Boyd dio la «Charla del señorío» durante su serie de tres partes del curso Bible and Life. Durante décadas, guardó las notas y pudo recordar su mensaje con gran detalle:

> Ese fue el día en que nos miró y dijo algo así como: «Si usted quiere invitarme a su casa y me dice: "Entre, Barbara. Quédese fuera, Boyd", no sabría qué hacer porque soy Barbara Boyd. De hecho, ni siquiera podría decir: "Esta mitad es Bárbara y esta mitad es Boyd, así que solo haré entrar a esta mitad", porque soy toda Bárbara y toda Boyd. Soy las dos cosas, por eso o me recibe completa o no me recibe en absoluto». Luego se dio la vuelta y afirmó: «Si dice: "Me gustaría el Jesús amoroso. Me gustaría el Jesús que ayuda. Quisiera al Jesús al que puedo pedirle que me ayude en los momentos difíciles, pero no quiero al Jesús santo. No quiero al Jesús poderoso. No quiero al Jesús que es grande", no puede obtener a ningún Jesús». Ella continuó: «Piensen en esto por un minuto». (Algunos de ustedes, si me han escuchado por algún tiempo, dirán: «Cielos, de aquí sacó Tim estas cosas». Esto ha resonado en mi alma desde entonces). Luego dijo: «Si la distancia entre la Tierra y el sol fuera del grosor de un papel, si los 154 millones de kilómetros (96 millones de millas) entre la Tierra y el sol fueran del grosor de un papel, ¿se da cuenta de que la distancia de la Tierra a la estrella más cercana sería una pila de papeles de unos 21 m (70 ft) de altura? Solo el diámetro de nuestra pequeña galaxia sería una pila de papeles de 500 km (310 mi) de altura y nuestra pequeña galaxia es solo un puntito en el universo. La Biblia expone en Hebreos 1 que Jesucristo: «sustenta todas las cosas con la palabra de su poder». Ella agregó: «Jesucristo sostiene el universo con su dedo meñique». Entonces miró, sonrió y dijo: «¿Le pediría a alguien así que entre a su vida como un asistente?».[7]

Después de su charla, Boyd invitó a todos los estudiantes de Bear Trap a pasar una hora hablando con Dios sobre cualquier área de la vida que todavía no hubieran entregado a Cristo. Keller aún puede recordar cuando se sentó a solas a orar. Fue el autoexamen más serio que había hecho con Dios hasta ese momento de su vida.[8]

Boyd enseñó que, si este Jesús se revela a sí mismo en su Palabra, entonces debemos prestarle mucha atención. Durante un estudio bíblico, Boyd desafió a los estudiantes, incluido Keller, a hacer cincuenta observaciones sobre Marcos 1:17 en media hora. Después de diez minutos, la mayoría de los estudiantes pensaron que habían encontrado todo lo que podían del pasaje: «Y les dijo Jesús: Venid en pos de mí, y haré que seáis pescadores de hombres».

Sin embargo, Boyd no estaba conforme y les exigió que buscaran más. Al cabo de otros veinte minutos, los alumnos se dieron cuenta de que una concentración tan intensa en un breve verso podía intensificar su capacidad de observación. Cuando el tiempo concluyó, Boyd preguntó si alguien había descubierto su conclusión más poderosa durante los primeros cinco minutos del ejercicio. Keller nunca olvidó la respuesta. Nadie levantó la mano.[9] Después de todo, nadie encuentra las vetas de oro más profundas en la boca de la cueva. Los tesoros más grandes se encuentran tras una exploración exhaustiva.

Sin embargo, Barbara Boyd no se limitó a dejar que los alumnos exploraran por sí mismos. Janet Essig recuerda que también los preparó con una metodología de observación, interpretación y aplicación:

1. Lea el pasaje al menos dos veces. En la segunda lectura, baje la velocidad y observe lo que hay en el pasaje.
2. Identifique quiénes son los protagonistas y qué ocurre, dónde y cuándo. También puede funcionar preguntar cómo y por qué.
3. Observe las palabras que se repiten, las de contraste o las de causa y efecto.
4. Parafrasee el pasaje.

5. Anote las preguntas que tenga sobre el pasaje. Vea si hay respuestas dentro de este. Si tiene dudas del contexto histórico o del significado de las palabras, se pueden utilizar otros recursos.
6. Determine el tema general.
7. Esboce el pasaje; muestre el movimiento de las ideas y señale los conectores o contrastes entre las secciones; preste atención a palabras como *y*, *pero*, *por lo que*, *por lo tanto*, *entonces*, etc.
8. Pase a la interpretación para ver cómo la mecánica del pasaje aclara su tema. Parafrasee el tema si es necesario.
9. Por último, a la luz de todo lo que ha visto en el pasaje, ¿qué significa este? ¿Cómo se aplica a su vida? ¿Qué pensamientos o acciones debe cambiar? ¿Qué ha aprendido sobre usted mismo? ¿Qué ha aprendido sobre Dios? ¿Cuáles son las consecuencias de esta verdad?[10]

Para Keller, este método fue una epifanía. Le encantaba el enfoque metódico. Sin importar lo familiar que resultara el pasaje, este método siempre parecía aportar ideas nuevas. Leer la Biblia de este modo se convirtió en una segunda naturaleza para Keller cuando se preparaba para dar una lección. Gracias a Boyd, aprendió a comprender la estructura de cada libro de la Biblia.

«Si comprende la estructura, que se compone de causa y efecto, repetición, contraste, todos estos medios diferentes de composición, si comprende la estructura, comprenderá el significado que pretendía el autor —explicó Boyd—. Y si capta el significado, eso es lo que debe captar y aplicar».[11]

Algunos habrán pensado que el método de Barbara Boyd era una fórmula. Sin embargo, ella creía que cuando los cristianos pedían la guía del Espíritu Santo y permitían con paciencia que la Biblia hablara por sí misma, se podía conocer y experimentar la verdad. Si se seguían estos pasos, se obtendría no solo un conocimiento intelectual de la Biblia, sino también una sensación palpable de la presencia de Dios.[12] Eso era cierto cuando Boyd dirigía a los adolescentes en Summit mientras desarrollaba sus materiales para Bible and Life. También se pudo comprobar cuando Tim y otros estudiantes de Bucknell emplearon los métodos a través de los estudios evangelizadores de InterVarsity.

«No fue tanto que ella le enseñara a Tim a predicar —comentó Janet Essig—. Le enseñó a extraer una verdad asombrosa de la Escritura. Hoy me encuentro con gente en grupos que escuchan los sermones de Tim y expresan: "Vaya, ¿cómo ha sacado todo eso de ese pasaje?". En verdad, esa fue la influencia fundamental de Barbara Boyd».[13]

Boyd ayudó a Keller a explorar las profundidades de la Escritura. Más tarde, cuando Keller llegó a Gordon-Conwell, Ed Clowney le abrió otra puerta para ayudarlo a leer la Escritura a gran escala.

Que los hechos del evangelio hablen

A través de Barbara Boyd, Keller conocería de manera directa e indirecta a otras figuras importantes de InterVarsity de mediados de siglo. C. Stacey Woods, Jane Hollingsworth y Charles Troutman habían contribuido a que Boyd se enfocara en el estudio bíblico, el tiempo devocional y el señorío de Cristo. Durante su primera experiencia Campus-in-the-Woods en Canadá en 1945, Boyd había estado estudiando el Evangelio de Marcos con Hollingsworth cuando el estudio bíblico cobró vida para ella.

Tras un breve período como profesora de primaria, Boyd se fue de viaje por Europa durante cinco semanas con unos amigos. Completó su solicitud de ingreso en el Seminario Bíblico de Nueva York mientras estaba sentada en la arena y tomaba sol en la Riviera francesa. Después de unirse a InterVarsity en 1950, trabajó en los campus de California durante nueve años antes de pasar a las universidades para mujeres del noreste durante tres años y se enfocó en Bryn Mawr, Vassar, Mount Holyoke, Smith y Wellesley.

Cuando empezó en California, no vio resultados inmediatos. Durante sus primeros meses, no llevó a ningún estudiante a una nueva fe en Jesús. Mientras lamentaba este fracaso, su jefe de personal le entregó un folleto sobre Romanos 1:16 escrito por Martyn Lloyd-Jones, el famoso pastor londinense que también daría forma al ministerio de Keller. En el folleto, Lloyd-Jones sostenía que los evangelistas no debían apelar a la experiencia o a la opinión, sino solo a la persona y a la obra de Cristo en el evangelio. Como recordatorio y estímulo, llevaba este folleto por el campus de la Universidad Estatal de Long Beach.

«Cuando iba a hablar en un dormitorio de universitarios o con un pequeño grupo de señoritas en algún lugar, contaba los hechos del evangelio, y sucedía —dijo Boyd—. Dios utiliza los hechos del evangelio para llevar a la gente a Cristo».[14]

El enfoque directo de Barbara Boyd prosperaría en los campus de todo el país, incluso cuando los años cincuenta dieron paso a la confusión y a la revolución de finales de los sesenta y los setenta.[15] Boyd mantuvo viva la visión original de InterVarsity de evangelizar las universidades.[16]

Cuando Keller dirigía los estudios de evangelización para Janet Essig y otros estudiantes de primer año en la década de 1970, es posible que supusieran que los campus estaban siempre en plena efervescencia,[17] pero también habrían pensado que era normal que el evangelismo y el estudio bíblico prosperaran al mismo tiempo. El movimiento InterVarsity que influyó en Keller se centraba en el estudio bíblico, los tiempos devocionales, el señorío de Cristo, la oración ferviente por el reavivamiento y el evangelismo personal.[18] La mezcla de creyentes y no creyentes para estudiar la Biblia juntos se convertiría en un sello distintivo de la Iglesia Presbiteriana Redeemer, incluyendo la expectativa de Keller de estar siempre predicando a cristianos y a escépticos al mismo tiempo. Keller también traería a Redeemer la mentalidad de InterVarsity de que los estudiantes hicieran el trabajo. Redeemer no empezó como una iglesia jerárquica, sino como un movimiento dirigido por laicos, recordando los años de formación de Keller en Bucknell.

La invención del evangelicalismo

La primera vez que Tim Keller asistió a Urbana, la conferencia misionera trienal de InterVarsity, fue en 1976. Tim estaba casado, ya se había graduado de Gordon-Conwell y era pastor de una iglesia en Hopewell, Virginia. Sin que Tim y su esposa, Kathy, lo supieran, mientras se dirigían a Illinois, uno de los miembros ancianos de su iglesia en Hopewell había muerto. Por consiguiente, lo primero que oyeron al llegar a Urbana fue un anuncio en el que se pedía a Tim Keller que acudiera a la oficina administrativa por un asunto urgente.[19] De los más de 17 000 estudiantes que asistían, todos los que conocían a Tim fueron informados de inmediato de su presencia.

La conferencia Urbana 1976 contó con el mayor referente de los oradores evangélicos transatlánticos de la época. Fue la última conferencia Urbana que David Howard dirigió antes de marcharse para trabajar con Leighton Ford y planificar las reuniones del Comité de Lausana para la Evangelización Mundial de 1980 en Pattaya, Tailandia.[20] Unificada en torno al tema «Declare Su gloria entre las naciones», Helen Roseveare habló sobre declarar la gloria de Dios en medio del sufrimiento, a lo que la multitud respondió con una gran ovación. Billy Graham habló sobre responder a la gloria de Dios. Después de haber pronunciado el primer discurso importante de una mujer en Urbana en 1973, Elisabeth Elliot regresó para hablar sobre la gloria de la voluntad de Dios. John Perkins compartió sobre la declaración de la gloria de Dios en la comunidad.

Edmund Clowney abordó la conferencia de 1976, como lo había hecho en 1973, cuando dio una charla memorable sobre la perdición del hombre.[21] El personal de InterVarsity recordó que esta vez, «Edmund

Clowney dio un discurso estelar sobre la gloria de Dios, un tema casi demasiado profundo para expresar y casi demasiado glorioso como para que los jóvenes estudiantes lo comprendan».[22]

John Stott pronunció cuatro exposiciones sobre la base bíblica de las misiones. Para entonces, Stott se había convertido en el líder del movimiento global de InterVarsity. Fue el primer modelo de Keller para la predicación expositiva. Durante la década de 1960, la influencia de Stott eclipsó de forma gradual la del veterano Martyn Lloyd-Jones, con quien había discrepado en 1966 sobre si los evangélicos debían permanecer en la Iglesia Anglicana. Lloyd-Jones había renunciado en 1959 a la presidencia de la International Fellowship of Evangelical Students, una organización que incluía al ministerio InterVarsity Christian Fellowship en Canadá y Estados Unidos, bajo la dirección de C. Stacey Woods.

Lloyd-Jones había sido un modelo ejemplar para Woods, el líder de InterVarsity que significó tanto para Barbara Boyd. Woods también dirigió el retiro de oficiales al que Keller asistió como estudiante universitario con Bruce Henderson. Según el biógrafo de Woods:

> Sería difícil sobreestimar la influencia que Martyn Lloyd-Jones tuvo en Stacey Woods [...]. Stacey sentía que el doctor no tenía igual como expositor de la Escritura y la apertura de la Biblia por parte de Lloyd-Jones influyó enormemente en la propia enseñanza y predicación de Stacey, alejándolo de su dispensacionalismo anterior y dejando que el texto hablara por sí mismo en lugar de imponerle patrones [...]. Deploró la creciente falta de predicación expositiva y atribuyó la superficialidad del evangelismo contemporáneo a su desaparición.[23]

Como Keller era estadounidense y mucho más joven, no tuvo que elegir entre Lloyd-Jones y Stott. Ambos predicaban con la máxima confianza en la autoridad de la Biblia y con una atención minuciosa al texto.[24] Keller acabó combinando gran parte de la especificidad teológica de Lloyd-Jones con los instintos ecuménicos de Stott.

Al igual que Woods, Keller siguió el ejemplo de Lloyd-Jones de estudiar a los puritanos. Keller compartía la pasión de Lloyd-Jones por el avivamiento y, en un principio, lo emuló al predicar mensajes evangelizadores durante todos los servicios en Redeemer. Cuando Keller se trasladó a Nueva York en 1989, escuchó cientos de sermones de Lloyd-Jones y releyó su libro *La predicación y los predicadores*. Encontró un paralelismo en el Londres de la posguerra con el entorno poscristiano de Manhattan. De Lloyd-Jones tomó lo mismo que le gustaba de los estudios bíblicos de Barbara Boyd, lo mismo que le gustaba de InterVarsity en general. No tenía que elegir entre edificar a los creyentes y evangelizar a los no creyentes. Lloyd-Jones le demostró que podía (de hecho, debía) hacer ambas cosas al mismo tiempo. «Evangelice mientras edifica y edifique mientras evangeliza».[25]

Sin embargo, en cuanto a su comportamiento, Keller se parece más a Stott que a Lloyd-Jones ya que Keller no muestra los instintos separatistas y polémicos del último. Rara vez en su ministerio Keller ha enfatizado sus diferencias con otros cristianos, como hizo Lloyd-Jones. Al igual que Stott, enfatiza el contraste entre los cristianos y el mundo incrédulo. Cuando era estudiante universitario, Keller leyó el libro de Stott *Cristianismo básico*. «Fue realmente, en cierto modo, la primera persona que me habló de la Palabra de Dios —mencionó Keller en el servicio conmemorativo de Stott en Estados Unidos, convocado por Langham Partnership—. Fue a través de su literatura».[26]

El servicio conmemorativo en honor a Stott es instructivo. Al seleccionar a Keller para que pronunciara el elogio principal del evento, el ministerio del legado de Stott vio una especie de paralelismo entre este y Keller. Sin embargo, las lecciones que Keller identificó de Stott («el hombre más conciliador que he conocido») nos hablan tanto sobre el primero como sobre el segundo.

Keller atribuyó a Stott la reinvención de la predicación expositiva a través de la observación minuciosa del texto, sin adornos; en esencia, el tipo de estudio bíblico que aprendió de Barbara Boyd en InterVarsity. Además, atribuyó a Stott la invención de la moderna «iglesia centrada en la ciudad», igualmente comprometida con la evangelización de los profesionales y el servicio a los pobres. Este tipo de iglesias (entre ellas, Redeemer y All Souls, Langham Place) equilibran la palabra y las buenas obras en la predicación de la Biblia y la búsqueda de la justicia social.

Keller también habló de haber escuchado a Stott en persona, incluso en Urbana en 1976. Keller llegó a expresar que John Stott, más que nadie, creó el evangelicalismo como espacio intermedio entre el fundamentalismo y el liberalismo:

> Sin embargo, ¿quién fue el que siguió viniendo aquí en los años cincuenta, sesenta y setenta para levantar a todas estas tropas jóvenes en InterVarsity? ¿Quién fue el que habló en Urbana? No fue Carl Henry. No fue Harold Ockenga. Tampoco Billy Graham, por lo general. Fue John Stott. Él personificó el compromiso absolutamente firme con la autoridad de la Escritura y, al mismo tiempo, estar al día con la erudición, pero al mismo tiempo ser accesible, llevando la erudición hasta donde se volvía accesible. Fue el creador perfecto de este espacio intermedio. Al menos durante los últimos treinta o cuarenta años, esta ha sido la parte del cristianismo que más ha crecido; no el fundamentalismo, ni el liberalismo, sino este espacio. Fue profético desde el centro y se lo puede leer en su libro *La Cruz de Cristo*, su obra maestra, con completa firmeza en la expiación sustitutiva tradicional, la sustitución penal y, sin embargo, toma las implicaciones de esta y la lleva a la justicia social y a la comunidad. Es profético desde el centro; no tiene que rediseñar la doctrina evangélica tradicional, sino que se compromete con ella. No podemos olvidar estas cosas. Me preocupa que muchos de los líderes evangélicos más jóvenes apenas saben lo que representaba John Stott.[27]

Para Keller, John Stott representaba lo mejor del evangelicalismo y de InterVarsity. A través de Redeemer City to City, la red mundial de plantación de iglesias que Keller cofundó y presidió más tarde, también trataría de ampliar el compromiso de Stott de servir a la iglesia mundial. Durante Urbana 1976, el 50 % de la multitud de diecisiete mil personas firmó tarjetas de compromiso para servir a la causa de la evangelización mundial. Ese número había aumentado del 6 % de 12 000 en 1970 y el 28 % de 15 000 en 1973.[28]

Keller también representó el crecimiento más amplio de InterVarsity en los campus estadounidenses durante la época de Urbana 1976. En los años previos a la llegada de Keller a la universidad, InterVarsity atraía sobre todo a estudiantes que crecían en familias cristianas.[29] Sin embargo, impulsado por el aumento de las conversiones en los campus, el número de sedes afiliadas a InterVarsity alcanzó un máximo de 882 entre 1973 y 1974 (justo después de que Keller se graduara), con 135 trabajadores remunerados.[30]

Después de Bucknell, Keller completó su trabajo de campo durante el seminario como miembro del personal asociado de InterVarsity. Durante dos años ayudó a fundar un capítulo de InterVarsity en la Universidad Estatal de Framingham, lo que supuso un reto, ya que se trataba de una escuela para estudiantes que no se hospedaban en el campus, por lo que no había mucha vida en este.[31]

Incluso cuando Keller dejó InterVarsity para dedicarse a la iglesia local, llevó consigo los instintos de InterVarsity. Aprendió que los cristianos nunca deben comprometer sus valores fundamentales, que él identificó como la infalibilidad de la Biblia, la muerte sustitutiva de Jesús en la cruz, la necesidad del nuevo nacimiento y la plena deidad de Jesús. Una lista de fundamentos de principios del siglo XX no sería muy diferente.

Al mismo tiempo, InterVarsity le enseñó a valorar lo que los cristianos tienen en común por encima de las doctrinas que los dividen. Eso no significa que lo que separa a los presbiterianos de los bautistas o los pentecostales carezca de importancia. «Sin embargo, el núcleo es el núcleo —comentó—. Hay que ser empático y tener la mente abierta a otros cristianos que difieren en temas secundarios. Eso lo aprendí en InterVarsity».[32]

CUATRO

KATHY, LA VALIENTE

Kathy Kristy

Cuando Kathy Kristy, de doce años, le escribió a C. S. Lewis, no tenía la menor idea de que era famoso. Consideraba que el autor era su amigo personal, su descubrimiento privado. Llevaba leyendo sus Crónicas de Narnia desde segundo nivel, cuando las encontró en la biblioteca móvil del estacionamiento de un centro comercial. Sin embargo, cuando buscó otras obras en tiendas y bibliotecas, no pudo encontrar ninguna. Hasta donde ella sabía, nadie más en Estados Unidos conocía nada del catedrático de Oxford que escribía historias para niños.

Entonces, cuando Kathy le escribió a Lewis, pensó que estaba animando a un autor bastante desconocido haciéndole saber que alguien había leído en verdad sus libros. Le escribió sobre asuntos mundanos: las relaciones con los amigos, las frustraciones con los padres, las novedades de su barrio. Le escribía sobre lo que había aprendido en la escuela y sobre cómo limpiaba la casa.

Lewis le respondió por primera vez desde Oxford el 30 de noviembre de 1962, el día después de cumplir sesenta y cuatro años.[1] El siguiente abril, medió en una disputa entre Kathy y su profesor de inglés.[2] Una carta que ella escribió en verano nunca llegó a The Kilns, pero Lewis volvió a escribir en octubre, cuando su tiempo en la tierra se acercaba a su fin. «¿Cómo estoy? —escribió—. Bastante bien para un hombre que se ha convertido en un inválido permanente y, si no puedo hacer mucho uso de mis piernas, todavía puedo usar mi cabeza y puedo seguir escribiendo».[3]

Lewis envió su última carta a Kathy menos de dos semanas antes de morir. Le ofreció su solidaridad por su «experiencia exasperante». En la carta anterior, había tomado nota del trabajo periodístico de Kathy y de sus frustraciones sobre la edición, pero no le ofreció mucho consuelo. «Puedo asegurarle que se trata de uno de los riesgos laborales de la autoría; a mí me ha pasado lo mismo más de una vez —escribió Lewis—. ¡No hay nada que hacer al respecto!».[4]

Lewis murió el 22 de noviembre de 1963, el mismo día que Aldous Huxley, autor de *Un mundo feliz*, formado en Oxford. El mismo día del asesinato del presidente de Estados Unidos, John F. Kennedy, en Dallas, Texas.

No fue sino hasta los años setenta, la década siguiente a su muerte, que Lewis empezó a convertirse en un fenómeno editorial en Estados Unidos. Kathy acabaría compartiendo su amor por Lewis con otro estudiante universitario, Tim Keller. Ella animó a Tim a leer más allá de *Mero Cristianismo*, en particular, la ficción de Lewis. Incluso antes de que Kathy Kristy adoptara el nombre de Keller, ella se convertiría en la influencia intelectual y espiritual más formativa en la vida de Tim Keller.

Cuando se escribe sobre Tim Keller, en realidad se está escribiendo sobre Tim y Kathy, un matrimonio entre intelectuales en igualdad de condiciones que se conocieron en el seminario y que comparten el compromiso con el ministerio y el amor por la literatura, junto con una seria devoción por la teología. Kathy nunca ha sido ordenada, pero se la identifica, de manera correcta, como cofundadora de la Iglesia Presbiteriana

Redeemer de Nueva York, ya que también formó parte del personal de Redeemer en su nacimiento.

Muchos conocen a Kathy en relación con Tim, pero ella ya se había distinguido en el ministerio antes de conocer a su marido.

Una persona recta

Kathy Kristy nació el 15 de abril de 1950 en Pittsburgh, Pensilvania. Su madre, Mary Louise Stephens, había asistido a la universidad, algo poco común para la época. Su padre, Henry Kristy, creció al noreste de Pittsburgh en un barrio minero de Penn Hills. Piloto de bombarderos en Europa durante la Segunda Guerra Mundial, se cambió el nombre después de la guerra. Su padre había emigrado de Croacia y Henry quería que lo conozcan como Kristy en lugar de Kristolich. Kristy, descrito como una «persona recta», trabajó para Westinghouse desde que se graduó en la universidad hasta que se jubiló como controlador de sistemas de energía en 1986.[5]

Su primogénita fue Kathy, quien en más de una ocasión fue también descrita como una «persona recta». Antes de estudiar con ella en el seminario, Louise Crocker había sido compañera de Kathy en el bachillerato, en Monroeville, Pensilvania, a unos 16 km (10 mi) al este de Pittsburgh. En el Bachillerato Gateway, a Kathy se la conocía como una estudiante brillante. Ella intimidaba a Louise. La corresponsal de la infancia de C. S. Lewis se había convertido en la autoproclamada «editora desaliñada del periódico escolar».[6]

A Kathy también se la identificaba como cristiana, pero cuando se conocieron, Louise aún no había profesado su fe personal en Jesucristo. En la primera conversación significativa que compartieron, en una reunión de Young Life, Kathy le confesó a Louise, sin rodeos, que planeaba convertirse en una ministra presbiteriana.[7] Young Life había crecido de forma rápida durante esa época, con cuarenta clubes y tres mil estudiantes en el área de Pittsburgh.[8] El crecimiento de este ministerio evangelizador centrado en los adolescentes dio lugar a muchas conversaciones como la que se dio en el hogar de Kristy. La madre de Kathy no lo podía entender cuando su hija mayor llegó a casa un día y le dijo que se había convertido en cristiana. Después de todo, ella había ido a la iglesia toda su vida. ¿Qué había cambiado? Este avivamiento evangélico fue un giro extraño e inesperado para su obediente hogar presbiteriano.

Antes de que Kathy encontrara Young Life, C. S. Lewis había sido su única ventana a un tipo de cristianismo diferente del que experimentaba en la iglesia. Cuando le dijeron que Lewis pretendía que Aslan representara a Cristo, no pudo verlo. «El Jesús del que había oído hablar era soso y aburrido —dijo Kathy—, pero Aslan era vibrante y vivo».

Sin embargo, el mito de Aslan había creado en Kathy un hambre de Jesús. Ni Young Life ni su iglesia le transmitieron una visión teológica profunda o completa de la vida cristiana. Nunca aprendió mucho sobre la Biblia en esos años de adolescencia. Sin embargo, Lewis llenó ese vacío de manera temporal.

Kathy, de doce años, era tan precoz que cuando le escribió a Lewis, había estado ahorrando dinero y planeando visitarlo en Oxford. Más tarde, le comentó al hijastro de Lewis, Douglas Gresham, que, si hubiera sido mayor, habría sido una contrincante formidable de la madre de él. Cuando cumplió catorce años, Kathy viajó a Oxford con unos amigos y conoció al hermano de Lewis, Warnie, que entonces aún vivía en The Kilns. La casa estaba cubierta de polvo. El techo tenía manchas amarillas por la nicotina de sus pipas. Atesoró la oportunidad de honrar al hombre que había dado forma a toda su vida intelectual como cristiana durante esa época joven y de formación.[9]

A través del Bachillerato Gateway y la Universidad Allegheny en el noreste de Pennsylvania, Kathy continuó participando en Young Life. Entonces anunció su intención de ir al seminario. Sue, la hermana menor de Kathy, recuerda que sus padres respondieron: «¿Qué? ¿Un seminario? ¿Estás loca?». A sus padres ya les preocupaba que no fuera popular y que no tuviera citas. Pensaban que nunca se casaría ni tendría hijos. Sin embargo, el seminario era un paso más allá incluso de lo que se habían resignado a esperar.[10]

No obstante, el movimiento no sorprendió a otros que veían a Kathy en acción. John Guest, uno de los principales líderes de la obra evangélica del área de Pittsburgh, llegó a describirla como la organizadora de jóvenes más brillante de Pensilvania.[11] Después de leer *La cruz y el puñal* de David Wilkerson, decidió servir en los aspectos más duros del ministerio urbano.[12]

Perlas a los cerdos

Kathy no recuerda nada especial de la primera vez que conoció a Tim Keller en persona. Su hermana Sue era una estudiante de primer año en la Universidad Bucknell. Como el primer año de Kathy en Allegheny no empezó hasta más tarde, la acompañó cuando su madre hizo un viaje para entregar muebles en septiembre de 1970. Durante este, se sintió mal y no quiso conocer a nadie, pero eso no impidió que Sue les presentara a ella y a su madre a todo el mundo en la casa de Young Life cerca del campus. Kathy recuerda a un muchacho alto y desgarbado que estudiaba griego. Se asintieron con la cabeza, se saludaron y eso fue todo.[13]

Se mantuvieron en contacto a través de Sue, lo que resultó aún más fácil cuando la familia Keller se mudó a Johnstown, Pennsylvania, a menos de 100 km (60 mi) al este de Pittsburgh. Cuando Young Life organizó una fiesta de baile de Año Nuevo en la plaza, Sue invitó a amigos que también participaban en InterVarsity en Bucknell a quedarse en su casa. Aun así, Kathy no le prestó mucha atención a Tim. Era uno más entre la multitud de amigos de Sue. Sin embargo, sí se dio cuenta de que era el único estudiante que se tomaba el tiempo para hablar y conocer a los padres de Kathy y Sue.[14]

Durante las vacaciones, cuando Sue volvía a casa en Monroeville, le daba a Kathy información actualizada sobre Tim. Kathy se enteró de que él estaba leyendo el libro de O. Hallesby sobre la oración, así que consiguió un ejemplar para leerlo. A su vez, Sue le llevaba a Tim información actualizada sobre Kathy. Como las Crónicas de Narnia de C. S. Lewis habían sido tan decisivas para que ella profesara su fe personal en Jesús, Kathy le dijo a Sue que le recomendara esos libros a Tim. Él los leyó el verano siguiente a su graduación en Bucknell. A partir de ahí, se lanzó a una pasión de por vida por Lewis que acabarían compartiendo.

Cuando Tim se enteró por Sue de que Kathy estaba considerando el Seminario Teológico Gordon-Conwell en Nueva Inglaterra, decidió que debía investigarlo. Aunque se había establecido de manera reciente, Gordon-Conwell eclipsaba el pequeño seminario de la Iglesia Evangélica Congregacional en Myerstown, Pensilvania, en cuanto a recursos, tamaño y conocimiento.[15] Para entonces, R. C. Sproul había lanzado el Centro de Estudios de Ligonier Valley, más o menos equidistante de Monroeville y Johnstown. La madre de Tim y la de Kathy asistían al mismo estudio bíblico y exposición semanal que Sproul dirigía durante la semana para mujeres. Tim y su hermana Sharon, junto con Kathy y su hermana Sue, se reunían para las charlas semanales de Sproul, lo que él llamaba sus sesiones de preguntas y respuestas. Desde la casa de los Keller en Johnstown, el centro de estudios estaba a unos 50 km (30 mi) de distancia, pasando por Laurel Mountain y el Parque estatal de Laurel Ridge.

«Eso es lo que hacíamos todo el verano —recordó Sharon—. Era realmente glorioso, en realidad».[16]

Antes de comenzar una charla, Sproul recorría la sala y preguntaba el nombre de cada persona y lo que estaban haciendo. En ese verano, antes de que Tim y Kathy empezaran el seminario, Kathy declaró su intención de asistir a Gordon-Conwell. Tim hizo lo mismo, con un pequeño guiño cómplice el uno al otro desde el otro lado de la sala.[17]

Incluso antes de que se hicieran amigos en el seminario en 1972, sus mundos convergían. Su tenue relación les permitió conectarse en el desconocido y solitario entorno de South Hamilton, Massachusetts. Ambos eran inteligentes y socialmente torpes. En poco tiempo, pudieron percibir algo del «hilo secreto» de Lewis que acerca a dos personas como amigos o, en algunos casos, como marido y mujer.[18] J. R. R. Tolkien se convirtió en otra hebra de su «hilo secreto», que acabó uniéndolos a través de su lengua élfica y la saga de *El Señor de los Anillos*. Tim y Kathy eran almas gemelas. Descubrieron otras historias y libros, incluso una visión de la vida y un sentido de la alegría en ciertas experiencias que compartían.[19] Sus antecedentes familiares contrastaban de forma compatible. Mientras que Tim sentía la presión de su familia, Kathy había sido ignorada en favor de sus hermanos menores. A pesar de sus propias angustias y temores, Kathy no sufría la aflicción de Tim de una conciencia que la condenara, así que lo colmaba de elogios.

Cuando Tim y Kathy empezaron en Gordon-Conwell, Tim todavía tenía una novia en Bucknell. Después de que esa relación se rompiera, Tim y Kathy ya no podían ser amigos íntimos sin considerar algo más. Sin embargo, Tim tardó en darse cuenta de que había algo más allá de la amistad; solo sabía que no quería apartarla de su vida.

A mitad del seminario, Tim y Kathy se inscribieron en un curso de un mes sobre consejería impartido por Jay Adams a través del Seminario Teológico Westminster de Filadelfia. Durante enero de 1974, planearon vivir juntos con una anciana diaconisa de una iglesia presbiteriana del barrio alemán de Filadelfia, donde Kathy había servido el verano anterior.

El mes resultó ser incómodo. Al final del semestre anterior, Kathy había terminado su amistad con Tim. Ella había esperado lo suficiente para que él hiciera un movimiento romántico. Fue entonces cuando dio lo que se conocería en la familia Keller como el discurso de las «perlas a los cerdos». Tim no había mostrado ningún interés más allá de la amistad, a pesar de su creciente cercanía. Todavía estaba dolido por la ruptura y Kathy lo entendía, pero, con el tiempo, su paciencia se agotó. Le dijo:

> Escucha, no estoy dispuesta a seguir así ni un día más. Llevo mucho tiempo esperando la promoción de amiga a novia. Sé que no es esa tu intención pero, con tu actitud, haces que me sienta como si estuvieras examinando el material y lo encontraras defectuoso. Y yo lo vivo como un rechazo. Yo ni puedo ni estoy dispuesta a seguir así, esperando que llegue el día en que decidas que quieres ser algo más que mi amigo. No es que yo me considere exactamente una perla, y desde luego no estoy diciendo que tú seas un cerdo, pero una de las razones por las que Jesús advirtió a Sus discípulos que no echaran perlas a los cerdos es porque el cerdo es incapaz de valorarlas. Si tú no me ves como algo valioso para ti, no voy a seguir a tu lado esperando y esperando. Sencillamente, no puedo. El rechazo que siento, tanto si es intencionado o no, me resulta imposible de soportar.[20]

Incluso entonces, Tim no asumió que debían empezar a salir. No sabía cómo iba a pasar de mejores amigos y almas gemelas a novio y novia. No puedes ir casualmente a cenar y al cine. Cuando se empieza a salir después de este nivel de intimidad, lo siguiente es nombrar a los futuros hijos.

Tim pasó un par de semanas orando y pensando. Luego tomó una decisión. Volvieron a Boston como pareja.[21] A principios de mes, él se sentaba adelante con su amigo David Midwood mientras Kathy se sentaba atrás con su amiga Louise Crocker. Louise recuerda: «Hasta ese enero, sinceramente no sé si Tim distinguía su zapato derecho del izquierdo». Sin embargo, cuando volvieron a Boston, Tim y Kathy estaban juntos adelante y David y Louise, quienes se casaron en septiembre de 1974,[22] atrás. Un semestre antes de graduarse, Tim Keller y Kathy Kristy se casaron el 4 de enero de 1975 en Monroeville, Pensilvania, en la Iglesia Presbiteriana Crossroads. R. C. Sproul dirigió la ceremonia.

En la liturgia de la boda, Kathy quería transmitir el simbolismo bíblico del matrimonio como señal del amor redentor de Cristo por su iglesia, como en Efesios 5:25-33. Mientras que Tim representaría a

Cristo, ella representaría a su novia, la iglesia. Por su parte, las damas de honor llevarían cada una un color diferente del año litúrgico. Al final, la madre de Kathy se impuso ante esta idea, ya que temía que solo confundiría a los amigos y a la familia. En su lugar, las damas de honor lucieron vestidos sencillos de un solo color, mientras que los hombres vistieron un esmoquin marrón. Décadas más tarde, Kathy escribió: «Todavía hoy sigo pensando que mi idea era mejor».[23] Los votos incluyeron el pasaje de Salmos 34:1-3, que también hicieron grabar en el interior de sus anillos. Salmos 34:3 expresa: «Engrandeced a Jehová conmigo, y exaltemos a una su nombre».[24]

Viento en sus velas

Cuando los Keller se trasladaron a Filadelfia para que Tim diera clases en el Seminario Teológico de Westminster, Kathy trabajó como editora a tiempo parcial para Great Commission Publications. Eso significaba que Tim asumía la responsabilidad de preparar a los niños antes de ir a la escuela y de cuidarlos durante el verano.[25] Los tres niños habían nacido durante su período pastoral en Hopewell, Virginia. Tras algo más de tres años de matrimonio, David llegó en 1978, cuando Tim tenía veintisiete años y Kathy veintiocho. Le siguió Michael en 1980 y Jonathan en 1983. Tim mencionó a sus tres hijos en los agradecimientos del libro *Dioses falsos*, donde expresó: «Respeto cómo han crecido amando la ciudad y se han convertido en hombres íntegros».[26]

Tanto escribir como criar a los hijos son esfuerzos en conjunto para los Keller. Cuando Tim se enfrenta a un estricto plazo de entrega de un libro, él escribe y Kathy edita en simultáneo.[27] Como Tim confía tanto en Kathy, ella puede hacerle una crítica sin filtros cuando es necesario.[28]

«Su ayuda con la escritura es, estoy segura, más allá de lo que cualquiera puede imaginar —opinó su amiga y colega de muchos años, Liz

Kaufmann—. Es como tener un editor en la cabeza. Están tan entrelazados que quizás todos los libros deberían llevar su nombre».[29]

Cuando Tim llegó a la lista de *bestsellers* del *New York Times* por primera vez, el libro, *¿Es razonable creer en Dios?*, estaba dedicado a «Kathy, la valiente». Nadie más escuchó sus sermones sobre Jonás en 1981 en Hopewell, en 1991 en Nueva York durante los primeros días de Redeemer y de nuevo en 2001 en los espantosos días posteriores a los atentados del 11 de septiembre. Cuando Tim escribió *El profeta pródigo*, Kathy prestó una atención editorial inigualable en cada etapa. Si no le gustaba lo que veía, le decía que volviera a empezar.[30] En el mismo libro donde mencionó a sus hijos, Tim agradeció a Kathy por trabajar en el libro durante muchos meses y por hablar con él sobre las ideas durante años. «Debo decirle a Kathy lo que John Newton le escribió a su esposa, Polly; es decir, que no es de extrañar que tantos años, tantos cariños, tantas obligaciones hayan producido un efecto tan poco común, que, por la larga costumbre, me es casi imposible respirar un momento en el que no estés presente».[31]

Sus experiencias comenzaron a divergir después del seminario, en particular, cuando su familia creció. Kathy luchó contra el cambio. La primera vez que Tim tomó su maletín y se fue a trabajar después del seminario, ella se quedó sola en la cocina y se preguntó: *¿Qué voy a hacer todo el día?* «Hasta ese momento, los dos habíamos vivido en un entorno en el que la diferencia de sexo apenas si importaba, asistiendo ambos a las mismas clases, preparando los mismos exámenes y planteándonos rara vez cuál había sido la intención de Dios al crear sexos distintos. Pero, de repente, tenía que reflexionar, tanto práctica como también bíblicamente, cuál era mi función como mujer y como esposa».[32]

Ese papel siempre implicaría cuidar de Tim y estar atenta a sus necesidades físicas. Varios amigos y familiares observaron que Kathy le lleva agua a Tim para que beba, porque de lo contrario se le olvida. «Jesús es su vida, pero Tim es su función —comentó Louise Midwood—. Para Tim, Kathy es la facilitadora de su vida».[33]

En el sermón más importante de su vida, el domingo siguiente al 11 de septiembre, Tim dio a conocer su peor pesadilla, que se repetía al menos una vez al año. Esta consistía en que Kathy moría y él tenía que salir adelante sin ella.[34] En aquel momento, Kathy había estado luchando contra la enfermedad de Crohn. Soportó hasta siete operaciones en un año. Tim consideró la posibilidad de dejar el ministerio solo para cuidarla y describió la época como la más oscura de sus vidas, al menos hasta 2013.[35] Cuando a Tim le diagnosticaron cáncer de páncreas en 2020, no se permitió llorar por ninguna pérdida, excepto por una: separarse de Kathy.

Kathy Armstrong solía cuidar a los niños Keller a principios de 1992 y, durante dos años, después de que ellos fueran al colegio por la mañana, Kathy Armstrong y Kathy Keller se reunían para hablar de la vida a través de la lectura. Keller le pidió que leyera *Precious Remedies against Satan's Devices* [Preciosos remedios contra las artimañas de Satanás], del puritano del siglo XVII Thomas Brooks. Keller también le recomendó la colección de cartas de John Newton. Como era de esperar, algo de la lectura se relacionaba con una situación de la vida actual, que luego compartían entre ellas.[36]

Armstrong se estaba preparando para casarse cuando le pidió a Kathy Keller un poco de perspectiva. Quería la verdad lisa y llana. ¿Kathy estaba en verdad de acuerdo con ser la «número 2» de su marido, a pesar de que habían estudiado juntos en el seminario? ¿Estaba realmente de acuerdo con no predicar?

«No soy la número 2 —respondió Kathy Keller—. Servimos juntos y es una alegría si puedo ser el viento en sus velas».[37]

CINCO

MITO VERDADERO

Los Inklings

Makoto Fujimura siempre supo cuando Tim Keller no había encontrado tiempo para preparar su sermón para la Iglesia Presbiteriana Redeemer.

Es cuando hablaba de C. S. Lewis.

«Y sin duda, era mágico, así que no nos quejábamos».[1]

Keller se declara culpable de la acusación sobre Lewis. Eso es lo que sucede cuando alguien escribió tanto como Lewis y cuando Keller ha leído casi todo lo que publicó. Sin embargo, también se trata del momento de esa lectura. Lewis llegó a Keller al principio de la universidad, cuando se preguntaba si había alguna verdad o belleza en el cristianismo. Y poco después de profesar su fe personal en Jesús, conoció la serie de Narnia, recomendada a través de la hermana de Sue Kristy, Kathy, en la universidad Allegheny.

Con la ayuda de varias biografías y una íntima familiaridad con las cartas personales de Lewis, Keller puede recordar docenas de citas, historias e ilustraciones de él. Si Keller busca la forma adecuada de exponer su punto de vista, suele optar por Lewis, su autor favorito.[2]

«Cuando uno se adentra en la vida y obra de otra persona, ocurre algo muy interesante —escribió Keller—. No solo se llega a conocer bien su obra, sino que se entiende cómo funciona su mente. Así, uno puede imaginarse cómo reaccionaría y pensaría ante un determinado caso y asunto o cómo habría actuado en determinadas circunstancias».[3]

Uno de los amigos más cercanos de C. S. Lewis también contribuyó a la formación espiritual e intelectual de Keller. J. R. R. Tolkien era un compañero habitual del grupo de discusión literaria llamado Los Inklings. Se reunían durante los años treinta y cuarenta en Oxford (Inglaterra) y contribuirían a inspirar algunas de las historias más queridas jamás escritas en lengua inglesa. Los debates entre Lewis y Tolkien darían lugar a visiones opuestas para representar los temas cristianos en Las Crónicas de Narnia y *El Señor de los Anillos*.

Lewis le proporcionó a Keller un modelo de lectura amplia y de pensamiento claro; lo desafió a desplegar ilustraciones vívidas para la apologética pública en defensa de las afirmaciones cristianas sobre la verdad y la belleza. Tolkien, sin embargo, le dio a Keller una lengua materna, y no solo el élfico que a veces habla con Kathy. Además, le dio formas de hablar del trabajo, de la esperanza, de las historias que todos esperamos que se hagan realidad algún día.

Tolkien le dio a Keller palabras de consuelo en medio de la peor tragedia que ha sufrido su ciudad.

Todo lo triste era irreal

Cinco años después de los atentados del 11 de septiembre de 2001, a Tim Keller lo invitaron a hablar en un servicio de conmemoración para las familias de las víctimas. Se llevó a cabo en la Capilla de San Pablo, en el Bajo Manhattan, a solo dos manzanas de donde se encontraban las Torres

Gemelas, y contó con la presencia del Presidente George W. Bush y de su esposa, Laura. El mensaje de Keller trajo a la memoria lo que dijo el 16 de septiembre de 2001, el primer domingo después de la tragedia. Predicó sobre la esperanza de la resurrección de Jesús, con la ayuda de Tolkien:

> En el último libro de *El Señor de los Anillos*, Sam Gamyi se despierta pensando que todo está perdido y, al descubrir en cambio que todos sus amigos estaban a su alrededor, grita: «¡Gandalf! ¡Creí que estaba muerto! Pero yo mismo creía estar muerto. ¿Acaso todo lo triste era irreal?». La respuesta es sí. Y la respuesta de la Biblia es sí. Si la resurrección es verdadera, entonces la respuesta es sí. Todo lo triste era irreal.[4]

Citar a artistas bastante conocidos ayudó a Keller a establecer una relación con los oyentes y lectores que no esperaban que los predicadores demostraran una amplia familiaridad con la literatura fuera de la Biblia. Cuando Mako Fujimura visitó Redeemer por primera vez en 1992 y escuchó predicar a Keller, recuerda que pensó: *Esto me recuerda mucho a las clases de humanidades que escuché en Bucknell*, donde él también estuvo como estudiante. Para un artista en desarrollo como Fujimura, el enfoque de Keller era intrigante. Fujimura había trabajado para Cru (antes Campus Crusade for Christ) en evangelismo, pero no tenía un contexto para el compromiso cultural fuera de C. S. Lewis y Francis Schaeffer. No veía un papel en las misiones para un creador de cultura como él, un artista visual. Solo escuchó que la cultura era ridiculizada como una influencia negativa o, al menos, sospechosa. Cuando Keller mostró tanta soltura con los escritos de Flannery O'Connor como con el Evangelio de Mateo, Fujimura decidió quedarse en Redeemer cuando solo asistían unas 250 personas cada semana.[5]

O'Connor había sido la lectura asignada a Keller en una clase formativa de Gordon-Conwell con Richard Lovelace, profesor de historia de la iglesia. Su influencia fue tal que Keller citó su cuento «Sangre sabia» en su primer sermón de Pascua en Redeemer en 1990.[6] Incluso después de que Keller hubiera leído a Lewis y Tolkien, O'Connor fue la escritora que primero le abrió los ojos al poder de los cristianos para crear arte.[7]

Lector voraz

El entusiasmo de Keller por aprender y su curiosidad insaciable se extendería a sus amigos y familiares durante toda su vida. Cuando descubrió a Tolkien, le insistió a su hermana que también lo leyera. Cuando las conferencias nacionales de Coalición por el Evangelio se realizaron en Orlando en 2013 y 2015, se reunía con Sharon, quien cuidaba de sus padres en Gainesville (Florida), y la ponía al día sobre lo último que había leído.

Su afecto por Tolkien es tan profundo que Keller nunca deja de leerlo, ya sea *El Señor de los Anillos*, *El Silmarillion* o trece grandes volúmenes de obras que se publicaron con carácter póstumo. La primera vez que Tim se enfrentó a un cáncer de tiroides y pensó que podría morir, no acudió primero a un versículo de la Biblia para consolarse. Cuando los médicos lo anestesiaron y no sabía dónde despertaría, su mente viajó al tercer y último libro de *El Señor de los Anillos* en un momento en el que parecía que la oscuridad y el mal se impondrían a la comunidad asediada. Keller pensó en Sam, uno de los protagonistas hobbits de Tolkien:

> Sam vio de pronto una estrella blanca que titilaba. Tanta belleza, contemplada desde aquella tierra desolada e inhóspita, le llegó al corazón, y la esperanza renació en él. Porque, frío y nítido como una saeta, lo traspasó el pensamiento de que la Sombra era al fin y al cabo una cosa pequeña y transitoria, y que había algo que ella nunca alcanzaría: la luz y gran belleza que está para siempre fuera de su alcance. Más que una esperanza, la canción que había improvisado en la Torre era un reto, pues en aquel momento pensaba en sí mismo. Ahora, por un

> momento, su propio destino [...] lo tuvieron sin cuidado [...]. Olvidando todos los temores, se entregó a un sueño profundo y apacible.[8]

Keller se fue a dormir con la firme convicción de que, como Jesús ha muerto, la muerte es una sombra. No importaba lo que pasara durante la operación, sabía que estaría bien.

«Hay luz y gran belleza que está para siempre fuera de su alcance porque el mal cayó en el corazón de Jesús —escribió Keller—. La única oscuridad que podría habernos destruido para siempre cayó en su corazón».[9]

Sobre los cuentos de hadas

Nunca es más clara la influencia de Los Inklings que cuando Keller habla del evangelio como un «mito verdadero». Cuando Keller quiere ayudar a los predicadores a llegar al corazón, los lleva al famoso ensayo de Tolkien «Sobre los cuentos de hadas». La predicación puede hacer algo más que solo transmitir información verdadera. La predicación puede, incluso debe, llevar a los cristianos a maravillarse. Keller también explica por qué los relatos de fantasía ayudan en formas que las novelas realistas no pueden, incluso cuando las escriben grandes maestros como Fiódor Dostoievski y León Tolstoi. La fantasía y la ciencia ficción de la clase escrita por Lewis y Tolkien pueden ayudar a satisfacer las esperanzas y los deseos más profundos del corazón. Pueden reconcebir el tiempo, revertir la muerte, imaginar la comunión con seres no humanos, derrotar el mal para siempre y celebrar el amor que nunca terminará. Incluso cuando los lectores saben que la historia no es real, siguen conectando con emociones reales. Y, por eso, Tolkien y Lewis siguen siendo tan relevantes hoy como lo fueron entre los años treinta y los cincuenta, o en cierto modo, incluso más relevantes y queridos hoy, tanto por cristianos como por no cristianos.

Gracias a los relatos de fantasía, los lectores pueden encontrar satisfacción existencial antes de descubrir la credibilidad intelectual. Pueden desear que algo sea cierto, aunque todavía no se atrevan a creerlo. El escritor puede mostrar el mundo como debería ser, como una vez lo fue y como volverá a ser algún día. El escritor puede llevarnos a un mundo aún mejor que el que podemos imaginar ahora. Para Tolkien, como para Keller, esa es la semilla de la fe cristiana.

«Nos interesan muchísimo estas historias porque tenemos intuiciones de la trama de la creación, la caída, la redención y la restauración en la Biblia —escribió Keller—. Incluso si reprimimos intelectualmente el conocimiento de esa trama, *no podemos no* conocerla con la imaginación y nuestros corazones se conmueven ante cualquier historia que la evoque».[10]

Como mencionó Keller a la congregación de Redeemer en 1997, la buena noticia de Jesús es la historia que se encuentra detrás de todas las demás. «La historia del evangelio es la historia de asombro de la cual se inspiran todos los demás cuentos de hadas e historias asombrosas».[11] ¿Cómo, exactamente, vio Tolkien el evangelio como molde para los relatos de fantasía? Es en el momento en que cree que se ha perdido toda esperanza, como cuando los discípulos se acurrucaron, escondidos en una casa, tras la muerte de Jesús en la cruz. Es cuando la victoria parece surgir de la nada de la manera menos probable, como cuando Jesús resucitado atravesó las paredes de esa casa y saludó a sus amigos y seguidores. Es cuando la mayor debilidad de alguien se convierte en la fuente de su mayor fuerza. Es lo que Tolkien llamó *eucatástrofe* o «la alegre catástrofe, la tragedia que resulta ser un triunfo, el sacrificio que resulta traer alegría, la debilidad que acaba siendo fuerza, la derrota que acaba siendo victoria».[12]

En las propias historias de Tolkien no faltan las *discatástrofes*, el momento en que toda esperanza parece perdida, como en la Batalla de la Puerta Negra, cuando las Huestes del Oeste menguan frente a los orcos de Mordor, que los superan en número en más de diez a uno. Mientras los héroes luchan, con la esperanza de distraer a Sauron de la búsqueda de Frodo y Sam para destruir el Anillo Único en los fuegos del Monte del Destino, buscan el *euangelium*, la buena noticia de que no morirán en vano. La *eucatástrofe* comienza cuando Gollum le arranca el dedo a Frodo de un mordisco y, sin querer, destruye el Anillo, poniendo fin al malévolo dominio de Sauron sobre la Tierra Media. Para Tolkien, la encarnación de Jesús es una *eucatástrofe* después de que muchas generaciones murieran sin esperanza. Y la resurrección es una *eucatástrofe* de la encarnación, que había parecido fracasar cuando depositaron el cuerpo sin vida de Jesús en la tumba, recién excavada, perteneciente a José de Arimatea.[13]

Cuando se conoce la Historia detrás de las historias, entonces se la ve en todas partes, «desde el patito feo que resulta ser un cisne, hasta la Bella y la Bestia, donde la Bella renuncia a toda su felicidad para arrojarse a los brazos de esta Bestia y, debido a su increíble sacrificio, recibe amor y libera a esta persona por encima de todo lo que ella jamás pudo imaginar».

Cuando se pulsa la cuerda del evangelio, esta nunca deja de resonar en el corazón.

«En verdad existe una Bella que besa a la bestia —explicó Keller a la congregación de Redeemer en 1998—. En verdad existe un Hércules que vence al villano. En verdad existe un héroe. En verdad existe Jesús».[14]

SEIS

SE ACEPTAN ESCÉPTICOS

R. C. Sproul y el Centro de Estudios de Ligonier Valley

En la primavera de 1971, Francis Schaeffer ya no era un desconocido misionero estadounidense bohemio en los Alpes suizos. Se había convertido en una celebridad evangélica gracias a los *bestsellers* como *The God Who is There* [El Dios que está allí], publicado en 1968. En la primera conferencia de L'Abri en Estados Unidos, que se llevó a cabo en la Universidad Covenant de Lookout Mountain (Tennessee), pudo captar la atención de jóvenes que aspiraban ser imitadores.

Uno de esos imitadores esperaba llevar una versión de L'Abri a las montañas del oeste de Pensilvania, cerca de las casas de las familias Keller y Kristy. Había estudiado en la Universidad Libre Abraham Kuyper en Ámsterdam y, después de servir como ministro presbiteriano en

Cincinnati, esperaba iniciar un centro de estudios cristiano en Ligonier Valley, en las afueras de Pittsburgh. Después de que R. C. Sproul conociera a Francis Schaeffer en Lookout Mountain, mantuvieron correspondencia sobre cómo el Centro de Estudios de Ligonier Valley podría aprender de las mejores prácticas de L'Abri.[1]

Toda esa visión seguía aún fresca para Sproul. Solo un año antes, un visitante se le había acercado con una oferta extraordinaria mientras servía como pastor asociado de enseñanza y evangelización en la Iglesia Presbiteriana de College Hill en Cincinnati. Dora Hillman, viuda de un acaudalado hombre de negocios, planeaba poner en marcha un centro de estudios y conferencias cerca de Pittsburgh para formar líderes cristianos que evangelizaran y discipularan la ciudad. Para ello, donaría 21 ha (52 ac) cerca de Stahlstown, Pensilvania, a la que se podía llegar desde Pittsburgh en menos de una hora. Esta visión se convirtió en el Centro de Estudios de Ligonier Valley y R. C. y Vesta Sproul se instalaron en Stahlstown el verano después de que R. C. conociera a Schaeffer.

Schaeffer le aclaró a Sproul que este trabajo en el centro de estudios lo agotaría tanto a él como a su familia. No podía esperar descansos. Sin embargo, este tipo de ministerio a los estudiantes universitarios y a los jóvenes adultos, combinando la educación y la hospitalidad, no era nuevo para los Sproul. R. C. era un profesor inusualmente comprometido cuando enseñaba en su *alma mater*, la universidad Westminster en New Wilmington, Pensilvania, a menos de 100 km (60 mi) al norte de Pittsburgh. Casi todas las noches, a veces hasta las primeras horas de la mañana, él y Vesta recibían estudiantes para orar y estudiar la Biblia.[2]

Por lo tanto, no fue una gran sorpresa cuando los líderes del área de Pittsburgh, como John Guest, recomendaron a Sproul como el maestro que podría dirigir el centro de estudios que imaginaron con Hillman.[3] A través del Centro de Estudios de Ligonier Valley, R. C. Sproul ayudaría a establecer una trayectoria teológica para Tim Keller y Kathy (Kristy)

Keller. También les imprimió el modelo de L'Abri para la evangelización que, con el tiempo, llevarían dentro de la iglesia a través de Redeemer en Nueva York.

Edwards en tirolés

Muchos más estudiantes querían que John Gerstner enseñara sobre Jonathan Edwards en lugar de que calificara sus trabajos sobre este. Sin embargo, Sproul se arriesgó a recibir una calificación del honesto profesor conservador del Seminario Teológico de Pittsburgh.[4] Sproul se inscribió en Pittsburgh en 1961 tras conocer al presidente, Addison Leitch, otro conservador. Juntos, Gerstner y Sproul contribuirían a un renacimiento religioso en toda la ciudad durante la década de 1970. Más allá de Ligonier, surgieron ministerios, como Coalition for Christian Outreach y Trinity School of Ministry, en esos años memorables para Pittsburgh cuando los líderes cristianos decidieron que querían que la ciudad fuera tan conocida por Dios como lo era por el acero.[5]

Los presbiterianos abrieron el camino, como lo hicieron al ayudar a fundar Pittsburgh en 1758 y a dar forma a su perspectiva cristiana hasta bien entrado el siglo XIX.[6] Sin embargo, esta unión de instituciones evangélicas marcó un cambio en la vida religiosa del oeste de Pensilvania, que había estado preocupada por el mismo tipo de deconstrucción teológica que Tim y Kathy habían encontrado en la universidad. Cuando Kathy se inscribió en la Universidad Allegheny, una escuela metodista unida del noreste de Pensilvania, no descubrió nada más sobre la Biblia que lo que había aprendido en su iglesia presbiteriana tradicional.

«Pensé en anotarme en todos los cursos de religión para aprender sobre el cristianismo —dijo Kathy—. Fue una ingenuidad porque las clases de religión eran para convencerlo a uno de que le habían lavado el cerebro. La mayoría de mis clases de religión la impartían ministros expulsados que ayudaban a perder la fe lo antes posible».[7]

Kathy no se amedrentó, en parte porque podía recurrir a alternativas reflexivas como Sproul. Su propia conversión como estudiante de primer año en Westminster en 1957 presagió un movimiento espiritual más amplio entre los estudiantes universitarios una década después. Fue la época de la explosión de natalidad, cuando la matrícula estudiantil se disparó un 139 % entre 1960 y 1970. Para ganar la Guerra Fría, el gobierno federal destinó casi el 3 % del producto bruto interno a la investigación y el desarrollo. Cuando Sproul comenzó a planificar el Centro de Estudios de Ligonier Valley, 8,6 millones de estudiantes cursaban carreras universitarias.[8] Las iglesias se esforzaban por acomodarse y adaptarse a una generación que batía récords y que exigía cambios en la educación y el lugar de trabajo en medio de los desafíos del movimiento por los derechos civiles y la guerra de Vietnam.[9] De este modo, cuando los jóvenes de la contracultura encontraban a Jesús, ya fuera a través de la evangelización en la calle o en comunas improvisadas o en conciertos de *rock*, no querían ponerse un traje o unas medias y esperar al domingo por la mañana. Muchos encontraron el camino hacia Sproul en Ligonier Valley.[10]

El mismo movimiento envió a jóvenes adultos a los Alpes suizos en busca de la verdad con Francis y Edith Schaeffer en L'Abri. No añoraban los años cincuenta, sino que querían una relación vibrante con Dios, junto con la música, la vestimenta y el arte de la vanguardia bohemia. Los Schaeffer les dieron la cultura de vanguardia, pero no por sí misma. Tenían a Jonathan Edwards y a Abraham Kuyper (toda una cosmovisión reformada) en la lengua vernácula de Andy Warhol y Paul McCartney, de mano de Francis Schaeffer, vestido con pantalón tirolés.[11] El historiador Charles Cotherman observa:

> Al igual que los artistas, los escritores y los músicos de *jazz* estadounidenses que acudían a París décadas antes, Europa parecía ofrecerle

> a Schaeffer la libertad de desarrollar su gusto por el arte, la filosofía e incluso las buenas conversaciones en un contexto que reverberaba con las más nuevas corrientes de pensamiento y que, al mismo tiempo, se distanciaba de las luchas internas que dominaban el fundamentalismo estadounidense.[12]

Al contemplar los Alpes, los visitantes de L'Abri obtuvieron algo más que el amplio análisis cultural y teológico de Schaeffer: encontraron compañeros de viaje de todo el mundo, una comunidad que afirmaba la fe y que, de alguna manera, tampoco temía la duda. Encontraron una comunidad dispuesta a debatir sobre el arte en busca de la belleza mientras desmalezaban juntos el jardín. Aprendieron el arte oculto de las tareas domésticas de Edith Schaeffer mientras escuchaban las preguntas escépticas de una presbiteriana de cuna que nunca podría imaginar volver a la iglesia.[13]

R. C. y Vesta Sproul crearon el Centro de Estudios de Ligonier Valley, al igual que L'Abri, con programas que se ajustaban a sus considerables puntos fuertes. Sproul se inclinó por la educación cristiana, en particular, la Biblia y la teología. Sin embargo, el ministerio también formaba a los cristianos en ética, consejería, filosofía e incluso educación física. Los visitantes podían venir por dos semanas o por dos años. Los estudios bíblicos semanales atraían más allá de Ligonier Valley, incluso a las madres de Tim y de Kathy. Nada generaba más recuerdos que la charla de los lunes por la noche.[14] Sproul sobresalía cuando hablaba de pie mientras pensaba y hablaba de las objeciones al cristianismo. Entre 1971 y 1981, también fue profesor visitante de apologética en Gordon-Conwell.

Los Sproul abrieron su vida a los jóvenes adultos de Pittsburgh, que procedían de ministerios prósperos de toda la región, como Young Life, Coalition for Christian Outreach, la Primera Iglesia Presbiteriana de Pittsburgh, el Pittsburgh Experiment e incluso el naciente movimiento carismático de la Iglesia Episcopal. Sproul les tenía las puertas abiertas, como lo había hecho desde los tiempos de su clase de teología contemporánea en la Universidad Gordon en 1967, donde su programa de estudios indicaba: «Además, el profesor está siempre disponible para pasar tiempo con el estudiante de forma personal en relación con problemas espirituales o de otra índole».[15]

El Centro de Estudios de Ligonier Valley nunca habría comenzado si R. C. Sproul hubiera aceptado una oferta de William Lane, quien se convirtió en el primer profesor de Nuevo Testamento de Tim Keller. Lane tomó un tren de Boston a Filadelfia para tratar de convencer a Sproul de que se uniera a la facultad del nuevo Seminario Teológico Gordon-Conwell. Sproul había estado enseñando en la Escuela de Teología Conwell, situada en el campus de la Universidad Temple en Filadelfia. No le gustaba el trabajo y tampoco le atraía la idea de hacerlo en Boston. «Cuando llegó a Filadelfia y se reunió con R. C., el doctor Lane comparó la ocasión con William Farel pidiendo a Juan Calvino que se quedara en Ginebra —escribió Stephen Nichols—. R. C. respondió que el doctor Lane no era Farel, que él mismo no era Calvino y que Gordon no era Ginebra».[16]

Sproul tampoco disfrutó del trabajo en el Centro de Estudios de Ligonier Valley tanto como esperaba. Las advertencias de Schaeffer resultaron premonitorias. La naturaleza pública de la hospitalidad y la enseñanza del ministerio agotó a Sproul. Ni él ni Vesta podían igualar la extrovertida hospitalidad de Francis y Edith Schaeffer, e incluso los Schaeffer tuvieron que alejarse de la primera actitud receptiva de L'Abri.[17]

Los años del Centro de Estudios de Ligonier Valley fueron breves, pero su influencia abarcó generaciones. Entre los invitados se encontraban la escritora y evangelista trotamundos Rebecca Manley Pippert y el teólogo Richard Lints, que más tarde daría a Tim Keller el lenguaje de «la visión teológica».[18] Ligonier Ministries dejó Ligonier Valley en 1984 para irse a cielos más soleados en las afueras de Orlando, Florida. El ministerio marcó la tendencia de los medios de comunicación evangélicos al pasar de la formación presencial a la distribución en video de las clases de Sproul.

Nuevas condiciones

Sin embargo, el Centro de Estudios de Ligonier Valley hizo que Tim Keller sintiera el gusto por una comunidad cristiana en estrecha sintonía con la cultura cambiante. Cuando se trasladó a Hopewell después del seminario y más tarde plantó Redeemer en Nueva York, Tim trató de reproducir este tipo de comunidad dentro de la iglesia: hospitalaria y evangelizadora, intelectual y terrenal. Incluso trajeron a un joven converso, Graham Howell, de Hopewell para que escuchara a Sproul en Ligonier Valley. Sin embargo, Kathy se frustraba al pensar que Sproul hablaba demasiado de sus queridos Piratas de Pittsburgh y no lo suficiente de la Biblia y la teología. Tim y Kathy nunca compartieron el amor de Sproul por los deportes.

A pesar de que los Keller nunca se sintieron parte de su leal y ruidoso círculo íntimo, Sproul se reunió con ellos para ofrecerles consejería prematrimonial y luego ofició y predicó en su boda en 1975.[19] Tim nunca había escuchado de la recién fundada Iglesia Presbiteriana en América (PCA, por sus siglas en inglés) hasta que Sproul se la recomendó una semana antes de su boda. Los Keller se detuvieron para ver a Sproul cuando estaban de camino a comunicar a los obispos de la Iglesia Evangélica Congregacional que Tim ya no podía firmar su declaración de fe wesleyana, que incluía la posibilidad de una perfección sin pecado en la tierra antes de la venida de Cristo. Su relación continuó cuando Sproul acudió a Gordon-Conwell ese mismo año para debatir con Gordon Fee en cuanto a la ordenación de las mujeres. Sproul comió y se preparó para el debate en el apartamento de recién casados de los Keller, en Ipswich, Massachusetts.[20]

Aunque Sproul rechazó ofertas de tiempo completo, aún visitó Gordon-Conwell para enseñar un curso de un mes sobre apologética. A medida que Tim Keller crecía como apologista reformado, se apartó de la metodología de Sproul. Al igual que su mentor, John Gerstner, Sproul utilizaba las evidencias y pruebas tradicionales de Dios. En cambio, Keller gravitaba hacia el enfoque neocalvinista tipificado por Cornelius Van Til del Seminario Teológico de Westminster. Sin embargo, Keller también se apartó de Van Til al enfatizar la doctrina de la gracia común.

Sproul siguió siendo un referente para Tim en otros aspectos, incluso cuando divergían. Sproul le enseñó cómo hablar de forma persuasiva a los no cristianos, con un manejo inteligente de los temas. Uno de los primeros libros de Sproul, *The Psychology of Atheism* [La psicología del ateísmo] (1974), adoptó un enfoque similar al de Francis Schaeffer en la construcción de un caso para la fe a través de apelaciones al arte moderno, la literatura y la filosofía. A través de las obras de Schaeffer, que Keller empezó a leer en Bucknell, aprendió el concepto de «cosmovisión». Durante estos años de licenciatura, Keller también conoció el libro de Hans Rookmaaker *Arte moderno y la muerte de una cultura*, publicado en 1970. Keller había asumido que la teología tenía que ver con la forma en que agradamos a Dios y nos relacionamos con Él. Ahora, podía ver que las diferentes cosmovisiones producían un arte diferente y que la teología cambiaría la forma en que hacemos y vemos todo en la vida. El neocalvinismo de Rookmaaker contagió a Francis Schaeffer cuando se conocieron en 1948. Rookmaaker fundó su propia rama de L'Abri en los Países Bajos para acompañar el ministerio de Schaeffer entre los marginados y los incrédulos en Suiza.

El *logos* y el *pathos* del neocalvinismo, tal como lo leyó en estos escritores y lo vio en sus comunidades evangélicas, animaron todo el ministerio de Keller, quien abogó por un cristianismo ortodoxo y moderno al mismo tiempo. Los creyentes no pueden apartarse del mundo moderno, sino que deben involucrarse en todos los aspectos, desde el arte hasta los negocios, pasando por la política, la familia y la educación, con una cosmovisión distinta, construida sobre una doctrina histórica y ortodoxa.

Sin embargo, cuando Keller recuerda el Centro de Estudios de Ligonier Valley, no recuerda en primer lugar ideas ni debates. Más bien, recuerda con especial afecto muchas cenas con los Sproul en su casa de Stahlstown.[21] Tim Keller vio en L'Abri y en el Centro de Estudios de Ligonier Valley modelos de evangelización y discipulado bajo las nuevas condiciones de la fe moderna. Las generaciones ya no se limitarían a aceptar la fe de sus antepasados. Cada persona tendría que elegir por sí misma, entre las innumerables voces que desafían sus creencias y conductas. La fe tendría que ser consciente e intencionada y ningún rito de paso, desde el bautismo hasta la confirmación, garantizaría la observancia continua.

Keller no creía que la iglesia pudiera permitirse el lujo de limitarse a administrar programas de fase existencial en esas condiciones. La iglesia tendría que adoptar una mentalidad paraeclesiástica e ir a los incrédulos y a los escépticos para encontrar a los heridos y a los perdidos. La iglesia debe convertirse en un lugar donde los escépticos sean bienvenidos, donde se honren las preguntas, donde se responda a los críticos junto a los creyentes maduros. Keller se opuso a la tendencia de búsqueda de sus compañeros de ministerio y proyectó una visión para enseñar a las comunidades cristianas que se relacionaran con los no cristianos, que los acogieran y los esperaran. Es lo que Keller encontró entre los estudiantes de InterVarsity en Bucknell antes de profesar fe en su primer año y es lo que lo entusiasmó de L'Abri y su prole, en especial, el Centro de Estudios de Ligonier Valley. La iglesia siempre tendrá que resistir las influencias perniciosas de la cultura, pero a través de la vidas de Francis Schaeffer y de R. C. Sproul, Tim Keller también vio cómo conectar el evangelio con cada centímetro cuadrado de gracia común en la creación de Dios.

«Somos muy conscientes y nos alegramos de la presencia de escépticos entre nosotros —escribió Keller al principio de su pastorado en Redeemer—. Somos muy persuasivos, pero extremadamente no combativos, al presentar la belleza razonable de la fe cristiana en cada aspecto de nuestro ministerio».[22]

SEGUNDA PARTE

PROFESORES Y COLEGAS

1972 a 1975

SIETE

BUFÉ TEOLÓGICO

Seminario Teológico Gordon-Conwell

Cuando en 1972, Tim Keller se matriculó en el Seminario Teológico Gordon-Conwell, la escuela experimentaba cambios significativos; esto debió sorprender a la administración, ya que el instituto apenas había comenzado en 1969.

Gordon-Conwell era el resultado de la fusión de dos escuelas: Conwell School of Theology de Filadelfia y Gordon Divinity School de Boston, ambas fundadas por bautistas en la década de 1880. El evangelista Billy Graham desempeñó un papel fundamental en conseguir financiamiento y seleccionar a los líderes. El magnate petrolero J. Howard Pew, patrocinador de Graham desde hacía tiempo, aportó dos millones de dólares para la nueva escuela, que compró a un antiguo seminario carmelita al norte de Boston, en South Hamilton (Massachusetts).

En sus primeros años, Gordon-Conwell transmitió a los estudiantes un sentido de destino convincente. Los líderes del seminario invitaban a líderes mundiales como John Stott a dar conferencias a los estudiantes e impartir confianza en su visión de un movimiento evangélico diferente al fundamentalismo y al liberalismo. La misión de llenar de evangélicos los púlpitos de Nueva Inglaterra evocaba el apogeo del Primer Gran Avivamiento de Jonathan Edwards y también la nueva frontera del secularismo que irrumpía en el noreste.

Graham seleccionó como presidente a otro antiguo aliado: Harold John Ockenga, entonces pastor de la histórica Park Street Church, en la parte noreste de Boston Common. Graham, Ockenga y Pew habían emprendido juntos varias iniciativas, especialmente la revista *Christianity Today*, que fundaron en 1956. Aquella experiencia les dio algunos indicios sobre el tipo de retos que enfrentarían en Gordon-Conwell. Solo un año antes de instituir el seminario, el editor fundador de *Christianity Today*, Carl F. H. Henry, dimitió bajo coacción tras un largo conflicto con Pew por temas políticos. El sustituto de Henry, Harold Lindsell, visitó Gordon-Conwell en 1972 para impartir una conferencia a favor de la inerrancia bíblica, perspectiva que sostiene que en las Escrituras originales no hay errores.

Gordon-Conwell había sido establecido en el nordeste como una especie de contraparte del Seminario Teológico Fuller en Pasadena, California, del que Ockenga anteriormente fue presidente fundador, incluso mientras servía como pastor de Park Street, en Boston. Ockenga dimitió en 1963, después de lo que se conoció como el Sábado negro, el 1 de diciembre de 1962. El decano entrante de la escuela, Daniel Fuller, hijo del fundador, Charles Fuller, tuvo problemas con Ockenga por insistir en que la nueva declaración doctrinal de la escuela debía ir más allá de la antigua teología de Princeton sobre la inerrancia y ofrecer una posición más general sobre la «infalibilidad» de la Biblia. Aunque no quería afirmar que la Biblia tenía «errores», eso era lo que su posición daba a entender y así lo afirmaban los conservadores como Ockenga. Sin embargo, Daniel Fuller, con el apoyo de sus padres, acabó imponiéndose.[1] En 1976, Ockenga escribió el prólogo del candente libro de Lindsell *The Battle for the Bible* [La batalla por la Biblia]; donde se criticaba a Fuller.

A principios de la década de 1970, la inerrancia era solo uno de los muchos temas que se debatían entre el cuerpo docente y los estudiantes de Gordon-Conwell.[2] Los profesores del seminario no denominacional procedían de todos los puntos evangélicos de la brújula y discrepaban (de forma cortés) en cuanto a las relaciones raciales, la justicia social, la estrategia para las misiones y el papel de la mujer en la iglesia. La pregunta: «¿Qué es una mujer?» era objeto de debate y, a veces, incluso bregaban por definir lo femenino y lo masculino.

Después de una sesión en la capilla, en la que una serie de puntos de vista sobre las mujeres en el ministerio fueron abordados, Louise Midwood, amiga de Kathy y compañera de estudios, recuerda que se tropezó con Ockenga, quien se volvió hacia ella y le dijo: «Cuánto me alegro de que en mi seminario no se propugne nada de *eso*». Midwood pensó: *Si usted supiera.*[3] De hecho, el decano académico de Gordon-Conwell, William Kerr, le había pedido a Midwood y a una amiga que asistieran a un curso sobre el feminismo del siglo XX en la iglesia cristiana. Midwood piensa que el decano quería espías para enterarse de lo que se enseñaba en el curso, pues este les pidió que le informaran.

Tetera grande, boca pequeña

Gordon-Conwell, independiente de cualquier denominación, siempre ha sido una especie de bufé teológico. Dos estudiantes que empezaban al mismo tiempo podían, con una atención cuidadosa (o una intervención divina), graduarse con puntos de vista totalmente diferentes. Se podía encontrar profesores y cursos que enseñaban la teología reformada y graduarse como presbiteriano, o encontrar cursos y profesores wesleyanos, arminianos o pentecostales.

Fueron varios los profesores que dejaron una impresión duradera en Tim Keller, y no siempre por darle el visto bueno. Gwyn Walters en la materia de predicación calificó a Tim con una C, y le señaló: «Eres como una tetera grande con una boca pequeña. Tienes que aprender a dejarlo salir». A veces, la influencia de un profesor no se hacía evidente hasta más adelante. Orlando Costas, un teólogo latinoamericano, anticipó lo que Tim aprendería más a fondo en Filadelfia. En su curso sobre «La misión mundial de la iglesia», que duraba una semana, Costas enseñó la teología de la liberación, con un enfoque favorable, desde una perspectiva evangélica. Para Keller, este profesor ofreció argumentos convincentes a favor de la acción y la justicia social como parte de la labor de los cristianos en el mundo.[4]

Los estudiantes llegaban temprano a las clases de Meredith Kline sobre el Pentateuco, que eran a las 8:00 de la mañana, solo para escuchar su oración inicial. Tim Keller tomó seis cursos con Kline (más que con cualquier otro profesor), quien originalmente estudió y enseñó en el Seminario Teológico Westminster en Filadelfia. Gracias a los cursos de Kline, Tim aprendió a leer la Biblia desde una perspectiva «de la historia de la redención» (a través de toda la historia bíblica) al leer las principales obras de Geerhardus Vos, *Biblical Theology* [Teología bíblica] y *The Pauline Eschatology* [La escatología paulina]. Kelly encontró las respuestas a muchas de sus preguntas bíblicas y teológicas cuando aprendió sobre «la concurrencia de las épocas», también conocida como el «ya, pero todavía no» de la escatología inaugurada.

No obstante, sobre todas las cosas, con Kline, autor de *By Oath Consigned* [Consignado por juramento], Keller aprendió la teología del pacto. Doctrinas tan importantes como la sustitución penal y la justicia imputada no habían quedado claras hasta que Kline explicó cómo Cristo cumplió el pacto de obras que Adán no pudo lograr durante su prueba, o lo que Kline llamó «el pacto de la creación». Creer en Cristo nos pone «fuera» de prueba. Kathy Keller incluso llegó a afirmar que no entendió realmente el evangelio de la salvación por gracia (no por nuestras buenas obras) hasta que estudió con Kline.

William Lane, otro profesor de Gordon-Conwell, contribuyó a la formación de los pilares fundamentales de la teología de la expiación de

Tim Keller.[5] Lane sentó las bases del conocimiento de la Biblia en inglés que tenía, pues a los estudiantes se les exigía que memorizaran el contenido de cada capítulo del Nuevo Testamento. También fue el primer profesor de Nuevo Testamento que tuvo Keller y publicó un comentario sobre el evangelio de Marcos en 1974 para la serie *New International Commentary on the New Testament* [Nuevo Comentario Internacional del Nuevo Testamento] (NICNT, por sus siglas en inglés). Después de su encuentro personal con Cristo en Bucknell, Keller acudió a los escritores británicos en busca de una erudición bíblica de vanguardia que respondiera a los críticos. En aquel entonces, los estadounidenses no estaban haciendo ese trabajo. Lane fue el primer erudito nacido y formado en Estados Unidos que contribuyó a la prestigiosa serie NICNT. De hecho, su obra podría considerarse como el primer comentario bíblico evangélico importante hecho por un estadounidense desde el que realizara J. Gresham Machen, fallecido en 1937. Lane había estudiado con Ned Stonehouse, editor de series, y conocía a F. F. Bruce, quien asumió el cargo cuando Stonehouse murió en 1962.

«Es probable que el comentario de Lane sea la obra más minuciosa de un evangélico estadounidense desde la publicación de *Mateo* por Broadus casi un siglo antes —escribió el historiador Mark Noll—. Sus notas tuvieron en cuenta la erudición moderna; su texto era un modelo de exégesis paciente y acertado. Las conclusiones sobre temas críticos eran conservadoras; sin embargo, el trayecto hacia esos juicios se caracterizó por una erudición persuasiva».[6]

Keller estudió con Lane durante un año solamente.[7] Con Andrew Lincoln coincidió incluso menos, solo un semestre. De hecho, Lincoln no estuvo mucho tiempo en Gordon-Conwell, solo entre 1975 y 1979; sin embargo, un semestre estudiando con Lincoln fue suficiente para un cambio radical en el rumbo de la vida de Keller. Timothy cursó dos asignaturas de Nuevo Testamento con Lincoln, quien en ese momento enseñaba una perspectiva reformada, similar a la de Geerhardus Vos y

Herman Ridderbos. Estos cursos ayudaron a Keller a decidir entre la teología reformada y la arminiana.[8]

Este calvinismo dio a Keller una perspectiva sobre la trayectoria inesperada de su vida y a menudo citaba la historia como ejemplo de la misteriosa providencia de Dios. De hecho, la experiencia con Lincoln tuvo tal influencia en Keller que compartió la historia en uno de sus primeros sermones en la Iglesia Presbiteriana Redeemer, el 9 de julio de 1989.[9] En otro escenario, Keller explicó cómo esta circunstancia inesperada lo llevó a Nueva York, aunque en este mensaje, Hopewell era aún su centro de atención y quería mostrar por qué se había hecho presbiteriano y había roto la promesa hecha a su madre y al pastor de la Iglesia Evangélica Congregacional de que nunca se haría reformado.

Con la perspectiva de Romanos 8:28, Keller explicó en su sermón cómo se esperaba que Lincoln se perdería todo el año escolar. William Kerr, decano de Gordon-Conwell, les pidió a los estudiantes que oraran para que Dios hiciera posible que Lincoln obtuviera su visa:

> A última hora, alguien sorteó la burocracia. Este hombre llegó y sentí su influencia. ¿Sabe por qué se pudo sortear la burocracia? El decano de mi seminario estaba orando de rodillas por cómo íbamos a conseguir que este hombre viniera, cuando Mike Ford, el hijo de Gerald Ford, entró y le preguntó por qué estaba orando. Mike Ford era estudiante del seminario en ese momento. ¿Sabe por qué Mike Ford pudo sortear la burocracia? Porque su padre era el presidente. ¿Sabe por qué su padre era el presidente? Porque Nixon había dimitido. ¿Sabe por qué dimitió Nixon? Por el escándalo Watergate. ¿Sabe por qué sucedió el escándalo Watergate? Porque un día un guardia notó que, en el edificio Watergate, había una puerta entreabierta que debió haber estado cerrada.

Keller volvía a contar esta historia cada vez que necesitaba ilustrar cómo el poder soberano de Dios se ocupa de los detalles más pequeños.

En 2003, la historia sirvió de ilustración en su exposición sobre José, cuyos hermanos quisieron hacerle mal, pero Dios lo convirtió en bien al elevarlo a las altas esferas del poder político en Egipto (Gén. 42; 45; 50).[10]

Como José, Keller solo pudo discernir la mano de la providencia de Dios en retrospectiva. Solo Dios sabía al comienzo del seminario cómo estos años transformarían cada aspecto de la vida de Keller, desde su familia hasta sus amigos y su ministerio.

OCHO

TABLE TALK

Elisabeth Elliot y los Robins

Después de su primer semestre de primavera, Tim Keller estudió teología liberal moderna con Addison Leitch, uno de los profesores que mayor interés causaba en Gordon-Conwell. Las lecturas y conferencias del curso ayudaron a Keller a leer a teólogos como Paul Tillich de forma crítica, aunque también con un enfoque apreciativo.

Sin embargo, otro aspecto del curso causó una impresión más profunda en Keller. El último día de su curso intensivo de mayo, Leitch supo que su cáncer había vuelto. Él no ocultó a los estudiantes lo que pasaba por su mente. Al verse frente a la muerte, a veces reaccionaba con enfado, otras con devoción.

Cuando murió de cáncer, durante el semestre de otoño, el 17 de septiembre de 1973, Addison Leitch solo tenía sesenta y cuatro años.

En el servicio fúnebre, los estudiantes esperaban escuchar algunos comentarios conmovedores, entre lágrimas, de su viuda. Sin embargo, hasta ese momento, Tim y Kathy no habían conocido a Elisabeth Leitch, casada con Addison desde 1969. No era la primera vez que esta mujer padecía como viuda. Conocida más generalmente como Elisabeth Elliot, ya había perdido a su primer esposo en 1956, durante uno de los martirios más sonados del siglo XX.

Cuando Elisabeth se puso en pie, alta e imponente, regañó a los estudiantes por despersonalizar y deshumanizar a sus profesores. Ellos no son inmunes al dolor y al sufrimiento y deben ser tratados como compañeros del cuerpo de Cristo. Necesitan aliento y apoyo en oración.

No tenían delante a una viuda recatada que secaba sus lágrimas con un pañuelo. Tim y Kathy se encontraban con una mujer que enfrentaba el sufrimiento sin temor ni autocompasión, que confiaba en la soberanía de Dios y advertía a los cristianos que no debían cuestionar Sus juicios. En tiempos de agitación social, el ejemplo de su férrea confianza fortaleció a una generación, incluidos sus alumnos Tim y Kathy Keller.

«Clase de modales»

El mismo año en que los Keller comenzaron en Gordon-Conwell, el Senado de los Estados Unidos aprobó la Enmienda a la Igualdad de Derechos (ERA, por sus siglas en inglés), que establece que, ante la ley, la igualdad de derechos no puede ser negada ni restringida por razón de sexo. También en 1972, Phyllis Schlafly puso en marcha Stop ERA (Detengan ERA), que llegó a convertirse en el grupo Eagle Forum, defensor acérrimo de causas conservadoras como la familia tradicional. Aunque hubieran querido, los estudiantes de posgrado que se preparaban para el ministerio no podían solo enterrar la cabeza en el hebreo, el griego, la historia y la teología. Tal vez, como nunca antes, o desde entonces, en la historia de Estados Unidos, la sociedad se desmembraba por cuestiones de guerra, racismo y sexo. Al comienzo del segundo semestre de los Keller en Gordon-Conwell, la Suprema Corte decidió el caso Roe contra Wade, que abolió las restricciones estatales al aborto.

Elisabeth Elliot impartió clases a los Keller sobre «Expresión cristiana en el discurso, la escritura y el comportamiento», que algunos de sus detractores estudiantiles apodaron «Clase de modales de Betty Elliot». Ella sostenía que cuando Dios prohíbe a las mujeres enseñar o usurpar la autoridad de los hombres, no es porque estas sean incompetentes o carezcan de dones. Más bien, la iglesia y el hogar nos muestran cómo Dios, en el Antiguo Testamento, se relaciona con el pueblo del pacto y cómo, en el Nuevo Testamento, Cristo se relaciona con Su esposa, la iglesia. Ambas relaciones exigen subordinación. «La iglesia siempre ha concedido gran importancia a estas imágenes, y no las considera aleatorias, accidentales ni triviales; por tanto, no deben ser alteradas», expresó Elliot. También consideraba que lo masculino y lo femenino se entretejen en el lienzo creativo del mundo. «Es el magnetismo mismo de dos polos opuestos, lo que no solo significa grandes verdades eternas, sino que también provoca interés, fascinación, incluso un cierto glamur a nuestra vida terrenal, algo que aquellos que abogan por la igualdad o la intercambiabilidad parecen ignorar por completo o, lo que es mucho peor, odiar».[1]

Kathy Keller recordaba una clase en la que «Betty» Elliot iba y venía por el pasillo, enumerando sus calificaciones para ser ordenada. «Estoy mejor instruida en hebreo y griego que cualquiera de ustedes —afirmó—, así como en muchos otros idiomas. Tengo más habilidades comunicativas que cualquiera de ustedes, hombres o mujeres. No tengo problemas para hablar frente a grandes multitudes y poseo habilidad para las conversaciones individuales. Poseo una comprensión profunda de Dios, nacida del sufrimiento, que pocos de ustedes podrán igualar. En cuanto a dones, también supero a la mayoría de ustedes. Sin embargo, Dios no me ha llamado a usar esos dones como ministra ordenada. ¿Significa eso que tienen menos valor? Sé que no es así. El llamado es diferente a los dones o incluso al deseo que uno pueda tener».

Kathy reconoce que fue EE (como se la conocía más íntimamente) la primera persona en ayudarla a entender los roles de género como un don de Dios y no como una vergüenza o una maldición. Con ella, aprendió a distinguir los mandamientos de Dios de las expectativas culturales. Kathy citaba la experiencia de Elliot en su ministerio en Ecuador con los indígenas Auca, quienes desafiaban muchos estereotipos de género occidentales. Kathy supo, a través de Elliot, que los aucas consideraban que las artes, como la poesía y la decoración, eran conceptos masculinos, mientras que en la feminidad se incluían aspectos de la agricultura.[2] En este ejemplo, se puede ver cómo los Keller a menudo asociaban el valor de la autoridad y la flexibilidad, no solo con los roles de género, sino con la vida cotidiana y el ministerio. Ellos sostenían la enseñanza bíblica sobre el liderazgo masculino en el matrimonio y la iglesia y, a la vez, desafiaban algunas expectativas culturales sobre los hombres y las mujeres.

Cada viernes, en la clase de Elliot, los alumnos debían presentar un trabajo de dos páginas. La tarea más difícil del semestre fue describir la masculinidad y la feminidad. Hoy, Kathy se avergüenza un poco de su «prosa de estilo sumamente inflado».[3] No obstante, en este trabajo, Elliot habría identificado varios de los puntos por los que ella misma abogaba. A Elliot le gustó tanto el trabajo de Kathy que lo citó varias veces en su libro bestseller de 1976 *Let Me Be a Woman* [Déjame ser mujer]. Kathy escribió:

> Entre sus temas fundamentales, la creación presenta el patrón de dominio y sumisión. El poder y la pasividad, el flujo y el reflujo, la generatividad y la receptividad son solo algunas de las formas en que se han descrito estas polaridades emparejadas. Los chinos las llamaron yin y yang y, en el símbolo de su religión, representaron gráficamente esta interacción. Incluso el reino físico se fundamenta, y se mantiene unido, por la atracción positiva y negativa de las partículas atómicas. Por todas partes, el universo muestra su división en pares de opuestos interconectados [...].
>
> Sabemos que este orden de dominio y sumisión proviene de la naturaleza de Dios mismo. En la Deidad existe tanto la autoridad

> justa y legítima del Padre como la sumisión voluntaria y jubilosa del Hijo. De la unión del Padre y del Hijo procede una tercera personalidad, el Espíritu Santo, quien procede de ellos, pero no como un hijo resulta de la unión de un hombre y una mujer, sino como esa personalidad de un matrimonio que procede de una carne, establecida por la unión de dos personalidades separadas. Aquí, en el reflejo de la naturaleza de la Trinidad en la institución del matrimonio, está la clave de la definición de la masculinidad y la feminidad. La imagen de Dios no podría reflejarse plenamente sin los elementos de dominio, sumisión y unión.[4]

En una época en que muchas mujeres exigían la igualdad de derechos, Elliot las animaba a rendirse al liderazgo masculino, como en una danza. En una época en la que muchas mujeres procuraban la liberación, ella les decía que la sumisión jubilosa las haría libres. El pecado condenable de Eva fue la arrogancia, sostenía Elliot. Eva procuró usurpar a Dios, un pecado «fatal más allá de lo peor que pudieran haber imaginado». En su lugar, Eva debió haberle dicho a la serpiente: «Déjame ser mujer».[5]

Del mismo modo, las mujeres, por ninguna razón, deberían procurar ser ordenadas, ya sea por la necesidad de la iglesia, por sus dones en la enseñanza o por su deseo de servir en esta función, advertía Elliot. Tampoco ningún argumento sociológico sobre la liberación de la mujer debería influir en su decisión, ya que esto sería considerar la ordenación desde una perspectiva meramente humana. La ordenación «implica cosas mucho más fundamentales y permanentes, y el significado de la feminidad es una de esas cosas [...]. Ella es libre no por desobedecer las reglas, sino por obedecerlas».[6]

Kathy había crecido en la Iglesia Presbiteriana Unida, donde se ordenaban mujeres, y con el tiempo formó parte de la Iglesia Presbiteriana en Estados Unidos (PCUSA, por sus siglas en inglés). Después de llegar a la fe, ese era el porvenir que Kathy había imaginado para su vida. Sin embargo, Elliot le mostró a Kathy Keller un sendero diferente para su ministerio futuro. Elliot no se limitaba a ser el apéndice de un hombre, pero tampoco procuraba asumir un rol no bíblico. En su lugar, Kathy entendió cómo podía servir a Dios y apoyar a su esposo al tiempo que defendía la autoridad absoluta de Dios revelada en Su Palabra. Kathy consideró la perspectiva del mismo Jesús sobre la Escritura, quien confiaba en el Antiguo Testamento y prometió inspirar el Nuevo Testamento. Y, si ella confiaba en Jesús, ¿por qué no iba a considerar también que la Biblia era autoritativa, incluso inerrante? «Esta comprensión dio un vuelco a mis aspiraciones —escribió—. Y muchas otras cosas cambiaron».[7]

Kathy ingresó en Gordon-Conwell bajo el cuidado del Presbiterio de Pittsburgh, que en su tiempo fue el mayor presbiterio del mundo.[8] Ella estaba en el proceso para la ordenación. Cuando cambió de opinión, el presbiterio le exigió que lo notificara. Se presentó ante el presbiterio, donde los líderes de la iglesia cuestionaron su cambio al estatus de «obrera eclesiástica comisionada». Ella insistió en que la Biblia no permitía la ordenación de mujeres. Al menos la mitad de los 350 pastores y ancianos abucheó y silbó. En una larga guerra en cuanto a la ordenación de las mujeres en el presbiterio, Kathy era la última carne de cañón.[9]

El tema de la ordenación de las mujeres o de los roles de género en el hogar no fue el único aspecto en el que Elliot moldeó a los Keller. Más tarde, Tim reconoció que ella contribuyó a toda su perspectiva de la relación de los seres humanos con Dios. Pocos podían igualar la credibilidad de Elliot en cuanto a confiar en Dios con lo que no entendemos, un tema que Tim identificó en todos sus escritos y enseñanzas. Únicamente cuando podemos ver que Dios nos supera con creces en bondad y sabiduría, cuando lo contemplamos en gloria, es que podemos obedecer lo que no comprendemos necesariamente en sus mandamientos.[10]

La vanguardia de Pittsburgh

Gordon-Conwell era llamada «la vanguardia de Pittsburgh». De los 500 estudiantes del campus de South Hamilton en 1973, más de 125 procedían de la zona de Pittsburgh.[11] No obstante, lo que llamaba la atención no era solo la cantidad, sino que estos estudiantes se mostraban activos, organizados y decididos a convertirse en líderes del campus y a mantener la ortodoxia reformada que aprendieron en casa de personas como R. C. Sproul y John Gerstner. Muchos de ellos se sentían atraídos por Elisabeth Elliot.

Entre la representación de Pittsburgh, la amiga de Kathy, Louise (Crocker) Midwood, no se adaptó bien a Gordon-Conwell, pues no podía soportar su diversidad teológica. Ya había tenido a Sproul y Francis Schaeffer como mentores. No había venido a Gordon-Conwell solo para aprender. «Cuando vine al seminario —afirmaba—, estaba blandiendo la espada del Señor». Ni siquiera creía que los arminianos fueran salvos.

Otra razón por la que no encajaba era que ella había escogido Gordon-Conwell para estudiar específicamente con tres profesores: William Lane, Stuart Barton Babbage y el difunto esposo de Elliot, Addison Leitch. Al llegar al seminario, ya ninguno de estos estaba presente.[12] Sin los mentores de sus expectativas, Crocker se sintió desubicada y perdida hasta que su vieja conocida de Pittsburgh, Kathy Kristy, la invitó a unirse a una especie de grupo en el campus, que estaba formado por solo tres miembros: David Midwood, Tim Keller y la amiga de Louise, Kathy Kristy. Ellos habían creado el grupo en 1972 con una única y graciosa condición para ingresar: tenías que estar de acuerdo en que Ed Clowney era el mejor predicador de todos los tiempos.

Louise no causó una buena primera impresión en el grupo. Cuando el trío entabló su diálogo habitual sobre teología y experiencia, ella enseguida encontró faltas en su teología. David Midwood comentó que Louise era la mujer más iracunda que había conocido. Tim Keller le recomendó un libro, *Vida en comunidad*, de Dietrich Bonhoeffer.

«¡Es un liberal de pura cepa!», respondió Louise con clásica actitud de Pittsburgh.

Un año más tarde, David y Louise se casarían y también serían amigos de por vida de los Keller.

El club de admiradores de Edmund P. Clowney se unía mediante el vínculo de la teología y el dolor compartidos. A todos les gustaba leer. Todos habían padecido tensión y ruptura en las relaciones y muchísimos problemas personales, recuerda Louise. Los sermones de Juan Calvino sobre Job reconfortaron a Tim y a Kathy al meditar sobre el significado y propósito del sufrimiento. Haciendo honor a su nombre, el club de fans viajó a Cambridge para escuchar a Clowney durante un evento de InterVarsity en Harvard. El club también compartía su pasión por J. R. R. Tolkien, C. S. Lewis y Jonathan Edwards. Esto venía como anillo al dedo de Louise, pues había llegado a amar a Edwards en Pittsburgh, bajo la influencia de Sproul, y durante las visitas a la casa de Gerstner. Ella y Tim debatían el tratado de Edwards sobre la libertad de la voluntad y cómo el amor de Dios sabe dulce como la miel en la lengua; esta terminología resurgiría, en décadas posteriores, durante las prédicas de Tim.

«Cuando tropiezas con un tema que a Tim lo toca profundamente, terminas por investigarlo —recuerda Louise—, y lo escucharás exponer, no sermones como tal, aunque muy bien podrían serlo».

La primera impresión que Louise se llevó de Tim Keller fue más reveladora que su propia presentación en el club. Lo conoció en septiembre de 1973, cuando Kathy y Tim trabajaban en la cocina del campus. Keller estaba recostado en una pared, llevaba una chaqueta y tenía un libro abierto en las manos mientras el mundo zumbaba a su alrededor. «Eso no ha cambiado en cincuenta años —afirmó ella—. Ese aún es Tim. Siempre leyendo».

Durante las clases, Kathy participaba abiertamente, pero Tim guardaba silencio. Había que sentarse con él para reconocer su eminente intelecto o asistir a una de sus conferencias improvisadas después de clase. Inmediatamente después de terminadas las clases, los estudiantes se volvían a reunir en el dormitorio de Tim en Pilgrim Hall, donde él impartía una charla sobre la conferencia que acababan de escuchar. Louise recuerda:

> Podía absorber toda la información que recibíamos a borbotones, de la asignatura o del profesor, y luego la reinterpretaba para nosotros. La traducía. Hacía sinopsis; sintetizaba las cosas. El resultado era exactamente lo que el profesor había estado enseñando, excepto que ahora era accesible. Lo ponía en un esquema.

Los estudiantes, como Louise, pugnaban por tomar notas de los resúmenes de Tim. Él no daba las respuestas de los exámenes ni hacía fraude. Tampoco intentaba socavar a sus profesores. Louise explica: «Renegociaba los textos de una manera que quedaban sumamente brillantes; mejor que como el profesor los presentaba. Y a la teología no la alteraba ni una pizca. Sin embargo, nos presentaba el contenido en un formato que no podíamos olvidar».[13]

Cada clase, cada año que transcurría, añadía capas de influencias adicionales que Tim reinterpretaba para los estudiantes, una práctica que más tarde afloró en su propia predicación y en sus escritos. Tim tenía una habilidad natural para producir una síntesis original, aunque afirmaba que no era un pensador original.

Sin embargo, muy a menudo, Tim entrenaba su formación intelectual y espiritual durante las comidas con sus amigos en la cafetería, donde discutían y se reían tanto que a veces a Tim le salía leche por la nariz.[14] Los de Pittsburgh disfrutaban los debates apasionados y no era raro que se quedaran hasta las nueve de la noche, cuando el personal de la cafetería apagaba las luces y los echaba. Las conversaciones de estos años constituyeron la médula del desarrollo teológico formativo de Tim; similar a los debates de Martín Lutero con los pastores en formación durante las cenas, publicadas posteriormente como *Table Talk* [Charlas de mesa].

Con el desarrollo de la educación a distancia, las posibilidades de movilidad en nuestros días y la decisión de 2022 de Gordon-Conwell de vender el campus de South Hamilton, lo anterior ya no es una experiencia que puedan disfrutar muchos estudiantes de seminario. Para Tim, Gordon-Conwell era una extensión de las comunidades cristianas intensas que había procurado encontrar en Bucknell y a través del Centro de Estudios de Ligonier Valley. Volvió a encontrar un «invernadero» casi monástico para el crecimiento espiritual, donde tenía tres comidas al día con sus amigos solteros y se relacionaba con el cuerpo docente que vivía cerca.

La influencia de estos estudiantes en Tim y Kathy continúa hasta el presente. Kathy tuvo una relación amistosa muy estrecha con otras cinco mujeres, todas ellas estudiantes solteras de Gordon-Conwell. Del grupo de seis, cinco de ellas se casaron con estudiantes de Gordon-Conwell que entraron al ministerio. Los Keller dedicaron su libro *El significado del matrimonio* a estas cinco parejas: Doug y Adele Calhoun, Wayne y Jane Frazier, David y Louise Midwood, Gary y Gayle Somers y Jim y Cindy Widmer.

Además de mantener la amistad desde hace varias décadas, las mujeres hasta el día de hoy circulan cartas «todas contra todas». Cuando la destinataria recibe un paquete de seis cartas de las demás, lee las otras cinco y redacta una nueva carta para sustituir la suya. Luego envía todas a la siguiente persona. Estas mujeres se han mantenido unidas a través de los cambios teológicos, la crianza de los hijos y las vacaciones compartidas. Ninguna de las parejas se ha divorciado. Durante muchos años, David Midwood, en particular, pastoreó este grupo con calidez y amor y, en ocasiones, con la disposición de hacer preguntas incómodas. Para Tim, esta rendición de cuentas cobró mayor importancia a medida que alcanzaba una mayor prominencia como pastor y escritor.

Tras graduarse de Gordon-Conwell, David Midwood obtuvo su doctorado en el Seminario Teológico Fuller y se desempeñó como pastor en la Iglesia West Congregational en Haverhill, Massachusetts, desde 1975 hasta 2000. Murió en 2014 de cáncer de colon. Louise conserva una tarjeta de cumpleaños que Tim envió a David.

«No tenemos mejores amigos que los Midwood —escribió Tim—, y yo no tengo mejor amigo que tú. Entre las mayores bendiciones de la vida están los amigos».

Table Talk

Quizás Tim Keller no hablaba muy a menudo en sus clases en Gordon-Conwell y, a diferencia de Elisabeth Elliot, no es conocido por tener una arista polémica. Sin embargo, Tim y sus amigos del contingente de Pittsburgh, en el seminario, tramaron un plan audaz que los llevó a algunos de los debates más candentes del campus sobre roles de género y autoridad bíblica.

Solo en el seminario se le puede nombrar un periódico estudiantil *Cojelét*. Cuando nadie más quiso dirigirlo, Tim y sus amigos se hicieron cargo de la pequeña editorial y se les ocurrió un nombre mucho más prosaico: *Table Talk* [Charlas de mesa]. El diseñador de *Table Talk*, Stu Boehmig, había sido líder de Young Life en Pittsburgh, donde Kathy lo conoció y tenía una relación estrecha con R. C. y Vesta Sproul. Con el tiempo, Boehmig se convertiría en director ejecutivo de Ligonier, quienes adoptaron el diseño inicial y el título del periódico del campus para su propia y emblemática publicación de larga trayectoria.

Ninguno de los artículos o reseñas que aparecían en el periódico del seminario estaba firmado. En definitiva, las críticas de los estudiantes a la teología liberal de algunos de sus profesores, o al trato vil de alguien con quien no estaban de acuerdo, era algo que se hacía mejor de forma anónima.

El artículo principal de *Table Talk* se lanzó contra Nancy Hardesty, cuyo libro de 1974, escrito con Letha Dawson Scanzoni, *All We're Meant to Be: A Biblical Approach to Women's Liberation* [Todo lo que estamos destinadas a ser: Un acercamiento bíblico a la liberación femenina], ayudó a impulsar el feminismo evangélico. En 2006, *Christianity Today* situó el libro en el número veintitrés de su lista de los cincuenta libros más influyentes entre los evangélicos. Cuando Hardesty visitó Gordon-Conwell en calidad de conferencista invitada, en la época del lanzamiento de su libro, todavía se encontraba en la facultad de posgrado. No obstante, *Table Talk* no anduvo con miramientos tras la visita de Hardesty y la criticaron en su artículo principal, «Womanstand» [La posición de la mujer]. Los estudiantes la reprendieron por reinterpretar Efesios 5:23-24 y afirmar que vivimos en un nuevo orden del Espíritu que ha sustituido al orden de la autoridad. El profesor Ramsey Michaels había plasmado el mismo argumento en una edición anterior del periódico estudiantil. En el editorial aparecen varios de los futuros temas de Keller en sus escritos y predicaciones, especialmente sobre la naturaleza invertida del reino, aunque él no fue quien lo redactó. Asimismo, la enseñanza de Elisabeth Elliot en el aula también es citada:

> Es lamentable que la señorita Hardesty tuviera que dejarnos con un universo caótico y anárquico y un impotente Señor de pacto, todo porque no pudo comprender que la autoridad humana no implica superioridad, sino servicio. Eligió ignorar el modelo bíblico, perfeccionado en Cristo, de victoria y plenitud de vida mediante la sumisión, mediante la humillación, «estimando cada uno a los demás como superiores a él mismo»; y no a través de la autoafirmación y la negación de la autoridad.

Si bien los editores del *Table Talk* rechazaban firmemente la interpretación que Hardesty daba a la Biblia, también lamentaron cómo la habían tratado en el campus. Los estudiantes se levantaron en plena conferencia para censurarla. Uno de los amigos de Louise Midwood gritó: «¡Mujer, siéntate!». Después, Louise vio a Hardesty llorando fuera de la sala de conferencias, desplomada contra la pared.[15] Por una parte, que la hayan invitado y, por otra, la reacción de muchos estudiantes, da una idea del clima tenso en cuanto a este asunto en el campus; esto era un reflejo de la cultura general de la época. Los editores del *Table Talk* afirmaron que Hardesty «recibió un abuso emocional que ni el más boquifresco crítico de la fe merece y, mucho menos, una hermana en la fe».

Keller tampoco firmó el otro artículo contundente de *Table Talk*, «El nestorianismo hermenéutico». Sin embargo, cuarenta años más tarde, Kathy todavía podía recordar el artículo y se lo atribuía a Tim.[16] El compañero de conspiración de Tim, John Palafoutas, explicó más tarde: «La publicación tenía como objetivo protestar contra el Departamento de Nuevo Testamento del Seminario Teológico Gordon-Conwell (GCTS, por sus siglas en inglés) y sacudir un poco las cosas. Los profesores de ese departamento entendieron el mensaje».[17]

En consonancia con el estilo del periódico, Tim escribió el artículo en primera persona del plural y comenzó con el tipo de afirmación atrevida que es habitual entre los jóvenes seminaristas: «Nos gustaría discrepar con el departamento de NT del GCTS sobre sus presupuestos metodológicos en materia de hermenéutica». Explicó: «El departamento de NT del GCTS —e identificó a Ramsey Michaels y a David Scholer—, cree firmemente que, al adentrarse en el texto de la Biblia, todos las presuposiciones teológicas deben quedar a un lado».

Keller rebatió. «Sin embargo, la frase "deja a un lado las presuposiciones teológicas" significa realmente "deja a un lado la suposición de que hay un autor divino y asume que es humano". Por tanto, las dos naturalezas se aíslan y se tratan por separado». Por esta razón Keller acusó al departamento de nestorianismo, la antigua herejía que enseña que en Cristo hay dos personas, una humana y otra divina. La formulación ortodoxa responde que Cristo es una sola persona con dos naturalezas, plenamente hombre y plenamente Dios. Keller objetó que, de la misma forma, «el nestorianismo hermenéutico» separa la autoría humana y la divina de la Escritura, de modo que la Biblia queda presa culturalmente del contexto inmediato del autor.

Asimismo, Keller reconoció la tentación contraria: todo tipo de error monofisita que subestima la autoría humana en favor de la divina. Sin embargo, consideró que la amenaza nestoriana era más inminente. «Separar las dos naturalezas según la forma nestoriana tiende a empequeñecer la naturaleza divina y a engrandecer la humana».

En este artículo inicial, ya se puede reconocer el hábito de Keller de manejarse entre los problemas a ambos lados de un debate, su búsqueda de una «tercera vía». «Como creyentes ortodoxos, no podemos ser oscurantistas, pero tampoco debemos suponer que la erudición del mundo, desarrollada por hombres caídos rebeldes (como nosotros), es neutral en cierto modo y que no es propensa a resistir la verdad cuando es contraria a las convicciones modernas», escribió. Sin embargo, no consideraba que estuviera por encima de la crítica: «Nuestro propio corazón debería mostrarnos esto».

El debate que destacó Keller no se resolvería con su artículo en *Table Talk*. En 1983, después de veinticinco años de enseñanza, tanto antes como después de la fusión de Gordon-Conwell, Ramsey Michaels renunció bajo acusaciones de socavar la autoridad bíblica, tras publicar, en 1981, su libro *Servant and Son* [Siervo e Hijo].[18] En 2008, el Seminario Teológico Westminster, antiguo empleador de Keller, suspendió a Peter Enns por una hermenéutica similar en su libro *Inspiration and Incarnation* [Inspiración y encarnación]. Recordando sus escritos como estudiante de seminario, Keller advirtió una vez más contra esta enseñanza en su propio libro, *Iglesia centrada*: «Una teología evangélica de la Escritura reconoce que la Biblia es un libro completamente humano en el que cada autor está sumergido en la cultura humana, pero cree que Dios escogió de manera específica la cultura de cada autor e incluso las mismas circunstancias de la vida para que la soberana providencia de Dios determinara cada palabra que se escribiera, tal como fue».[19]

El otro profesor al que Keller se dirigió en su artículo de *Table Talk*, David Scholer, terminaría por establecerse en el Seminario Teológico Fuller en 1994. Antes de morir en 2008, Scholer impartía una clase sobre

«La mujer, la Biblia y la iglesia», la asignatura optativa más popular entre los estudiantes de Fuller.[20] Elisabeth Elliot no habría estado de acuerdo.

En una facultad con tanta diversidad como la de Gordon-Conwell, la elección de las asignaturas a menudo dictaba la trayectoria teológica, que variaba mucho de un estudiante a otro. Para Tim Keller, esa trayectoria fue determinada con la ayuda de sus amigos de Pittsburgh y de su modelo a imitar, Elisabeth Elliot.

NUEVE

DISCREPAR SIN SER DESAGRADABLE

Roger Nicole y el neocalvinismo

Roger Nicole, destacado erudito de la teología reformada y de la inerrancia bíblica, se destacó por enseñar sus propios puntos de vista junto con los puntos de vista opuestos y cubría sus puntos fuertes y débiles a la vez que conservaba la verdad del evangelio. Sus métodos a veces funcionaban demasiado bien, según Mark Dever, pastor bautista que estudió con Nicole en Gordon-Conwell entre 1984 y 1986.

«De hecho, podía describir tan bien los puntos fuertes de posturas que no sostenía que es posible que en la actualidad haya más de un ministro paidobautista destacado que se hizo paidobautista gracias a las conferencias del bautista Roger Nicole», escribió Dever.[1]

En la actualidad, tal vez muy pocos recuerden a Nicole, excepto sus estudiantes, porque se dedicó más a la enseñanza en el aula que a escribir libros y artículos de revistas. Durante su labor para Gordon Divinity

School y Gordon-Conwell, desde 1949 hasta 1986, Nicole ayudó, de maneras prácticas, a consolidar la institución. Acompañado de William Kerr, Nicole recorrió el Noreste en su camioneta para comprar obras teológicas que los seminarios protestantes tradicionales desechaban; así, armaron la biblioteca del seminario con un presupuesto mínimo.[2] El propio Nicole se hizo de la mayor colección privada de escritos teológicos: más de 25 000 obras teológicas, entre las que destacan libros raros que se remontan a la época de la Reforma de los siglos XVI y XVII. El Seminario Teológico Reformado de Orlando conserva ahora la colección.[3]

Tim Keller no tomó ningún curso de teología sistemática hasta su segundo año; aunque en conversaciones con su amiga Kathy Kristy, ya había empezado a acercarse a la teología reformada. En aquel momento, ella misma no estaba completamente convencida de la teología reformada, aunque podía explicar a Keller su atractivo desde una perspectiva accesible y práctica, incluso de sentido común. En una ocasión, le confesó a Tim: «Si no fuera calvinista, me daría miedo levantarme de la cama por la mañana». A medida que este observaba la perspectiva y la vida de Kathy, comenzó a moverse hacia la aceptación del calvinismo.[4]

Otro paso importante hacia la teología reformada se produjo en tres cursos de clases magistrales que Tim tomó con el suizo Roger Nicole: Teología Sistemática I y II, y una asignatura optativa sobre la doctrina de Cristo. La forma de comportarse de Nicole lo convirtió en un constructor de puentes en la ecléctica facultad de Gordon-Conwell de los años setenta y ochenta. Defendía la teología reformada de una manera enérgica y amplia al mismo tiempo. Su amabilidad personal ayudaba a sacar lo mejor de sus colegas. Algunos estudiantes se sentían frustrados porque no atacaba a otros profesores en clase, incluso cuando no estaba de acuerdo con ellos. Los estudiantes luego lo veían en la cafetería abrazando afectuosamente a esos mismos profesores.[5] Como Nicole no se tomaba a pecho las críticas, podía tolerar y enseñar a los alumnos, ya fueran inmaduros o precoces, cuando ponían resitencia a sus opiniones.

En una clase, una estudiante no estaba de acuerdo con la opinión de Nicole sobre la predestinación. «¡Eso convierte a Dios en el autor del pecado y del mal!», alegó ella. Nicole mantuvo la calma y reconoció que muchos cristianos prefieren el punto de vista arminiano porque así no se puede culpar a Dios del mal y del pecado. No obstante, seguía creyendo que todo lo encomiable en la perspectiva arminiana no podía justificar las detracciones. «Y procedió a desmontar con gran gentileza el enfoque arminiano», recordó Keller.

Las conferencias de Nicole seguían una estructura sencilla, que deleitaba a los que tomaban notas. Primero exponía el tema teológico. Luego explicaba los distintos puntos de vista, ya fueran wesleyanos, luteranos, católicos, reformados u ortodoxos. A continuación, evaluaba los puntos fuertes y débiles de cada enfoque y también describía por qué pensaba que la perspectiva reformada era la más convincente. Para finalizar, apoyaba su conclusión con evidencias bíblicas.

«Esto era, literalmente, teología *sistemática* —escribió Keller—, y me dejó asombrado». Si bien Keller entró a Gordon-Conwell como arminiano, con la promesa de ingresar al ministerio en la Iglesia Evangélica Congregacional, se graduó con altos honores en esta universidad como calvinista, en gran parte gracias a Nicole.[6]

Debido a la influencia de Nicole, Keller continuó su trayectoria hacia el neocalvinismo continental y no la teología reformada británica-norteamericana asociada al Seminario Teológico Princeton en el siglo XIX. Como libro de texto para sus cursos de teología, Nicole asignó *Teología Sistemática* de Louis Berkhof, muy similar a *Reformed Dogmatics* [Dogmática Reformada] de Herman Bavinck. También asignó porciones de *Our Reasonable Faith* [Nuestra fe razonable] de Bavinck y de su libro *Doctrine of God* [Doctrina de Dios]. En aquella época, ninguna otra sección de su obra *Dogmatics* había sido traducida al inglés.

Las diferencias entre estas dos corrientes de la teología reformada iluminan el enfoque apologético de Keller. La teología de Princeton, ejemplificada en Charles Hodge, comienza intentando probar la existencia de Dios, al demostrar a los no creyentes que el cristianismo se basa en argumentos racionales. El neocalvinismo continental de Bavinck y Berkhof parte de la suposición, basada en Romanos 1, de que todos ya conocen de Dios y muchas cosas sobre Él por medio de la revelación general que ellos suprimen debido al pecado (Rom. 1). Por tanto, el trabajo del apologista consiste en mostrar a los no creyentes cómo el cristianismo explica lo que ellos saben en su corazón, aunque lo nieguen con sus labios.

En la recién formada Iglesia Presbiteriana en América (PCA) de los años setenta, convergieron varias corrientes de la teología reformada, y la mayor de ellas reflejaba la influencia de Hodge y Princeton. Keller nunca rechazó del todo la corriente «doctrinalista» de Princeton, aunque con esta influencia inicial de Gordon-Conwell, se vinculó más de cerca con la corriente «pietista» de los puritanos ingleses como John Owen y la corriente «culturalista» de los teólogos holandeses Abraham Kuyper y Herman Bavinck. Dentro y fuera de su denominación, Keller defendió varios principios clave del neocalvinismo:

1. La fe es una cuestión de la mente y el corazón. El evangelismo dirige las aspiraciones de los no creyentes hacia su único consuelo en Cristo.
2. La historia de la Escritura en ambos Testamentos encuentra su cumplimiento en Cristo. Como lo expresaría más adelante la amiga de Keller, Sally Lloyd-Jones, «cada historia susurra Su nombre».[7]
3. La antítesis y la gracia común coexisten. Algunas cosmovisiones contradicen terminantemente el cristianismo, pero muchos no creyentes son más sensatos de lo que creen. Por eso, incluso cuando los cristianos critican, respetan.
4. La gracia restaura la naturaleza. En esta visión cósmica de la salvación, los cristianos evangelizan y, al mismo tiempo, luchan contra la injusticia social.

Como discípulo genuino de Nicole, Keller identificó varios defectos en el neocalvinismo, donde nunca encontró una eclesiología lo suficientemente fuerte. Como pietista, juzgó a los neocalvinistas por su falta de evangelización. Como apologista, Keller aprendió a reconocer los lados débiles de sus propios puntos de vista.

La influencia de Nicole en Keller no se limitó a su espíritu irenista, ni a sus lecturas neocalvinistas. Nicole moldeó la perspectiva de Keller sobre la expiación sustitutiva y la convirtió en una prioridad en los escritos y la predicación de Keller para siempre. Nicole le enseñó que, independientemente de cómo la Biblia aborde la expiación, Jesús es siempre el sustituto. Keller escribió en *Iglesia centrada*:

> Jesús enfrenta los poderes, paga el precio, soporta los exilios, hace el sacrificio y sufre el castigo *por* nosotros, en nuestro lugar, para nuestro beneficio. En todos los escenarios, Jesús hace por nosotros lo que no podemos hacer por nosotros mismos. *Él* lleva a cabo la salvación; nosotros no hacemos nada en absoluto. Y, por tanto, el sacrificio sustitutivo de Jesús es el centro de todo.[8]

Sin embargo, los recuerdos de su época de estudiante bajo la dirección de Nicole también le trajeron a Keller alguna decepción. En varias ocasiones solicitó la Byington Fellowship, una beca prestigiosa que pagaba a los mejores estudiantes para que trabajaran como asistentes docentes con los profesores más eminentes. Deseoso de tener un mentor, Tim esperaba poder estudiar con Nicole, pero cada vez que presentó su solicitud, lo pasaron por alto.

Otros estudiantes y profesores sabían que los Keller eran inteligentes y en el campus gozaban de gran simpatía. Sin embargo, los Keller sabían que no poseían las habilidades sociales que, por lo general, se esperan de los líderes ministeriales. Si bien se sintieron abatidos, Tim y Kathy no se sorprendieron.[9] Se graduaron con una reputación académica excelente, pero sus perspectivas ministeriales distaban de serlo.

Aunque formalmente nunca fue mentor de Keller, Nicole lo ayudó a marcar su trayectoria ministerial. Ningún otro profesor de Gordon-Conwell moldeó tanto esa insistencia de Keller en aportar un espíritu irenista al desacuerdo teológico y en representar a los oponentes de la forma en que ellos se percibían a sí mismos.[10]

Louise Midwood expresó: «Para nosotros cuatro, aparte del club de admiradores de Edmund P. Clowney, tal vez lo mejor que nos ocurrió en el seminario fue ver, en términos de nuestro propio desarrollo personal dentro de un marco eclesiástico y teológico, que se puede discrepar sin ser desagradable».[11]

DIEZ

NEUMODINÁMICA

Richard Lovelace y Jonathan Edwards

Era el primer curso de Tim Keller en Gordon-Conwell y era la primera vez que el profesor Richard Lovelace lo impartía.

Se llamaba Neumodinámica. Para los que no conozcan el griego koiné, eso significa «Dinámica espiritual». Basado en este curso, en el otoño de 1972, saldría el libro de Lovelace *Dynamics of Spiritual Life* [Dinámica de la vida espiritual], que Tim recomienda con frecuencia. No es exagerado afirmar que ese curso cambió su vida.[1]

«Afirmar que el tiempo que pasé estudiando con Richard Lovelace fue primordial para mi pensamiento y forma de hacer ministerio es quedarme corto», señaló Keller. Más que cualquier otro libro, con la excepción de la Biblia, *Dynamics of Spiritual Life* moldeó su visión de la iglesia y dirigió el curso de su ministerio. «Cualquiera que conozca mi ministerio y lea [*Dynamics of Spiritual Life*] dirá: "¡Así que de ahí sacó Keller todo esto!».[2]

Estudiar con Lovelace fue una experiencia inolvidable. Era alto y ancho, con una barba bien recortada y, por lo general, se ponía una chaqueta de lana, a veces con chaleco. Llevaba un maletín de cuero y utilizaba retroproyectores cuando impartía clases en aulas repletas de estudiantes. Escucharlo no era difícil, sí lo era seguirlo. Se desviaba con facilidad, ocasionalmente resultaba frustrante y a veces profundo. Lovelace carecía de ese toque personal en sus interacciones con los estudiantes, quienes se preguntaban si alguna vez estaba completamente presente en el aula. «Tenía fama de ser distraído», recordaba Louise Midwood, amiga de los Keller.

Keller solo tomó otro curso con Lovelace, que era sobre la historia de los avivamientos. Sin embargo, este breve lapso con Lovelace ayudó a Keller a entender su pasado y a adquirir una visión más clara del futuro. Por otro lado, ganó un nuevo compañero vitalicio de diálogo para debatir las obras del evangelista estadounidense Jonathan Edwards.

Conspiración inconsciente

Las tareas de lectura que ponía Lovelace vinieron como anillo al dedo para los gustos voraces y variados de Keller. Este leyó por primera vez a Flannery O'Connor en su cuento «A Good Man Is Hard to Find» [Un buen hombre es difícil de encontrar], que Lovelace le asignó para enseñar sobre el pecado. Lovelace lo ponía a la par con *Mortificación* de John Owen y en Keller tuvo un efecto electrizante. Gracias a la obra de O'Connor, que murió en 1964, Tim vio con respeto el trabajo de los cristianos en las artes. Gracias a Owen, que murió en 1683, Tim pudo echar un vistazo a la teología pastoral del puritanismo británico tras la Reforma.

No obstante, lo principal que Keller aprendió de Lovelace fue la dinámica del avivamiento. Lovelace sostenía que la iglesia se pierde cuando los cristianos confunden la ley y el evangelio y enseñaba que la iglesia debe evitar tanto la ortodoxia muerta como el legalismo, así como la heterodoxia y el antinomismo. Las condiciones están listas para el avivamiento (una obra poderosa del Espíritu para bendecir al pueblo de

Dios) cuando la justificación y la santificación no se separan ni se combinan. En un avivamiento, los moralistas se dan cuenta de que no conocen el evangelio y se convierten, y los cristianos atascados en su pecado gozan de una nueva libertad cuando entienden el poder liberador de su unión con Cristo y de la justificación. Incluso muchos de fuera de la iglesia se convierten durante los avivamientos, ya que, por primera vez, escuchan el evangelio como el poder de resucitar a los muertos, y no como un discurso trillado que aboga por los valores morales y conservadores. Al estudiar esta dinámica espiritual con Lovelace, Keller empezó a entender lo que le había ocurrido a él y a su capítulo de InterVarsity en Bucknell.

Como seguidor de Lovelace y también de Edwards, Keller abogó por el avivamiento en sus propios escritos y predicaciones, donde sostenía que este intensifica la obra normal del Espíritu de convencer a los pecadores, regenerarlos y santificarlos y asegurarles la gracia de Dios. El Espíritu hace estas cosas a través de los medios de gracia ordinarios; es decir, la predicación, la oración y los sacramentos.[3] Se puede reconocer un avivamiento cuando estos medios ordinarios producen una oleada sorprendente de pecadores convertidos y creyentes renovados.[4] Al estudiar la historia de los avivamientos de Lovelace, Keller aprendió que el famoso avivamiento de Northampton de 1734 tuvo lugar luego de dos sermones de Edwards sobre Romanos 4:5 («Justificación por la fe sola»). Un patrón casi similar ocurrió con los evangelistas John Wesley y George Whitefield cuando estos predicaron salvación solo por gracia y no mediante el esfuerzo moral.[5]

Lovelace le enseñó a Keller que, independientemente de las diferencias de lugar, tiempo y manifestaciones, los avivamientos comparten un corazón común. Aunque en su mente los cristianos saben que Dios los acepta por fe mediante la gracia del sacrificio expiatorio de Cristo, no siempre viven de acuerdo con esto. En el día a día, creen que Dios los ama porque obedecen Su ley y encuentran «su seguridad de ser aceptados por Dios sobre la base de su sinceridad, su experiencia pasada de conversión, su comportamiento religioso reciente, o la relativa poca frecuencia de actos de desobediencia consciente y premeditada».[6] Por eso necesitamos los avivamientos, para despojarnos de nuestra proclividad natural a la justicia por obras y para vivir a la luz del evangelio de la gracia.[7]

Los cristianos disfrutan el avivamiento cuando se apropian de la obra justificadora de Cristo para su vivir diario, así como Martín Lutero se aferró a la justicia ajena de Cristo como única defensa ante un Dios santo y justo. Solo entonces puede desarrollarse la verdadera santificación como obra avanzada del amor y el agradecimiento. «Gran parte de lo que hemos interpretado como un defecto de santificación en la gente de la iglesia es en realidad una consecuencia de su confusión respecto a la justificación», escribió Lovelace en *Dynamics of Spiritual Life*. Explicó que cuando los cristianos no saben que Dios los acepta en nombre de Jesús, se vuelven inseguros. «Su inseguridad se traduce en orgullo, en una reivindicación defensiva violenta de su propia justicia y en una crítica defensiva de los demás. Llegan a odiar, de forma natural, otros estilos culturales y otras razas para reforzar su propia seguridad y dar rienda suelta a su ira reprimida».[8]

Este tema sería recurrente en muchos de los sermones y escritos de Keller, entre los que destaca *El Dios pródigo*.[9] Lovelace le presentó a Keller la dinámica cultural del avivamiento y la forma en que los cristianos inseguros se resienten ante estilos culturales desconocidos y de otras razas, porque la animosidad refuerza la justicia propia. La raza, el partido político y la cultura se convierten en medios de superioridad que reprimen el susurro interior de la duda. Este tipo de cristianos no comprenden que el amor propio les impide disfrutar de la libertad y el gozo en Cristo, cuya gracia abunda para todos los que se arrepienten de sus esfuerzos morales vanos.

Dividir el mundo entre gente buena y mala es perder de vista la esencia de lo que hace que el cristianismo sea tan revolucionario. Las preferencias sobre las maneras de manifestar la emoción, la selección de cantos y la duración del servicio pueden variar de una cultura a otra y, al mismo tiempo, ser una expresión de la misma fe cristiana. Sin embargo, los cristianos a menudo convierten sus preferencias en requisitos absolutos para la práctica fiel.[10] No obstante, el avivamiento destroza las barreras del mundo, pues los cristianos confían solamente en Jesús y no en sus preferencias culturales. Lovelace creía ver ese avivamiento en el Movimiento de Jesús, que otros líderes cristianos veían con recelo debido a la vestimenta y la música contracultura.

Lovelace interpretó el Movimiento de Jesús como un reto necesario ante el *statu quo*. Keller introdujo esta dinámica de avivamiento en la iglesia, primero en Hopewell y luego en Nueva York. También prestó atención a la advertencia de Lovelace:

> Cuando los pastores, al intentar moldear sus congregaciones para convertirlas en instrumentos de evangelización y sanidad social, se ven frente a este tipo de reacción violenta, se acomodan gradualmente y pierden el interés en ser agentes de cambio en la iglesia. Surge una conspiración inconsciente entre la carne de ellos y la de sus congregaciones. Se sobreentiende que los laicos concederán a los pastores un honor especial en el ejercicio de sus dones, si estos aceptan no molestar el estilo de vida precristiano de sus congregaciones ni exigir la movilización de los dones laicos para la obra del reino. A los pastores se les permite convertirse en superestrellas ministeriales, cuyo orgullo se alimenta mientras permiten que sus congregaciones sigan siendo rebaños en los que cada una se ha vuelto alegremente a su propio camino.[11]

Incluso cuando Keller alcanzó fama mundial en Nueva York, siguió apartando a su congregación de la complacencia y guiándola hacia el avivamiento, como Lovelace le enseñó.

Virtud verdadera

Entre las personas que más influyeron en Keller, solo Jonathan Edwards compartía su vocación pastoral. Keller nunca escribió novelas de fantasía como C. S. Lewis y J. R. R. Tolkien, ni fue presidente de un seminario como Ed Clowney. El interés de Keller por Edwards comenzó con Richard Lovelace. Más adelante, Keller citaría frecuentemente a Edwards en sus sermones en Redeemer, especialmente entre 1996 y 1998, cuando lo citó cincuenta y tres veces. Cuando era pastor en Hopewell, Keller completó la edición en dos volúmenes que Banner of Truth hizo de las obras de Jonathan Edwards.

Keller se sintió especialmente atraído por dos aspectos de la teología y la práctica de Edwards. En primer lugar, Edwards produjo en Keller un deseo por tener experiencias místicas de Dios. Ansiaba el avivamiento y le encantó sobre todo *Narrativa personal* de Edwards. La forma en que este hombre describe la experiencia espiritual en «Una luz divina y sobrenatural» cambió la manera de orar y predicar de Tim. La obra *Comunión con el Dios trino* de John Owen llevó a Keller a experimentar a Dios, pero fue Edwards quien le ofreció el mejor relato de cómo esto sucede. Pasajes como Romanos 5:5; 8:15-16; y 1 Pedro 1:8 cobraron nueva vida para Keller.

En segundo lugar, Keller percibió el cambio en la predicación de Edwards cuando adoptó el modelo de George Whitefield en el Primer Gran Avivamiento. Edwards combinó la predicación doctrinal de su educación puritana con las metáforas e imágenes vívidas del nuevo avivamiento de Whitefield. Edwards incorporó a la predicación lo que Tim admiraba en los escritos de C. S. Lewis. La lógica transforma el corazón cuando se aviva con ilustraciones cautivadoras.

Keller citaba a Edwards desde el púlpito con diversos fines. A veces, la aplicación era directa. En su primer llamado pastoral, Keller se basó en un sermón de Edwards de 1733, «The Duty of Charity to the Poor» [El deber de la caridad con los pobres], para convencer a los diáconos de la Iglesia Presbiteriana West Hopewell de que debían seguir manteniendo a una madre soltera que había malgastado la ayuda recibida en bicicletas y en salir a comer con sus hijos.[12]

A menudo, la aplicación de Edwards era más conceptual. En la obra de Edwards *The Nature of True Virtue* [La naturaleza de la virtud verdadera], Keller encontró especialmente útil la distinción entre «virtud común» y «virtud verdadera». «Las virtudes comunes» como el amor a la familia, a la nación y a uno mismo, generan rivalidad. Ponemos a nuestra familia por delante de otras; enfrentamos a nuestra nación contra otras; escogemos nuestro propio interés por encima del interés de los demás. Sin embargo, el tipo de «virtud verdadera» que vemos en los cristianos reavivados, cuando Dios se convierte en su *summum bonum*, o el sumo bien, bendice a todos.[13]

> «Solo si nuestro amor más sublime es Dios mismo podemos amar y servir a todas las personas, familias, clases, razas; y únicamente la gracia salvadora de Dios puede llevarnos a amar y a servir a Dios solo por Él y no por lo que nos pueda dar», explicó Keller. «A no ser que entendamos el evangelio, *siempre* obedeceremos a Dios por amor a nosotros y no por amor a Él».[14]

El historiador George Marsden explica que Edwards escribió *The Nature of True Virtue* en una época en la que los filósofos creían que los avances científicos pondrían fin a las guerras religiosas que enfrentaban a los sistemas morales rivales. La moralidad objetiva sustituiría supuestamente a los dogmas antiguos.[15] A diferencia de su obra *Concerning the End for Which God Created the World* [El fin por el cual Dios creo el mundo], en *The Nature of True Virtue* Edwards ni siquiera citó la Biblia. «Su objetivo era establecer un análisis en el que, si se reconocían simplemente algunos principios esenciales de la teología cristiana, uno se vería obligado a reconsiderar toda la dirección de la filosofía moral del siglo XVIII», escribió Marsden.[16]

Según Edwards, no existía esperanza alguna para la benevolencia universal que estos filósofos buscaban aparte de Dios, fuente de todo amor y belleza. Dado que Dios mismo es amor, sin Él no podemos amar nada como deberíamos.[17] El amor verdadero se alineará con los demás de tal manera que, cuando ellos se alegran, nosotros nos alegramos; y cuando lloran, nosotros lloramos.[18] No se puede llorar por otra familia, cuando la familia propia se beneficia a su costa. No es posible alegrarse con otra nación, cuando esta derrota a la propia. Usted puede celebrar el ascenso de un colega, pero aún siente el disgusto cuando significa que lo han pasado por alto. Por eso necesitamos un amor más elevado, una virtud verdadera. «El amor verdadero es el afecto más grande posible por las personas y por todo (ser) bueno en el universo —explicó Marsden—. Es hacer el bien por amor al bien; por su belleza. La "virtud" meramente natural, que a simple vista puede parecerse mucho, está motivada en última instancia por las inclinaciones naturales de los seres humanos a amarse a sí mismos y a su propia especie».[19]

Edwards mostró a Keller cómo los cristianos pueden trabajar por la justicia de manera que les ayude a evitar perpetuar involuntariamente la injusticia. Solo cuando trabajamos para Dios podemos servir de forma adecuada a nuestro prójimo necesitado. Keller escribió en *Justicia generosa*:

> Edwards enseñaba que si, a través de una experiencia de la gracia de Dios, uno llega a descubrir Su belleza, entonces no servimos a los pobres porque deseemos tener una buena opinión de nosotros mismos, ni para alcanzar una buena reputación, ni porque creamos que será bueno para nuestro negocio, ni siquiera porque será provechoso para nuestra familia al crear una ciudad mejor donde vivir. Lo haremos porque servir a los pobres honra y agrada a Dios y honrar y agradar a Dios es un placer para nosotros en sí mismo.[20]

Edwards no escribió *The Nature of True Virtue* cuando gozaba de fama en Northampton, sino durante sus años en el desierto como misionero entre los nativos americanos de Stockbridge. Es difícil imaginar que un pastor despedido y exiliado en las regiones remotas del oeste de Massachusetts captara la atención de los filósofos del otro lado del océano. Sin embargo, Edwards creó otra de sus obras más influyentes, *La libertad de la voluntad*, durante esos años en Stockbridge. Edwards no favorecía a los filósofos en boga de su época, ya que defendía el calvinismo de sus antepasados puritanos.[21] El crítico social Christopher Lasch observó que «la formulación del calvinismo de Edwards desdeñaba toda la tendencia del pensamiento ilustrado».[22] Sin embargo, Edwards también era blanco de los críticos calvinistas que se quejaban de que se centraba demasiado en la experiencia interior. No obstante, la razón por la que Edwards todavía influye en Tim Keller y en tantos otros hoy en día es, precisamente, porque desafió a los filósofos contemporáneos y no separó la mente del corazón.

Dulce como la miel

Si bien Keller citó muchos y variados sermones y tratados de Edwards, los mismos temas se repetían. Keller a menudo recurría a la prueba de Edwards del verdadero cristianismo: que este no solo incluye el intelecto sino también los afectos. En su obra *Los afectos religiosos*, escrita en tiempos del Primer Gran Avivamiento, Edwards hace una distinción entre «entendimiento», que es como juzgamos entre lo verdadero y lo falso, e «inclinación», cuando decidimos si nos gusta o no lo que entendemos. Nuestra «voluntad» determina lo que haremos, de acuerdo con nuestro «corazón», que se siente atraído por la belleza. De nuestro «corazón» nacen los «afectos», que en la Biblia se conocen como «el fruto del Espíritu» (Gál. 5), como el amor, el gozo, la paz, la paciencia, la bondad y la templanza.[23]

El planteamiento de Edwards guio también el enfoque básico de Keller en cuanto a la predicación. Un sermón bueno y fiel ayudará a los cristianos a entender la excelencia de Jesús y no solo su utilidad. Necesitamos algo más que comprensión, algo más que una idea de Dios; necesitamos un sentido de placer y deleite en Él. En lo que Keller considera como «quizás el mejor argumento [de Edwards] sobre esta dinámica»,[24] Edwards planteó:

> Por tanto, existe una diferencia entre tener una *opinión* de que Dios es santo y lleno de gracia y tener un *sentido* de la belleza de esa santidad y gracia. Hay una diferencia entre tener un juicio racional de que la miel es dulce y tener un sentido de su dulzura. Se puede tener lo primero y no conocer el sabor de la miel; pero no se puede tener lo segundo a menos que se tenga una idea del sabor de la miel en la mente.[25]

Keller escribió que, como predicador, era capaz de percibir el momento en que cruzaba esta frontera de la información a la impresión. No le molestaba que la congregación tomara notas en la primera parte del sermón, mientras asimilaban la información; no obstante, si al final dejaban de tomar notas y le miraban al rostro, entonces sabía que había tocado sus afectos.[26] Ya no necesitaban que les explicara cómo la miel es dulce; la habían probado por sí mismos.[27] Entonces, cuando con el tiempo llegara el sufrimiento, cuando la vida los decepcionara inevitablemente, sabrían algo más que el *hecho* de que Dios los ama y experimentarían ese amor de Dios como algo palpable.[28]

Keller encontró una sabiduría complementaria en los escritos de Archibald Alexander, teólogo del siglo XIX y primer profesor del Seminario Teológico de Princeton.[29] El conocimiento es como la inscripción en un sello; solo vemos esa imagen en relieve de la forma en que se pretendía cuando la imprimimos en la cera. Alexander afirmó: «Por tanto, concluimos que nada tiende más a confirmar y dilucidar las verdades contenidas en la Palabra que una experiencia interna de su eficacia en el corazón».[30] En otras palabras, cuando el conocimiento sobre el amor de Dios se traslada desde nuestra mente hasta el sentimiento del amor de Dios en nuestro corazón, eso es avivamiento.

El aviamiento fluye primero de la mente al corazón y luego hacia afuera a través de nuestras manos, como aprendió Keller de Lovelace en su curso sobre dinámica espiritual. Los afectos religiosos verdaderos necesariamente dan lugar a relaciones amorosas. En su sermón «Heaven Is a World of Love» [El cielo es un mundo de amor], Edwards sostenía que todos son propensos a amar para obtener un beneficio recíproco.[31] Si no obtenemos lo que creemos merecer, nos enojamos o nos ponemos celosos. En su libro *Una fe lógica*,[32] Tim Keller escribió sobre las implicaciones para los esposos y esposas. El verdadero amor es una llama pura que Dios mismo sostiene por amor a sí mismo. Y desde el amor de Dios, nuestro amor mutuo no se debilitará ni morirá. «Sin orgullo ni egoísmo que interrumpa u obstaculice sus ejercicios —afirmó Edwards—, sus corazones estarán rebosantes de amor».[33]

Tim Keller conoció sobre Edwards a través de Richard Lovelace durante un momento formativo de su vida, en el primer semestre de seminario. En el segundo semestre, Keller tomó el curso de Lovelace sobre la historia de los avivamientos. Más tarde, cuando leyó otras obras clásicas como *Institución de la religión cristiana* de Juan Calvino, Tim observó similitudes con lo aprendido de Edwards. Keller se refirió a la obra de Calvino como «el trato más grandioso, profundo y exhaustivo de la gracia de Dios que haya leído». Lo que llamó la atención de Tim fue cómo Calvino señala que el corazón y la mente juntos deben comprender que el amor de Dios en Jesucristo es incondicional. «Una y otra vez [Calvino] enseña que uno no se convierte verdaderamente por solo entender la doctrina, sino por comprender el amor de Dios, de forma tal que ocurra un cambio en la estructura interna y en la motivación del corazón».[34]

Keller reconoció que este tema es fundamental en la obra de Edwards y luego enfatizó la continuidad desde Calvino. Debido a que fue la puerta de entrada de Keller a la teología reformada, Edwards también moldeó su percepción de todas las interpretaciones teológicas posteriores. Keller veía la neumodinámica dondequiera que mirara.

Cuando en 1975 se graduó de Gordon-Conwell, ya Keller había adoptado la mayoría de sus compromisos teológicos permanentes.

Aceptó los Estándares de Westminster y la teología presbiteriana reformada. Abogaba por la sustitución penal, la teología clásica del pacto, el amilenialismo y lo que luego se conocería como la perspectiva «complementaria» de los roles de género en el hogar y la iglesia. Creía en un Adán y una Eva históricos y especialmente creados, en una tierra antigua, y en la realidad de la evolución biológica. Se alineó con el enfoque neocalvinista de la cultura que combinaba el evangelismo y la justicia social. Se resistió a vincular la iglesia con una agenda política. Deseaba que la iglesia abordara la homosexualidad con cuidado pastoral, sin poner en peligro la ética sexual bíblica. Oraba por el tipo de avivamiento que Edwards vio en su época.

La popularidad de estas creencias puede aumentar y menguar, tanto dentro como fuera de la iglesia. Sin embargo, Keller solo retocó ligeramente algunos de estos puntos de vista después de 1975. Gordon-Conwell ayudó a sentar las bases para su primer (y último) llamado al ministerio.

TERCERA PARTE

PRUEBA DE FUEGO

1975 a 1989

ONCE

LA CAPITAL QUÍMICA DEL SUR

Hopewell, Virginia

En un punto específico de la ruta 10, al conducir hacia el sur de Hopewell, Virginia, se puede contemplar toda la ciudad. En la década de los setenta, en su mejor momento y cuando los Keller se mudaron al pueblo en 1975 luego de que Tim aceptara su primer llamado como pastor, la población de Hopewell era de poco más de 23 000. Un día, Kathy llegó al punto más alto de esta carretera con una mujer de los primeros miembros de su iglesia y vio un grupo de chimeneas emanando humo amarillo y púrpura. La mujer le dijo a Kathy: «¿No te hace sentir orgullosa? Estas plantas químicas ponen comida en las mesas de las familias de toda la ciudad». Kathy no estaba segura de que debiera estar orgullosa. *¡Todos los que estamos aquí vamos a morir!*, pensó.[1]

En algún punto durante los setenta, las muestras de que Hopewell era la capital química del sur desaparecieron.[2] Más de una década después, en

1988, las fábricas de químicos dirigidas por empresas como AlliedSignal y Firestone descargaban 27,1 millones de kg (59,8 millones de lb) de desechos peligrosos en las desembocaduras del Río James de Richmond, 30 km (18 mi) al norte de Hopewell, hacia la Bahía Chesapeake, 130 km (80 mi) río abajo. El mismo año que se mudaron los Keller a Hopewell, el gobernador de Virginia prohibió toda pesca en el río James. El Estado temía los efectos de la manufactura y el lanzamiento de un insecticida llamado Kepone, similar al DDT, que había sido vertido en el río desde 1966 hasta 1975.[3]

El escándalo estalló justo cuando Tim y Kathy llegaron a la ciudad. Sin embargo, estaban felices de tener trabajo. Tras haber cortado la relación con la Iglesia Evangélica Congregacional, aún no lograban establecer una relación efectiva con la Iglesia Presbiteriana en América (PCA) y estaban preparados para una larga espera antes de encontrar una iglesia donde servir. Preferían quedarse en Nueva Inglaterra, pero no era fácil hallar vacantes en esta hermosa y espiritualmente necesitada región, ya que habían optado por buscar una orden presbiteriana. Para sustentarse, ambos tomaron el examen para ser carteros y obtuvieron ofertas de trabajo de una oficina de correos de Massachusetts para comenzar a trabajar en junio de 1975. Aunque planeaban quedarse en Massachusetts, Keller estaba conectando con Kennedy Smartt, un pastor de la PCA a través de un amigo estudiante de Gordon-Conwell. Smartt contrató a Keller para ser pastor de una pequeña iglesia con solo tres meses de compromiso garantizados. No obstante, le aseguró que podía convertirse en algo a largo plazo: «No tengo dudas de que cuando te lleguen a conocer, te amarán y te pedirán que seas su pastor permanente». Los Keller no estaban muy seguros. ¿Qué tal si en cuatro meses Tim no tenía trabajo ni hogar? Sin ninguna alternativa además de los trabajos en el servicio postal, la decisión fue fácil. Partieron y aceptaron el llamado.

En mayo de 1975, los Keller empacaron en una camioneta y se establecieron en la Iglesia Presbiteriana West Hopewell para el pastorado interino de tres meses. Solo dos años después, la congregación se había unido a la incipiente PCA, creada en diciembre de 1973, en

Birmingham, Alabama. No fue sino hasta pasados dos meses de haber comenzado el trabajo que el comité de investigación comenzó a considerar a Keller para ocupar una posición a largo plazo. Muchos no estaban seguros de contemplar a un ministro sin experiencia para una iglesia con tantos problemas. El pastor anterior fue forzado a renunciar tras desarrollar una relación inapropiada con la directora de alabanza. Los miembros de la iglesia no querían más dramas, solo un pastor que los amara.

West Hopewell no contaba con un edificio muy equipado y la primera vez que Tim se paró detrás del púlpito, solo había noventa personas en la iglesia. No había una oficina pastoral apropiada donde pudiera trabajar. Prácticamente nadie en la iglesia mayor de sesenta años, que era la mayoría de las personas en los primeros años, contaba con una educación más allá de la primaria. Casi todos los miembros de la iglesia estaban trabajando a tiempo completo en los negocios o granjas familiares y no habían terminado el bachillerato. Ninguno de los ancianos había ido a la universidad. De hecho, solo dos miembros se habían graduado y ambos eran maestros de escuela primaria. Algunos miembros eran tan mayores que sus padres habían peleado en la Guerra Civil.

Bruce Henderson, el amigo de Tim Bucknell, se enteró de que Tim había tomado el cargo. Bruce sintió desesperación, no solo por los Keller, sino también por West Hopewell. Luego de su tiempo en las cómodas comunidades académicas de Bucknell y de Gordon-Conwell, Tim no era precisamente un candidato ideal para Hopewell, llena de miembros de la clase obrera. Si hubiera tenido una entrevista sobre su capacidad de relacionarse en ese lugar, no hubiera impresionado a nadie.[4] Al menos de forma superficial, Hopewell no parecía ser un gran desafío para un ministro blanco y estadounidense de habla inglesa. No obstante, Keller tenía que poner a un lado gran parte de su entrenamiento académico para avanzar en esta experiencia transcultural. Sus estudios bíblicos de InterVarsity fracasaron porque muchos de los miembros no se sentían cómodos leyendo en voz alta. Una mujer simplemente se levantó y se fue para no regresar nunca más. Muy pronto, Keller se percató de que debía ajustar su predicación para que fuera más concreta, clara y práctica. En Hopewell incursionó por primera vez en la contextualización. Se dio cuenta de que antes de hablar, debía escuchar y aprender para así poder persuadir.[5]

A pesar de los desafíos transculturales, los Keller siempre tendrían bellas memorias de su tiempo allí. En ese lugar, Kathy dio a luz a tres de sus hijos, todos varones, y Tim aprendió a ser pastor.

Décadas por delante

Para Keller, un estudiante interesado en su contexto ministerial, Hopewell brindaba mucho contenido histórico. Además, como norteño, educado en Pensilvania y Massachusetts, aprendió de primera mano, a través de Hopewell, sobre la cultura sureña predominante de su nueva denominación, la PCA.

El poblado del Río James en City Point, luego absorbido por la ciudad de Hopewell, data de 1613, solo seis años antes de que Jamestown fuera establecida cerca de 64 km (40 mi) al este. Desde Richmond, el Río James fluye cerca de 32 km (20 mi) al sur de City Point antes de girar hacia el este hacia Norfolk y la Bahía Chesapeake. Esta posición sobre el agua, junto con el acceso por ferrocarril para el reabastecimiento, convertían a City Point en un punto estratégico para que el general Ulysses S. Grant estableciera su cuartel general durante el asedio de Petersburg entre los años 1864 y 1865. El presidente Abraham Lincoln llegó a la ciudad de City Point el 24 de marzo de 1865 para visitar las tropas y planificar el final de la guerra civil.

Sin embargo, Hopewell, que se incorporó como ciudad en 1914, estaría incluso más conectada con guerras subsiguientes. DuPont vio que los puertos y ferrovías de Hopewell tenían las mismas ventajas que Grant identificó décadas atrás. La compañía seleccionó a Hopewell como sitio para una fábrica para la manufacturación de dinamita, que sería muy requerida cuando la Primera Guerra Mundial explotó en varios frentes europeos. A medida que la planta se transformó en una de nitrato de celulosa, sustituto de la pólvora, la población del pueblo aumentó de manera exponencial y tan solo en la fábrica trabajaban 40 000 personas. En un campamento militar cercano, nombrado en honor al adversario confederado del victorioso Grant, Robert E. Lee, originario de Virginia, se entrenaron 60 000 soldados. La planta cerró cuando finalizó la Primera Guerra Mundial, pero Camp Lee reabrió en octubre de 1940 para la Segunda Guerra Mundial, donde se entrenaron al menos 50 000 oficiales y más de 300 000 soldados para el ejército.[6] Solo ocho años antes de que los Keller se mudaran a Hopewell, la Corte Suprema de EE. UU., anuló la prohibición del matrimonio interracial en Virginia en el caso de 1967 *Loving vs. Virginia*. La demandante, Mildred Loving, creció a 96 km (60 mi) al norte de Hopewell. Desde su hogar, se puede seguir la marcha de Grant hacia Richmond, en la que sucedieron muchos de los enfrentamientos más feroces de la guerra civil y en la que finalizó la guerra en 1864 y 1865.

La unidad teológica de la pequeña iglesia con respecto a la Confesión de Fe de Westminster despertó el asombro de Keller, ya que provenía de los ambientes teológicos eclécticos de InterVarsity y Gordon-Conwell. Aunque todos eran nuevos en la denominación, la mayoría de los miembros de la iglesia habían sido presbiterianos por mucho más tiempo que él. Sin embargo, no tenían esa unidad con respecto al racismo. Keller no previó algunas de las actitudes racistas con las que se encontró en Hopewell, pero creía que podría abordar cualquier actitud racista persistente en la congregación al predicar todo el consejo de Dios, versículo tras versículo.[7]

Dadas las circunstancias, West Hopewell no era tan compleja como lo hubiera sido para un pastor del este de Pensilvania. Los pastores que habían llegado antes que él prepararon el camino al confrontar de forma directa el racismo y las versiones problemáticas del nacionalismo. La

Iglesia Presbiteriana West Hopewell había sido plantada por la Iglesia Presbiteriana West End, una de las congregaciones originales de la PCA, ubicada a solo 1,6 km (1 mi) al norte de Hopewell. William E. Hill Jr. comenzó a servir como pastor de West End, antes conocida como Dupont Chapel, en 1929. Renunció en 1958, pero permaneció como una figura clave en la denominación durante los años setenta hasta fallecer, pasada la edad de cien, en 1983.

Hill se ganó la reputación de hacer frente a muchos de los desafíos comunes de las iglesias sureñas de la época, en especial en pueblos pequeños. Incluso en una época en la que casi toda la generación había luchado en la Segunda Guerra Mundial o en Corea, Hill no permitía que se realizaran servicios que mezclaran patriotismo y fe el Día de los Caídos o el 4 de julio. Nadie prometería lealtad a la bandera de Estados Unidos mientras adoraban en West End. De hecho, Hill no permitía que se exhibiera la bandera en la iglesia. En un funeral, llegó al punto de utilizar su propio cuerpo para impedir que entrara en la iglesia el ataúd envuelto con la bandera. Los periódicos locales de Petersburg y Richmond mostraban a Hill como un comunista antipatriota. En forma de protesta, 300 miembros se fueron de la iglesia. La iglesia pagó un alto costo por su actitud.

Lo que fue incluso más sorpresivo fue que Hill requirió que la escuela cristiana fundada en West End en la década de los cuarenta integrara a alumnos de diferentes razas. En contraste, Farmville, a menos de 110 km (70 mi) al oeste de Hopewell, en el Condado de Prince Edward, Virginia, cerró las escuelas públicas por cinco años, desde 1959, en vez de optar por la integración. A través de la década de los setenta, las escuelas de las iglesias de todo el sur seguirían presentándose como «academias de segregación». Hill estaba décadas por delante de muchos de los problemas que continúan inquietando a las iglesias de hoy.

Keller comenzó a ver cambios en las actitudes racistas incluso antes de predicar de forma explícita sobre el pecado del racismo. Uno de los miembros de West Hopewell, un hombre decente y muy respetado, veía su fe como solo una obligación moral, pero cuando comenzó a comprender la noción de la gracia como un regalo de Dios, tuvo un cambio radical. Irradiaba una nueva felicidad y confianza. Sin embargo, eso no fue todo.

«Sabe, toda mi vida he sido un racista», le confesó a Keller.

El comentario lo tomó por sorpresa, ya que aún no había enseñado ni predicado del tema. Ni siquiera lo había mencionado como tema a tratar con los miembros. No obstante, el hombre había conectado las ideas por sí mismo. La gracia significaba que no debía despreciar a nadie. La gracia significaba que no era justificado por nada que hubiera hecho ni por ninguna identidad racial que hubiera heredado.[8]

A lo largo de sus nueve años en Hopewell, Keller siguió la iniciativa de Hill y enseñó de forma explícita en contra del pecado del racismo. Laurie Howell recuerda que predicaba que solo existen dos razas: el pueblo de Dios y todos los que están fuera de Su reino. Ese es el único matrimonio interracial prohibido por la Escritura, declaró.

«Esas declaraciones eran muy radicales en las décadas de los setenta y ochenta de Hopewell —dijo Howell—, pero de allí no bajó».[9]

La PCA emprende el vuelo

William Hill continuó dando forma al ministerio de Tim Keller mientras visitaba las iglesias de la PCA en Hopewell para supervisar los púlpitos. Viajaba a West Hopewell, veía el vehículo de Keller en el estacionamiento y luego llamaba a la iglesia para ofrecer consejos que no habían solicitado.

«Me sorprendió la amabilidad de Tim al interactuar con este hombre y cómo lo respetaba por su rol en esos primeros años de la PCA, a pesar de que buscaba encontrarle errores todo el tiempo —dijo Howell—. Sin lugar a duda, es el hombre más paciente que he conocido».[10]

Aunque Keller se había comprometido con la teología reformada del seminario, nunca había estudiado la Confesión y el Catecismo de Westminster hasta que solicitó la ordenación en la PCA. Obtuvo un conocimiento más profundo de la tradición presbiteriana al enseñar los estándares en la capacitación para ancianos y diáconos. Comenzó a ver las diferencias entre las iglesias cuyas teologías estaban fundamentadas en confesiones históricas en comparación con las que solo tenían una «declaración de fe». Apreciaba cómo su confesión conectaba a los presbiterianos con el pasado. Además, consideraba que las confesiones no eran solo medicina para protegerlos de líderes incapaces, sino también como alimento que nutre a toda la congregación.[11]

Hopewell era la primera iglesia de la PCA que Keller visitaba. Tenía mucho que aprender sobre su presbiterio y la Asamblea General de la PCA. Sin embargo, no era el único en el aprendizaje sobre pertenecer a esta nueva denominación. Con la ayuda de un forastero, Keller pudo discernir su lugar en la PCA. En 1974, Nick Wolterstorff escribió sobre tres tradiciones dentro de su propia denominación, la Iglesia Cristiana Reformada, y los llamó doctrinalistas, pietistas y kuyperianos.[12] Luego, George Marsden aplicó esta rúbrica a todas las iglesias reformadas de Estados Unidos.[13] Durante su tiempo con InterVarsity en Bucknell, Keller había descubierto la tradición pietista. En Gordon-Conwell, había agregado la tradición kuyperiana del neocalvinismo. Sin embargo, no fue sino hasta entrar en contacto con otras iglesias y ministros de la PCA que comenzó a experimentar el elemento doctrinalista, que enfatiza las confesiones para catequizar creyentes protegiéndolos contra la desviación teológica y promoviendo la continuidad con las históricas iglesias reformadas.

Hasta ese momento, Keller aún desconocía estos tres términos, pero comenzó a notar ciertas tensiones en la PCA incluso mientras aprendía, más exclusivamente, de cristianos comprometidos con la visión doctrinalista.

Por medio de la constante presencia de William Hill en Hopewell, Keller conoció los altos estándares de un estadista de la PCA. No obstante, recibió una mayor influencia personal de Kennedy Smartt, uno de los sucesores de Hill en West End, el pastor que había invitado a Keller a ocupar el púlpito de West Hopewell por tres meses. Y fue Smartt quien modeló para Keller los ritmos del ministerio pastoral, en especial en una ciudad más pequeña. Cuando se encontraron visitando a los miembros de la iglesia que estaban en el hospital, Keller percibió cómo Smartt interactuaba con el equipo y los pacientes. Conocía los nombres de cada persona que entraba y salía del hospital. Conocía lo suficiente para preguntar de forma específica sobre sus familiares. Y, cuando terminaba de hablar y de orar con un miembro de su iglesia, recorría las demás habitaciones, visitando a los otros pacientes y ofreciéndose a orar por ellos.[14]

Durante su estadía en West Hopewell, Keller leyó *El Pastor Reformado* del puritano Richard Baxter, en el que sugiere visitar cada familia de la iglesia al menos una vez al año. Sin embargo, Keller ya había observado este estilo de cuidado pastoral generalizado a través de Smartt. Keller incorporó el hábito de orar por la lista de miembros de la iglesia de manera sistemática. Por medio de modelos en libros y otros pastores de Hopewell, aprendió lo que significa ser un pastor y no solo un predicador.

Dichas demandas personales del ministerio en Hopewell representaban una carga para Keller, al igual que lo fueron luego durante su ministerio en Nueva York. Incluso con menos de cien miembros en West Hopewell, Keller trabajaba entre sesenta y setenta horas semanales, mientras en casa tenía a sus hijos pequeños.[15] Si bien hoy muchos egresados del seminario buscan iglesias grandes donde puedan seguir aprendiendo mientras trabajan, Keller tuvo que hacer todo desde el inicio de su tiempo allí: guiar las reuniones de ancianos, predicar cada domingo por la mañana y por la tarde, liderar la reunión de oración de los miércoles y dar otro sermón, enseñar en la escuela dominical, planificar el grupo juvenil, dar charlas en los retiros de hombres y de mujeres, visitar a los enfermos y a los miembros de la iglesia, dirigir cada boda y funeral y aconsejar a los matrimonios que atravesaban luchas que, en épocas de mucho trabajo, podían ser hasta tres o cuatro parejas en simultáneo.[16]

También lo invitaban a cada graduación de bachillerato y, en esa época, también se esperaba que los pastores estuvieran presentes en la celebración de los dulces dieciséis de cada adolescente. Todos creían que el pastor era parte de su familia y, cuando lo invitaban a un picnic familiar, se aseguraba de servirse ensalada de papas.[17] Lo llamaban a las 3:00 am por otro suicidio y luego debía brindarle consejería a la familia. Cuando los esposos se iban del hogar, él los rastreaba para intentar convencerlos de que regresaran y que solicitaran ayuda. También buscaba a niños que se habían escapado de su casa. Cuando los padres fallecían, él era el encargado de notificar a los hijos. Un hombre murió electrocutado mientras refaccionaba su propia casa, y Keller y la viuda fueron a reconocer el cuerpo en la morgue.

No hubo nada antes ni después en la vida de Keller que lo haya cargado más que los días de pastorear y ocuparse de las personas durante su tiempo en Hopewell. En ese lugar y década (los setenta), los pastores proveían la mayor parte de la consejería para la comunidad. De hecho, no había consejeros profesionales en Hopewell en esos años. Keller buscaba materiales que lo equiparan para asistir a los cristianos con temas como depresión, fobias, adicciones, alcoholismo, problemas relacionales, adicciones sexuales, homosexualidad, entre otros. Comenzó a ver cómo los cristianos entraban en desacuerdo entre sí sobre cuáles eran los enfoques bíblicos y psicológicos correctos en estos casos. Sin embargo, también se encontró con evidencia esperanzadora en cuanto a los cambios en los cristianos que él aconsejaba, pero el costo era casi consumirse en el ministerio. En Hopewell, aprendió que los pastores no deben brindar tanta consejería, sino apoyarse en consejeros cristianos profesionales.[18]

Al mirar hacia atrás, Keller vio que este tiempo fue como una prueba de fuego, un ministerio en una ciudad pequeña que lo prepararía para la plantación de una iglesia en la ciudad más grande del país. Ambos contextos no demandaban habilidades específicas, sino generales. También, en ambos casos se necesitaba de un pastor que ministrara a personas diferentes a él, personas que probablemente no serían sus amigos si no estuvieran conectados por la iglesia. La gente de West Hopewell no compartía las afinidades anglófilas de Tim por J. R. R. Tolkien y C. S. Lewis y él no compartía sus experiencias como obreros en las plantas químicas. No había alguna química relacional especial ni afinidad compartida. No necesitaban que Keller fortaleciera su comunidad, porque ya les encantaba pasar tiempo juntos, sino que necesitaban que su pastor estuviera presente para demostrar que le importaban.

De su parte, Tim se esforzaba por conectarse. Aprendió de fútbol americano para poder acercarse a los hombres de Hopewell. En Allentown, no practicaba muchos deportes y, aunque había sido el tambor mayor de una banda de música en la escuela y en la universidad, no había adquirido la costumbre del fútbol. Al igual que R. C. Sproul, Tim se volvió aficionado de los Acereros de Pittsburgh debido a que Kathy había crecido cerca de allí. Y era un buen momento para seguirlos, ya que fueron los ganadores del *Super Bowl* en 1975, 1976, 1978 y 1979. Le gustaba disfrutar junto a los aficionados, la mayoría del equipo de Washington, por estar en Virginia. Incluso logró sorprender a la congregación cuando se desató la corbata, se quitó el saco y se desabrochó la camisa en medio del servicio para mostrar una camiseta de los Acereros que llevaba puesta debajo. El tambor mayor aprendió algunos nuevos trucos como pastor.

«Keller no era así cuando llegó —dijo Laurie Howell—, y dejó de serlo cuando se fue de West Hopewell».[19]

Si Gordon-Conwell le había dado amigos de por vida, Hopewell le enseñó cómo pastorear a todas las ovejas que Dios le había confiado.

Los años más formativos del ministerio

De todos modos, los años de ministerio en Hopewell les brindaron a Tim y Kathy algunos amigos de por vida. Graham Howell había crecido en West Hopewell y se casó joven, como muchos otros en ese tiempo y lugar. Y, al igual que muchas jóvenes parejas, su matrimonio pronto estuvo en problemas. Tan solo sietes meses después de su boda, Howell no sabía dónde acudir por ayuda, pero esperaba que la iglesia tuviera algunas respuestas.

Cuando llegó a la iglesia, no conocía a Keller y no era el estilo de pastor que esperaba encontrar. Keller hizo mucho más que orar y enviarlo de regreso; le hizo preguntas profundas y dibujó diagramas para ilustrar puntos bíblicos. Le agendó encuentros de seguimiento y le dio tarea de la Christian Counseling and Education Foundation, fundada en 1968.

Howell, que tenía veintidós años en ese momento, era un nuevo creyente. Más tarde, escribió sobre esta experiencia con el ministerio personal de Tim y Kathy:

> El pastor finalmente se quedó en esta pequeña iglesia por nueve años, mejorando sus habilidades para predicar y caminando con las personas a través de los altibajos de sus vidas. Me apoyé mucho en él para obtener consejería y le hice toda clase de preguntas sobre la vida y la fe. Yo era un cristiano recién nacido creciendo en mi fe con la Escritura y la oración, pero lo que en verdad autenticó la fe fue la manera en que [Tim] y su esposa me buscaron y me amaron. Uno espera tener apoyo familiar en tiempos de dificultades, pero este nivel de atención de parte de personas que casi eran extraños, era algo incomprensible para mí. Yo pensaba: *¿Por qué alguien haría esto?* Recuerdo regresar de un bar una noche luego de un día difícil en verdad, sintiéndome acusado y solo, y encontrar sobre mi vehículo una nota de ellos escrita a mano, en la que decía que fuera a verlos cuando pudiera. Oraron por mí, me enseñaron, compartieron comidas conmigo e incluso me

> llevaron de vacaciones con ellos cuando el inevitable divorcio se volvió real. Nunca olvidaré cómo invirtieron en mi vida. Es una deuda que nunca podré pagar.[20]

Los Keller animaron a Howell a asistir a la universidad y le permitieron vivir con ellos mientras estudiaba en la Universidad Virginia Commonwealth, antes de que se casara con Laurie, la joven que vivía en la casa de al lado. Durante las vacaciones, juntos visitaban librerías de segunda mano durante horas. Howell a veces hacía diligencias para Tim y, cuando devolvía libros que Tim había tomado del Seminario Teológico Union (ahora Seminario Presbiteriano Union) en Richmond, a veces se encontraba con que los antiguos libros de teología que Tim prefería no habían sido solicitados en más de cien años.[21]

Keller recordaba sus años en Hopewell como los de mayor formación ministerial de su vida.[22] Para él, Hopewell combinaba el dinámico intercambio entre el cuidado pastoral y la enseñanza. Por supuesto que no todos respondían de la misma forma que Graham Howell. La mayoría de los miembros de West Hopewell no hacían caso a las recomendaciones de libros que les hacía Tim. No podía liderarlos de la misma manera que lo haría en una ciudad universitaria o grande. Hopewell fue la primera experiencia de Tim fuera de lo que llamó «el modelo motivado por la doctrina». Desde su conversión en Bucknell, nunca se había unido o servido en una iglesia que no estuviera llena de profesores y estudiantes. El único método que conocía era el de la exposición bíblica, la enseñanza de clases temáticas y los pequeños, pero intensos, grupos de estudio bíblico. Admitió su frustración al darse cuenta poco a poco de que su estrategia no traería una renovación a West Hopewell, que nunca había superado los 150 asistentes en los últimos treinta años antes de su llegada. Por eso, aprendió a resumir las ideas que extraía de la lectura hacia su propia enseñanza, tres veces por semana: los domingos por la mañana y por la tarde y los miércoles por la tarde.

En esos nueve años, acumuló invaluables repertorios de predicación con más de 1500 sermones. En 2015, Keller escribió en los agradecimientos de su libro *La predicación*: «Primero, quiero agradecer a los miembros de la Iglesia Presbiteriana West Hopewell [quienes] me brindaron una comunidad amorosa y de apoyo en donde recibieron mis primeros y débiles esfuerzos con agradecimiento».[23] Según su experiencia en Hopewell, Keller llegó a la conclusión de que ningún predicador llega a ser bueno antes de sus primeros cien sermones. Dado el pequeño contexto relacional de la iglesia, descubrió que, si los miembros no comprendían bien algún mensaje, podía responderles a través de sus próximos mensajes.

Hacía preguntas para ver si las predicaciones cubrían problemas reales y aprendió a escuchar más de lo que su instinto le indicaba. Comprendió que, cuando la predicación no responde interrogantes, fracasa en conectar con la gente. Desde el púlpito, los pastores o se vuelven distantes y abstractos en su predicación o tratan sus problemas personales. A través de la consejería privada, podía comprobar si los miembros estaban siendo transformados o no. «Esta combinación de la práctica, las sugerencias y el apoyo amoroso me convirtieron en un predicador mucho mejor de lo que hubiera sido en cualquier otro lugar donde no hubiera tenido que trabajar ni amar tanto».[24]

Sin duda que estar en la iglesia por nueve años ayudó, ya que fue suficiente tiempo para que la iglesia comenzara a cambiar de actitud respecto a su enseñanza y fortalezas evangelísticas y para que Tim superara su terquedad inicial y aceptara a la iglesia con sus propias fortalezas de servicio práctico. Keller no aprendió todo lo que escribiría luego para la PCA sobre el ministerio del diaconado solo por puro estudio bíblico e histórico, sino que lo vio en la acción en los miembros de la Iglesia Presbiteriana West Hopewell.

Allí, Keller vio «el ministerio de la palabra» de la predicación y la enseñanza unirse con «el ministerio de la acción» de servir a los pobres. De hecho, se inscribió en el programa de Doctorado en Ministerio (DMin) por medio del Seminario Teológico Westminster en 1979, mientras servía como pastor principal en Hopewell. Para Keller, volver a estudiar y a aprender de tantos maestros de renombre como Jack Miller en evangelismo, Harvie Conn en misiones y Ed Clowney en predicación era un sueño hecho realidad.

Cuando Tim comenzó en Westminster, no tenía ni idea de cuál sería su proyecto principal. George Fuller le dijo: «Haz un trabajo sobre los diáconos; las personas ya no entienden la importancia de ese puesto». Keller investigó sobre cómo las tareas de los diáconos dentro del presbiterianismo habían cambiado; antes servían a los pobres y necesitados, pero más tarde se ocuparon de la administración y de gestionar las instalaciones. En una universidad local, investigó sobre el trabajo social en algunos libros seculares contemporáneos y también estudió cómo las iglesias de los epicentros reformados de Génova, Ámsterdam, Edimburgo y Glasgow habían desarrollado las primeras estructuras del servicio social público a través de sus diáconos. Se vio impulsado a aprender más sobre la enseñanza bíblica sobre los pobres y los modelos para el ministerio entre ellos. Clowney transitó con Keller este recorrido hacia la importancia de ejercer justicia y misericordia hacia los marginados.[25]

Keller implementó por primera vez parte de su entrenamiento sobre diaconado en West Hopewell.[26] Sin embargo, el programa completo, reflejado en su libro *Ministries of Mercy*, solo se ejecutó de manera total en Redeemer, en Nueva York. Los estudios de Keller también lo prepararon para los dos trabajos que lo alejaron de Hopewell en 1984: profesor adjunto de teología práctica en Westminster y director del ministerio de misericordia para el Comité para la Misión a Norteamérica de la PCA.

Crecimiento juntos

Cuando Tim había sido ordenado, por veinticinco años en la PCA, y Redeemer estaba floreciendo en Nueva York, él y Kathy regresaron a

Hopewell para una recepción que organizó su amiga, Laurie Howell. Se pidió a los miembros de la iglesia que compartieran lo que apreciaban del ministerio de Keller. Ninguno mencionó sus predicaciones y no citaron ni un solo sermón, pero varios recordaron lo que les decía en consejería privada o cuando los visitaba.

«Solo el grado de interés que él demostraba hacia ellos marcaba el interés con el que ellos escuchaban cualquier cosa que dijera desde el púlpito», comentó Laurie Howell.[27]

Keller recordó esta experiencia para explicar una diferencia clave en contextos ministeriales. En algunos, como en Hopewell, se requería un pastoreo que habilitara la predicación. En cambio, en otros, como en la Ciudad de Nueva York, se necesitaba la predicación para establecer la credibilidad de la consejería y el liderazgo congregacional.[28]

Muchos han concluido que, en Hopewell, Keller aprendió a entregar su mensaje con sencillez, al nivel de todos. De hecho, sería correcto decir que la congregación de obreros en Hopewell lo obligó a desarrollar su habilidad para exponer conceptos complicados y difíciles de forma que tanto cristianos como inconversos pudieran comprender.[29] Si hubiera llegado a una congregación con alto nivel educativo justo después del seminario, quizá nunca hubiera sido un escritor y predicador tan popular ni hubiera producido el material que desafía a estudiantes motivados y a la vez edifica al resto.

No obstante, la imagen se ve diferente de forma cronológica que en retrospectiva. Keller tuvo que aprender las bases del ministerio pastoral en algún lugar y ese lugar fue Hopewell. Cuando se graduó del seminario, no sabía cómo dirigir bodas ni funerales ni qué decir en retiros, asilos de ancianos o capillas de escuelas cristianas. No se veía a sí mismo como un genio ni como un regalo de Dios para esta pequeña ciudad sureña. Era tan solo un joven pastor, esposo y padre, inseguro en todos esos roles. Los Keller crecieron juntos en Hopewell.

Aun en medio de dar a luz a tres varones, Kathy participaba en varios roles de liderazgo de la iglesia. Como es de esperar, dirigió el grupo de jóvenes, al que luego se unió Laurie McCollum (luego esposa de Howell) cuando tenía quince años. «Era una chica impresionante y yo no había tenido esa clase de maestra de escuela dominical ni líder de jóvenes», recuerda Laurie Howell sobre Kathy.[30] Los Keller tomaron el concepto de las charlas del Centro de Estudios de Ligonier Valley y las organizaban en su casa, los domingos por la noche, luego del servicio de la tarde en West Hopewell. Les decían a los jóvenes que trajeran aperitivos y amigos que no eran de la iglesia para que le preguntaran a Tim lo que quisieran. Y si no sabían qué pregunta hacer, Tim tenía decenas escritas y las repartía.

Las charlas duraban hasta tres horas y media en un día cuando Keller ya había dirigido y predicado en dos servicios diferentes. La respuesta a la primera pregunta podía llevarle una hora entera, pero estas charlas le dieron la oportunidad de desarrollar su pensamiento teológico y agudeza apologética. Kathy solía unirse durante la respuesta de Tim, al igual que lo haría luego en la sesión de preguntas y respuestas después del servicio en Redeemer.

Las preguntas no eran solo académicas, sino también prácticas y, a veces, también muy personales. Laurie Howell recuerda haber preguntado cómo podría ser feliz en el cielo cuando algunas personas que amaba estarían en el infierno. No recuerda la respuesta exacta, pero sí que Tim la buscó luego en el comedor para hablar personalmente.

Tim hubiera continuado con las charlas hasta más entrada la noche si no hubiera sido por la insistencia de Kathy. Todos sabían que la charla había terminado cuando Kathy se levantaba e iba a su habitación para ponerse el pijama. Cuando volvía, anunciaba a todos: «¿Qué les dice esto? ¡Vayan a casa!».[31]

Criar a sus tres hijos varones no fue nada fácil para Kathy ni para Tim. Debido a su pesada carga de trabajo de enseñanza, además de las visitas pastorales y la consejería, no fue fácil para la familia, que creció con la llegada de David (1978), Michael (1980) y Jonathan (1983) en Hopewell. El matrimonio no fue un desafío tan grande para ellos como lo fue la paternidad. La responsabilidad de criar a sus hijos salvó a Tim de sus peores tendencias a trabajar demasiado. Como padre, Tim comenzó a ver más de su egoísmo y deseos de controlar su propia vida, ya que este rol le demandaba autosacrificio y autocontrol.[32] Ya no tenía tiempo para sus aficiones, como tocar la trompeta. En la calle de la iglesia había una sala de videojuegos, donde estaba el juego favorito de Tim: *Space Invaders*, lanzado en 1978. A Kathy no le gustaba demasiado cuando su esposo jugaba después del trabajo. Fue un poco más aceptable cuando juntaron pilas de monedas para jugar a los videojuegos en la despedida de soltero de Graham Howell.[33]

Además del tiempo, el dinero era otra limitante para la joven familia Keller. Al comienzo de su ministerio, Keller recibía 8000 dólares anuales, además de vivienda gratuita. En su último año, cuando la congregación ya no era de menos de cien personas, sino de 300 personas, él recibía 12 000 dólares anuales, que hoy equivaldría a 30 000 dólares. El presupuesto de la iglesia no contemplaba libros, así que se los pedía como regalo de Navidad a Kathy y a otros miembros de la familia. Luego leía esos diez o veinte libros durante todo el año.

Gracias a la recomendación de Richard Lovelace, disfrutaba la lectura de los títulos de Banner of Truth, la mayoría escritos por autores como Thomas Brooks, John Owen y Charles Spurgeon. Keller incorporó elementos de las apelaciones de Spurgeon al corazón. En sus libros posteriores, Tim aún se refería a las obras que leía mientras estaba en Hopewell. Luego de su diagnóstico de cáncer de páncreas, décadas después, Keller le dijo a John Piper que las obras de John Owen lo habían alentado de forma especial en su expectativa del cielo.[34] El propio sufrimiento de Owen ilustraba cómo Dios puede usar el dolor para matar nuestro pecado.[35]

Ningún puritano ejerció más influencia sobre Keller que John Owen, pero este no fue el único puritano que moldeó sus ideas. Keller entrenó a los internos del pastorado en Hopewell leyendo juntos *La caña cascada* de Richard Sibbes. John Hanford, uno de los internos, recuerda haber visto a Keller conducir alrededor de Hopewell con un libro puritano de Banner of Truth sobre su volante. Leía de forma extensiva a Sibbes, John Flavel y Stephen Charnock. Estas obras lo equiparon para la consejería pastoral más que para predicar. Su psicología agustiniana de «corazón» lo alejó de la psicología de moda con su enfoque terapéutico en el yo. En *Preciosos remedios contra las artimañas de Satanás*, de Thomas Brooks, Keller aprendió a usar la Escritura y el evangelio para asistir a los cristianos que luchaban contra la acusación, la tentación, la sequía espiritual y la apatía.

Durante sus años en Hopewell, Keller también se topó con setenta sermones del evangelista del Primer Gran Avivamiento, George Whitefield, y ese brillante orador comenzó a darle forma a la predicación de Keller y en especial a su evangelismo. Keller recuerda: «Durante un período de tres años, Whitefield fue transferido a mí. Me proporcionó una nueva valentía. Me sorprendió su denuedo».[36] Si no hubiera sido por Whitefield, Keller nunca habría aceptado el desafío de plantar una iglesia en Nueva York. Todo el estudio teórico de Keller sobre el ministerio halló forma histórica en el ejemplo del evangelismo de Whitefield que transformó el mundo, en su creatividad, innovación y energía aparentemente incansable. Keller percibió el trueno y los relámpagos de la misma presencia de Dios mientras leía los dos tomos de la biografía de Whitefield por Arnold Dallimore en 1979 y 1980, al igual que el trabajo académico más crítico del historiador Harry Stout.[37]

No obstante, no era fácil trasladar a Whitefield a los setenta, entre otras cosas, porque algunos descubrimientos posteriores mostraron a Keller cómo Whitefield había promovido la esclavitud. Con esta inmersión puritana en Hopewell, Keller corría el riesgo de volverse un portavoz del siglo XVII o XVIII. Se resistió a dicha asimilación por dos razones. En primer lugar, además de Sibbes y Owen, le pareció a Keller que muchos de los puritanos se enfocaban demasiado en la culpa y poco en la libertad que disfrutan los pecadores justificados. En segundo lugar, ya que Keller se había comprometido con la perspectiva moderna pero ortodoxa del neocalvinismo, algunos puritanos le parecían pedantes y anticuados. Halló un modelo más contemporáneo para el ministerio por medio en Martyn Lloyd-Jones, un predicador del siglo XX que también se identificaba con los puritanos. Keller no era tentado a repetir lo que Lloyd-Jones decía, porque sus personalidades eran muy diferentes. Sin embargo, el ardiente galés asistió a Keller en su comprensión de que no necesitaba elegir entre una lectura cuidadosa del texto e invitar a los creyentes e inconversos a entrar en la presencia del Señor. A Keller le parecía que Lloyd-Jones era una versión moderna de George Whitefield y Jonathan Edwards, ya que combinaba una teología reformada inflexible con llamados a una experiencia espiritual más profunda. Al igual que Lloyd-Jones, Keller no quería solo decir a las personas cómo transformar su vida, sino que deseaba que el Espíritu Santo las transformara allí, en ese instante.

Keller transmitió este denuedo, recién encontrado, a West Hopewell a través del programa Evangelismo Explosivo desarrollado por primera vez por D. James Kennedy en la Iglesia Presbiteriana de Coral Ridge en Fort Lauderdale, Florida. En dicho programa, se brindaba capacitación a equipos de cristianos para que compartieran el evangelio mientras visitaban a sus vecinos. No muchas de las personas en Hopewell eran considerados «seculares» en 1980 y Evangelismo Explosivo contribuyó a que cada año, entre veinte y treinta personas hicieran profesión de fe. La mitad de los convertidos se unieron a la iglesia. En ese momento, no era un impedimento que en Evangelismo Explosivo se asumiera la creencia en Dios, la vida después de la muerte, el pecado y la autoridad de las Escrituras; la apologética no era necesaria. Ted Powers se unió al personal de West Hopewell y aportó su propio don para la evangelización a medida que la iglesia creció de entre 90 y 100 personas en 1975 a entre 250 y 300 en el momento en que Keller se fue.

Sin embargo, ese crecimiento no satisfizo a Keller, ya que anhelaba el poder espiritual y la oleada de conversiones que había presenciado en Bucknell y que había leído con Richard Lovelace al estudiar la historia de los avivamientos. Cuando Keller se conectó con la Iglesia Presbiteriana New Life de Jack Miller en las afueras de Filadelfia, esta le envió un equipo para ayudar a provocar un avivamiento espiritual en West Hopewell. Sin embargo, el avivamiento nunca llegó.

Pac-Man

Si alguno conoció a Tim Keller solo como un famoso pastor y autor de Nueva York, aún lo habría reconocido en West Hopewell por su estilo de profesor, por su tendencia a reflexionar sobre alguna respuesta mirando fijamente hacia la esquina superior de la habitación. Sus gestos y conducta eran los mismos tanto en los contextos de una ciudad pequeña como en los de una grande. Y también es posible reconocer su negativa a conformarse con el statu quo espiritual y evangelístico en una iglesia. Su ambición causó algunos resultados sorprendentes.

En su último año en West Hopewell, los sermones de Keller comenzaron a circular entre varios pastores en la denominación. Y, aunque no fue muy conocido durante sus días en Gordon-Conwell, los estudiantes de su alma mater comenzaron a notar su ministerio allá en Virginia. Uno de esos estudiantes fue John Hanford, cuyo mejor amigo en Gordon-Conwell había servido con el amigo de Keller, David Midwood. Cuando Hanford, presidente del cuerpo de estudiantes de Gordon-Conwell, buscó capacitación adicional después de graduarse, Midwood lo envió a Hopewell para aprender con Keller. Durante su internado de un año, Hanford vivió con los Keller mientras Kathy estaba embarazada de su tercer y último hijo, Jonathan. A Kathy le disgustaban los bruscos juegos de Hanford con sus dos hijos mayores justo antes de la hora de dormir, lo que les dificultaba quedarse dormidos.

Hanford tuvo un inusual vistazo de la vida dentro de la agitada casa pastoral de los Keller. Durante estos años, *Pac-Man* se convirtió en un éxito mundial y Tim disfrutaba jugarlo en la televisión de su casa. Los domingos por la tarde, a veces veía fútbol, al menos con un solo ojo, y con el otro sobre tres comentarios que estaba estudiando. Con tres mensajes que preparar cada semana, Keller no podía darse el lujo de enfocarse en una sola cosa a la vez.

El llamado de Hanford cambió durante su año en Hopewell. Keller fue la primera persona a la que compartió la creciente carga que sentía por ayudar a iglesias alrededor del mundo que enfrentaban persecución.[38] Keller lo animó a obedecer este nuevo llamado, en parte porque las conexiones de Hanford en Washington lo convertían en un candidato idóneo para esa tarea. La tía de Hanford, Elizabeth, estaba casada con Bob Dole, senador de Estados Unidos y compañero de fórmula del presidente Gerald Ford en 1976.

Hanford prosiguió a liderar el equipo que escribió la Ley Internacional para la Libertad Religiosa, que firmó el presidente Clinton en 1998 para que entrara en vigor. Entre 2002 y 2009 y bajo el mandato del presidente George W. Bush, Hanford ocupó el puesto de segundo embajador estadounidense para la libertad religiosa internacional.

Hopewell colocó a John Hanford en un recorrido que cambiaría la política exterior de Estados Unidos, además de la vida de muchísimos cristianos perseguidos por su fe.[39] De igual manera, Hopewell preparó a Tim Keller para muchos desafíos que llegarían más adelante como esposo, padre y pastor. Cuando estaba a punto de salir de Hopewell, un amigo le preguntó si podía fotocopiar todos sus sermones y charlas. De tan solo treinta y cuatro años, Keller ya había predicado más de 1500 sermones que cubrían tres cuartas partes de la Biblia. En esos nueve años, había predicado la misma cantidad de sermones que muchos pastores en toda su vida. Cuando Tim necesitaba inspiración, tomaba un sermón de Charles Simeon, Alexander MacLaren o Charles Spurgeon. Al preparar su sermón para el domingo por la noche, entre las dos y las cuatro de la tarde del mismo domingo, se apoyaba en las detalladas exposiciones sobre Romanos y Efesios de Martyn Lloyd-Jones.

Para cuando la familia Keller, de cinco integrantes, estaba empacando para dejar Hopewell, Tim ya podía predicar sobre la mayoría de los pasajes bíblicos sin apoyarse en ayuda externa. Había sobrevivido a la prueba de fuego en la capital química del Sur y estaba listo para comenzar el trabajo que haría durante el resto de su vida: entrenar a la nueva generación de pastores.

DOCE

EL DESPLIEGUE DE LA HISTORIA

Edmund P. Clowney

Tim Keller pudo haber recibido una mala nota en su asignatura de predicación en Gordon-Conwell, pero lo que lo apartó de Hopewell y lo llevó a Filadelfia fue la invitación para reemplazar a su único mentor personal como profesor de predicación.

Además de su esposa Kathy, Ed Clowney es la única influencia cercana que conoció a Keller desde sus años incómodos de Bucknell, en Lewisburg hasta la mega iglesia Redeemer en Nueva York. Al final de la vida de Clowney, él y Keller estaban enseñando juntos. Esa relación comenzó con un simple viaje para visitar a un amigo del seminario.

Luego de su primer año estudiando en Gordon-Conwell en 1973, Tim Keller y Kathy Kristy se dirigieron a las montañas Poconos en Pensilvania, para asistir a la Conferencia Bíblica Pinebrook. El viaje coincidió con una visita de Edmund Clowney, que había llegado de

Filadelfia, donde era el presidente del Seminario Teológico Westminster. Tim conocía a Clowney de la universidad, cuando este último dirigió la charla evangelística sobre Camus y, más tarde, un retiro de InterVarsity en la iglesia. Esa misma primavera, Tim y Kathy también habían oído la clase de Clowney en Gordon-Conwell sobre predicar a Cristo desde toda la Escritura.

Sin embargo, no estaban preparados para los cambios que este viaje traería a sus vidas. Tim regresó a casa luego de conocer a uno de sus «padres en la fe».[1]

Aun así, no consideró asistir al Seminario Teológico Westminster, ya que durante su tiempo en Bucknell aún no era reformado. Clowney mismo había animado a Tim a que considerara Gordon-Conwell como alternativa. Y, como había rechazado la idea de asistir a la escuela de Clowney, Keller se sintió un poco incómodo al acercarse a él en Pinebrook. Sin embargo, Clowney lo invitó a dar un paseo juntos para beber soda mientras hablaban de la vida, el ministerio y el futuro. Este gesto le tocó el corazón a Keller[2] y lo sorprendió tanto que lo dejó mudo.[3]

Desde ese momento, Clowney se convirtió en su único mentor a quien acudiría para recibir ayuda en las transiciones de la vida y el ministerio. La mayor parte de lo que el mundo sabe de Keller, en especial sus sermones sobre Cristo en el Antiguo Testamento y su interpretación de los dos hijos en Lucas 15, lo aprendió de Clowney.

Padres de la predicación

Clowney nació el 30 de julio de 1917, en medio de la Primera Guerra Mundial. Fue hijo único y creció en Filadelfia, donde su padre construía armarios. Obtuvo su primer título universitario en Wheaton College y luego obtuvo el segundo en Westminster, durante la Segunda Guerra Mundial, en 1942. Ese mismo año, fue ordenado por la Iglesia Presbiteriana Ortodoxa, fundada en 1936 por J. Gresham Machen, luego de que

Cortesía de Sharon Keller Johnson.

La familia Keller se mudó a su nueva casa de Allentown, Pensilvania, en 1967, un año antes de que Tim (extremo izquierdo) empezara la universidad en *Bucknell*. La madre de Tim, Louise, está de pie junto a él, sosteniendo al gato de la familia. Billy (centro) murió en 1998. Sharon está junto a su padre, Bill (extremo derecho).

Colección especial/Archivos universitarios, Librería Bertrand, Universidad Bucknell. Utilizada con permiso.

Los estudiantes de *Bucknell* se declararon en huelga en mayo de 1970 en protesta por el asesinato de cuatro estudiantes de *Kent State* por parte de la Guardia Nacional, después de que el presidente Nixon extendiera la guerra de Vietnam. Tim y otros miembros de *InterVarsity* sostuvieron conversaciones evangelizadoras con los estudiantes en huelga.

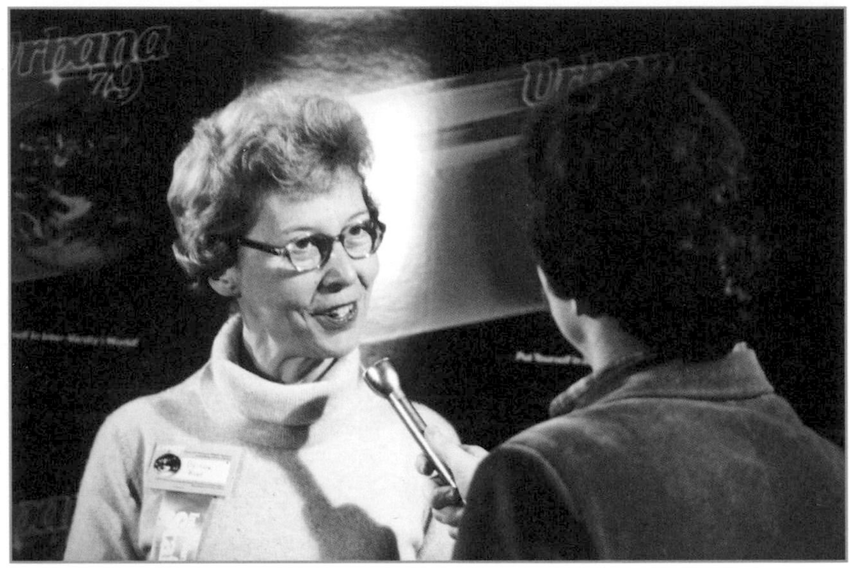

Cortesía de Urbana, misión estudiantil InterVarsity.

Barbara Boyd dio su «Charla del Señorío» en el rancho *Bear Trap* en Colorado, el campamento de *InterVarsity* al que Tim asistió durante un mes en el verano de 1971. La serie «Biblia y vida» de Boyd proporcionó a Keller los cimientos para estudiar la Palabra de Dios.

Colección especial. Librería Montomery, Seminario Teológico de Westminster.

Ed Clowney es la única influencia personal cercana a Tim que lo conoció desde sus años complicados de *Bucknell*, en Lewisburg, Pensilvania, hasta los años de la mega iglesia *The Redeemer*, en Nueva York. En los últimos años de la vida de Clowney, él y Keller enseñaron juntos en el Seminario Teológico Reformado.

MAGDALENE COLLEGE,
CAMBRIDGE.

23 April 63

Dear Kathy

Congratulations on keeping house!

By the way I also would say "I got a book." But your teacher and I are not "English teachers" in the same sense. She has to put across an idea of what the English language ought to be: I'm concerned entirely with what it is and how it came to be what it is. In fact she is a gardener distinguishing "flowers" from "weeds"; I am a botanist and am interested in both as vegetable organisms.

All good wishes,

Yours

C. S. Lewis

Cortesía de Kathy Keller.

En esta carta fechada abril de 1963, C. S. Lewis medió una disputa entre Kathy Keller, de doce años, y su profesora de inglés. La última carta que le envió fue a menos de dos semanas de su muerte, el 22 de noviembre de 1963. Kathy compartió con Tim su amor por la serie *Narnia* de Lewis.

Alpha Histórica / Almay Stock Photo.

Francis Schaeffer asesoró a R. C. Sproul sobre los planes para *Ligonier Valley Study Center* basándose en la fructífera pero agotadora experiencia de L'Abri en Suiza.

L I G O N I E R V A L L E Y S T U D Y C E N T E R
SUMMER SCHEDULE - 1972

May 30-June 9 BASIC OLD TESTAMENT THEMES
An introduction to basic Old Testament Theology with focus on themes of creation, fall, covenant, law, prophetic criticism, wisdom literature etc. This course is designed to encourage and facilitate study of the Old Testament.

June 12 - June 23 PERSON AND WORK OF THE HOLY SPIRIT
A study of the person of the Holy Spirit as revealed in Old and New Testament. Special attention will be given to the work of the Spirit in Creation and Redemption. The controversial matter of the "Baptism" and "Gifts" of the Spirit will also be studied.

June 26 - June 30 CHURCH AND SACRAMENTS (one week - $30)
An investigation of the Biblical view of the Church and Sacraments as well as a survey of the development of these themes in Church History. Special attention will be given to the controversial issue of infant baptism.

July 10 - July 21 CHRISTIAN ETHICS
An introduction to principles of Christian personal and social ethics with particular attention given to controversial issues of the present. Questions of war, abortion, sexual behaviour, capital punishment, etc. will be dealt with.

July 24 - Aug. 4 PERSON AND WORK OF CHRIST
An investiagtion into the New Testament portrait of Jesus with special attention given to the titles of Jesus such as "Messiah", "Son of Man", "Lord, etc. and a survey of the critical events in the life of Jesus such as his birth, baptism, crucifixion, resurrection, ascension, etc.

Aug. 7 - Aug. 18 CHRISTIANITY AND EXISTENTIALISM
A survey of existential thought dealing with the works of Nietzche, Kierkegaard, Heidegger, Sartre, Camus, Jaspers, et al with a special view to their influence upon, and conflict with, classical Christianity.

Aug. 28 - Sept. 8 BASIC NEW TESTAMENT THEMES
An introduction into the theology of the New Testament with a special view to the concept of the Kingdom of God. The distinctives of Pauline and Johannine theology will be studied.

Sept. 11 - Sept. 22 BASIC REFORMED THEOLOGY
An introduction into the distinctive theological issues of the reformation including the question of authority, justification, predestination, etc. - the thought of Luther and Calvin will be given special attention.

COST: $60, includes room and board. Some work scholarships available.

TO REGISTER: send $10 non-refundable deposit to
Jim Thompson
Ligonier Valley Study Center
Stahlstown, Pa. 15687

Cortesía de Louise Midwood.

Las clases impartidas por *Ligonier Valley Study Center* el verano anterior a que Tim y Kathy comenzaran el seminario, ilustran el amplio avivamiento reformado que se estaba desarrollando en el área de Pittsburgh a principios de los años setenta.

Ligonier Ministries. Utilizada con permiso.

R. C. Sproul realizaba conversatorios con la dinámica de «pregunta lo que sea» y se convirtieron en el acontecimiento principal de los lunes por la noche en *Ligonier Valley Study Center*. Tim hizo lo mismo los domingos por la noche en su iglesia de *Hopewell*.

El profesorado del Seminario Teológico Gordon-Conwell ofreció a estudiantes como los Keller un bufé teológico que continuó alimentándolos durante décadas de ministerio.

Seminario Teológico Gordon-Conwell. Utilizada con permiso.

Seminario Teológico Gordon-Conwell. Utilizada con permiso.

Los estudiantes del Gordon-Conwell sintieron que formaban parte de algo nuevo y emocionante en la escuela dirigida por los arquitectos del evangelismo americano.

Seminario Teológico Gordon-Conwell. Utilizada con permiso.

Roger Nicole (izquierda) y J. I. Packer (centro) dieron a Tim un ejemplo de convicción teológica con espíritu conciliador. A veces Nicole presentaba puntos de vista opuestos con tanta eficacia que los alumnos no podían evitar concluir que el punto de vista de Nicole era erróneo.

Seminario Teológico Gordon-Conwell. Utilizada con permiso.

Richard Lovelace (derecha), quien era «notoriamente despistado», mostró a Tim la neumodinámica de escritores tan diversos como Flannery O'Connor y John Owen.

Elisabeth Elliot enseñó a los Keller, en su clase de Gordon-Conwell, sobre «Expresión cristiana en el discurso, la escritura y el comportamiento». Elliot, alta, imponente y profundamente convincente, formó tanto a Tim como a Kathy en lo que llegó a conocerse como los papeles complementarios del hombre y la mujer en la iglesia y el hogar.

Cortesía de Louise Midwood.

Los Keller dedicaron su libro *El significado del matrimonio* a «los Robins», un grupo de amigos de los tiempos del Gordon-Conwell con quienes han permanecido unidos a través de los cambios teológicos, la crianza de los hijos y las vacaciones juntos. De izquierda a derecha, las parejas son (las mujeres en primer plano) Gayle y Gary Somers, Cindy y Jim Widmer, Kathy y Tim Keller, Louise y David Midwood, y Jane y Wayne Frazier. No aparecen en la foto: Adele y Doug Calhoun.

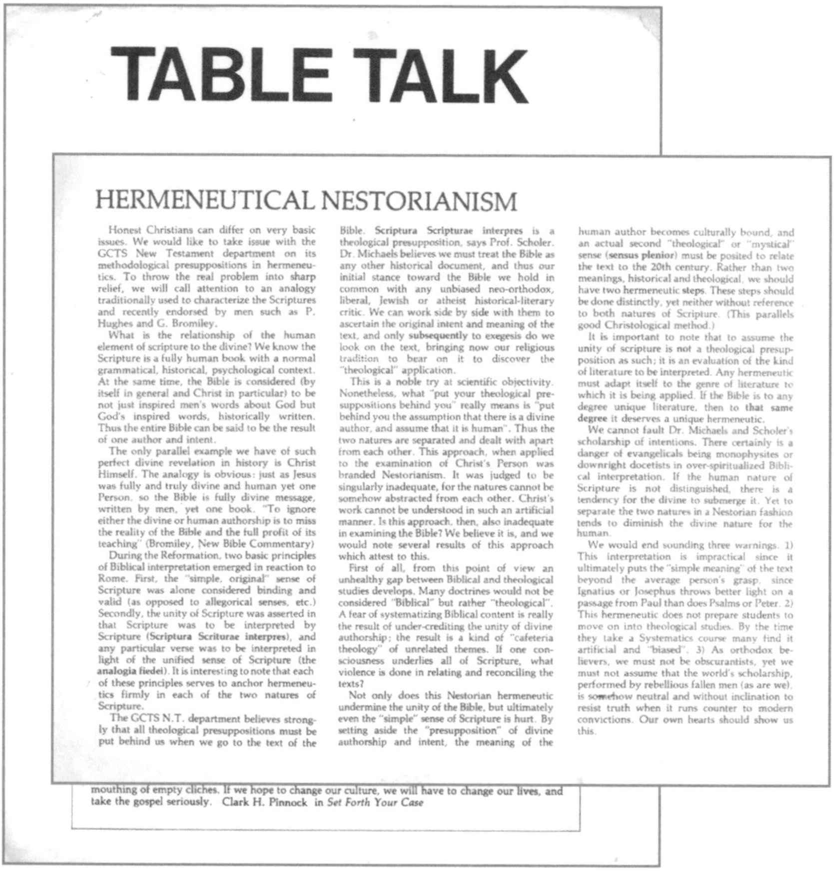

TABLE TALK

HERMENEUTICAL NESTORIANISM

Honest Christians can differ on very basic issues. We would like to take issue with the GCTS New Testament department on its methodological presuppositions in hermeneutics. To throw the real problem into sharp relief, we will call attention to an analogy traditionally used to characterize the Scriptures and recently endorsed by men such as P. Hughes and G. Bromiley.

What is the relationship of the human element of scripture to the divine? We know the Scripture is a fully human book with a normal grammatical, historical, psychological context. At the same time, the Bible is considered (by itself in general and Christ in particular) to be not just inspired men's words about God but God's inspired words, historically written. Thus the entire Bible can be said to be the result of one author and intent.

The only parallel example we have of such perfect divine revelation in history is Christ Himself. The analogy is obvious: just as Jesus was fully and truly divine and human yet one Person, so the Bible is fully divine message, written by men, yet one book. "To ignore either the divine or human authorship is to miss the reality of the Bible and the full profit of its teaching" (Bromiley, New Bible Commentary)

During the Reformation, two basic principles of Biblical interpretation emerged in reaction to Rome. First, the "simple, original" sense of Scripture was alone considered binding and valid (as opposed to allegorical senses, etc.) Secondly, the unity of Scripture was asserted in that Scripture was to be interpreted by Scripture (**Scriptura Scriturae interpres**), and any particular verse was to be interpreted in light of the unified sense of Scripture (the **analogia fiedei**). It is interesting to note that each of these principles serves to anchor hermeneutics firmly in each of the two natures of Scripture.

The GCTS N.T. department believes strongly that all theological presuppositions must be put behind us when we go to the text of the Bible. **Scriptura Scripturae interpres** is a theological presupposition, says Prof. Scholer. Dr. Michaels believes we must treat the Bible as any other historical document, and thus our initial stance toward the Bible we hold in common with any unbiased neo-orthodox, liberal, Jewish or atheist historical-literary critic. We can work side by side with them to ascertain the original intent and meaning of the text, and only **subsequently** to exegesis do we look on the text, bringing now our religious tradition to bear on it to discover the "theological" application.

This is a noble try at scientific objectivity. Nonetheless, what "put your theological presuppositions behind you" really means is "put behind you the assumption that there is a divine author, and assume that it is human". Thus the two natures are separated and dealt with apart from each other. This approach, when applied to the examination of Christ's Person was branded Nestorianism. It was judged to be singularly inadequate, for the natures cannot be somehow abstracted from each other. Christ's work cannot be understood in such an artificial manner. Is this approach, then, also inadequate in examining the Bible? We believe it is, and we would note several results of this approach which attest to this.

First of all, from this point of view an unhealthy gap between Biblical and theological studies develops. Many doctrines would not be considered "Biblical" but rather "theological". A fear of systematizing Biblical content is really the result of under-crediting the unity of divine authorship; the result is a kind of "cafeteria theology" of unrelated themes. If one consciousness underlies all of Scripture, what violence is done in relating and reconciling the texts?

Not only does this Nestorian hermeneutic undermine the unity of the Bible, but ultimately even the "simple" sense of Scripture is hurt. By setting aside the "presupposition" of divine authorship and intent, the meaning of the human author becomes culturally bound, and an actual second "theological" or "mystical" sense (**sensus plenior**) must be posited to relate the text to the 20th century. Rather than two meanings, historical and theological, we should have two hermeneutic **steps**. These steps should be done distinctly, yet neither without reference to both natures of Scripture. (This parallels good Christological method.)

It is important to note that to assume the unity of scripture is **not** a theological presupposition as such; it is an evaluation of the kind of literature to be interpreted. Any hermeneutic must adapt itself to the genre of literature to which it is being applied. If the Bible is to any degree unique literature, then to **that same degree** it deserves a unique hermeneutic.

We cannot fault Dr. Michaels and Scholer's scholarship of intentions. There certainly is a danger of evangelicals being monophysites or downright docetists in over-spiritualized Biblical interpretation. If the human nature of Scripture is not distinguished, there is a tendency for the divine to submerge it. Yet to separate the two natures in a Nestorian fashion tends to diminish the divine nature for the human.

We would end sounding three warnings. 1) This interpretation is impractical since it ultimately puts the "simple meaning" of the text beyond the average person's grasp, since Ignatius or Josephus throws better light on a passage from Paul than does Psalms or Peter. 2) This hermeneutic does not prepare students to move on into theological studies. By the time they take a Systematics course many find it artificial and "biased". 3) As orthodox believers, we must not be obscurantists, yet we must not assume that the world's scholarship, performed by rebellious fallen men (as are we), is somehow neutral and without inclination to resist truth when it runs counter to modern convictions. Our own hearts should show us this.

mouthing of empty cliches. If we hope to change our culture, we will have to change our lives, and take the gospel seriously. Clark H. Pinnock in *Set Forth Your Case*

Cortesía de Louise Midwood.

El primer número de *Table Talk*, editado por Tim y otros estudiantes de Gordon-Conwell, incluyó su artículo «*Hermeneutical Nestorianism*», que criticaba duramente a dos profesores de Nuevo Testamento.

Cortesía de Louise Midwood.

David Midwood (izquierda) se unió a Tim en la fundación del Club de fans de Edmund P. Clowney en Gordon-Conwell. David fue uno de los amigos más cercanos de Tim y falleció de cáncer de colon en 2014.

Seminario Teológico Gordon-Conwell. Utilizada con permiso.

Tim regresó a su *alma mater*, Gordon-Conwell, para dar el discurso de convocatoria en la primavera de 2016. Para entonces, se había convertido en un líder eclesiástico de renombre mundial, en contraste con sus días de estudiante inteligente subestimado.

Tim y Kathy se unieron a más de diecisiete mil jóvenes cristianos en Urbana '76, la cual contó con oradores como Billy Graham, John Perkins, Edmund Clowney, Elisabeth Elliot y Helen Roseveare. John Stott dio cuatro exposiciones sobre la base bíblica de las misiones.

Cortesía de Urbana, conferencia de la misión estudiantil InterVarsity.

Cortesía de Urbana, misión estudiantil InterVarsity.

John Stott proporcionó a Tim su primer modelo de predicación expositiva. Para Keller, Stott hizo más que cualquiera en la creación del evangelismo como el espacio intermedio entre el fundamentalismo y el liberalismo.

Virginian-Pilot/TCA.

Hopewell, Virginia, se convirtió en el centro de un escándalo medioambiental justo antes de que los Keller llegaran a esta antigua sede de una fábrica de dinamita de DuPont. Los tres hijos de los Keller nacieron en Hopewell.

El escaso sueldo de Tim en Hopewell no incluía un presupuesto para libros. Pero amigos y familiares le regalaron títulos de *Banner of Truth* para Navidad, y los leyó durante todo el año siguiente. Entre sus autores favoritos estaban Thomas Brooks, John Owen y Charles Spurgeon.

Folleto de verdadera confianza. Utilizado con permiso.

Colección especial. Librería Montomery, Seminario Teológico de Westminster.

Tim (fila de atrás, tercero a la izquierda) se incorporó al cuerpo docente del Seminario Teológico Westminster en 1984 y se hizo cargo de los cursos de predicación y liderazgo pastoral de su mentor Edmund Clowney.

Colección especial. Librería Montomery, Seminario Teológico de Westminster.

Harvie Conn fue el director del departamento de teología práctica de Tim en el Seminario Teológico Westminster. El énfasis de Conn en la contextualización preparó el camino para que su colega Keller plantara una iglesia en el centro de la ciudad de Nueva York.

Jack Miller fue pastor de Tim y Kathy durante cinco años, de 1984 a 1989, en la iglesia presbiteriana *New Life* de Glenside, Pensilvania. Antes de que los Keller fundaran *Redeemer* en Nueva York, *New Life* les mostró cómo una cultura de renovación evangélica se aplicaba a la justicia social, el culto, la evangelización y las misiones.

Serge (antes World Harvest Mission)

STOCKFOLIO® /Alamy Stock Photo.

En los años setenta y ochenta, Nueva York tenía fama de ser una ciudad con altos niveles de delincuencia, lo que disuadía a muchos cristianos de trasladarse allí para evangelizar y fundar iglesias. Los primeros miembros de *Redeemer* oraron por la renovación de la ciudad y creyeron que sus oraciones fueron escuchadas cuando la ciudad prosperó en los años noventa.

dpa picture alliance / iStockphoto.com

En junio de 1989, los Keller se trasladaron a Roosevelt Island, en East River, y nunca han cambiado de apartamento. Encontraron en la isla un lugar relativamente tranquilo para criar a su familia.

El silencio descendió sobre Nueva York tras la cacofonía inicial de aviones estrellándose, torres derrumbándose y ambulancias recorriendo las calles. Poco después de los atentados del martes, la mente de Tim se centró en su mensaje dominical, que fue escuchado por casi el doble de la asistencia habitual en *Redeemer*.

dpa picture alliance / Alamy Stock Photo

Kathy Keller supervisó el folleto de recaudación de fondos de lo que más tarde sería la Iglesia Presbiteriana *Redeemer*, aquí se mostraba la oportunidad de ejercer el ministerio en esta capital de las finanzas, la educación, la política y el arte.

The leader of the PCA's church planting project in New York is Timothy Keller. A graduate of Bucknell University (B.A., 1972), Gordon-Conwell Theological Seminary (M.Div., 1975), and Westminster Theological Seminary (D.Min., 1983), Dr. Keller has had a creative and productive ministry. He began his ministry career while still in seminary as an associate staff member of Inter-Varsity Christian Fellowship. During a nine-year pastorate in Virginia, Dr. Keller saw his own church triple in size, and supervised the successful planting of 24 churches in the middle Atlantic states.

For the past five years Tim Keller has been a professor at Westminster Seminary, teaching communication, ministry and leadership. While in Philadelphia, he was involved in ministries to the business, homosexual and Muslim communities; to urban singles; and to college, graduate and foreign students. He has also been involved with several other church planting projects in the Philadelphia and New York areas. Dr. Keller has served as the Director of Mercy Ministries for Mission to North America. He also chaired the steering committee of Tenth Presbyterian Church's ministry to AIDS victims in Philadelphia.

Dr. Keller's latest book, *The Ministries of Mercy*, calls churches to obey Jesus' command to minister to the needy in their communities. Tim, his wife Kathy, and their three sons will live in Manhattan.

What can you do? You may live in New York Cit within reach of one of our congregations. In that case, we invite you to join us if you are not committed now to an evangelical church. Contact us discuss the details of the vision we have outlined

You may be able to contribute financial resource personally, or to encourage your congregation to do so. Financial cost is an unavoidable ministry issue in New York. The expense of working and living in the city has discouraged many churche and ministers from laboring here. We need a gre deal of financial support, but the spiritual retur of this project will dwarf the expenses.

You can pray for us and with us. On September 1857, a lay minister on Fulton Street in downtow Manhattan started a noontime prayer meeting f spiritual revival. Though only six people came t day—and all of them half an hour late!— by the following year, more than 10,000 businessmen i New York were praying together daily, the churches were overflowing, and the New York press was flabbergasted. In the next two years, over one million people were converted across United States as a direct result of that prayer meeting. What more could we accomplish if yo remember to pray for God's work in New York City? We invite you to join us.

Cortesía de Kathy Keller.

Cortesía de Yvonne Sawyer.

Yvonne Sawyer (la novia de blanco) fue la primera líder de *Hope for New York*, el ministerio de misericordia de *Redeemer*. Tim predicó su famoso mensaje «La chica que nadie quería» en la única ceremonia de boda que incluyó en un servicio regular.

Cortesía de *Redeemer Presbyterian Church West Side.*

Cuando la Iglesia Presbiteriana *Redeemer* inauguró las instalaciones W83 de 50 millones de dólares en 2012, era el primer edificio nuevo que una iglesia de Manhattan levantaba en cuarenta años.

Coalición por el evangelio. Utilizada con permiso.

Como cofundador y vicepresidente de *Coalición por el evangelio*, Tim redactó su visión teológica del ministerio, que fue debatida y adoptada por el pleno del consejo de pastores en una reunión celebrada en 2007, en el campus de la *Trinity Evangelical Divinity School*, al norte de Chicago.

Coalición por el evangelio. Utilizada con permiso.

Tim y Kathy comparten un momento alegre mientras participan en un panel sobre los roles y dones de hombres y mujeres durante la conferencia de mujeres de *Coalición por el evangelio* de 2014 en Orlando, Florida.

Durante la conferencia nacional de inauguración de *Coalición por el evangelio* en 2007, Tim dio un mensaje sobre el «ministerio centrado en el evangelio» en el que exaltó a Jesucristo como «el verdadero y mejor» cumplimiento del plan redentor de Dios.

Coalición por el evangelio. Utilizada con permiso.

dpa picture alliance/ Alamy Stock Photo.

Charles Taylor se convirtió en una influencia fundamental en el pensamiento, la escritura y la enseñanza de Tim después de 2013. Keller leyó el grandioso libro de Taylor «Una era secular» dos veces, línea por línea, en dos años.

Gospel in Life. Utilizada con permiso.

El diagnóstico de Tim, de cáncer de páncreas en 2020, junto con la pandemia de COVID-19, lo mantuvo en gran medida, junto a Kathy, confinado en su casa de Roosevelt Island. Desde el seminario, los Keller no habían pasado tanto tiempo juntos, y Tim siguió recomendando sus libros favoritos, nuevos y antiguos.

Tim (izquierda) se juntó con el autor Collin Hansen en la Universidad de Samford en Birmingham, Alabama, después de las conferencias sobre el ministerio pastoral, la fe y el trabajo el día de las elecciones, 8 de noviembre de 2016.

Cortesía de Collin Hansen.

los fundamentalistas perdieran la batalla en la Iglesia Presbiteriana en el norte. Debido a que Clowney ministraba en una iglesia en Connecticut, obtuvo su posgrado en Teología Sagrada en Yale Divinity School, donde estudió sobre Søren Kierkegaard. Más adelante, dirigió iglesias en Nueva Jersey e Illinois y recibió su título honorario de doctor en divinidades en la Universidad Wheaton en 1966, mientras la Guerra de Vietnam se enrudecía.

Clowney había enseñado Teología práctica en Westminster desde 1952. Luego en 1966, fue elegido el primer presidente de Westminster, una posición nueva creada por el seminario para poder ser acreditados por la Asociación de Universidades Teológicas.[4] Clowney ocupó ese cargo hasta su retiro en 1984, cuando Westminster contrató a un joven pastor de Hopewell, Virginia, para tomar los cursos de predicación y enseñanza pastoral que él enseñaba.

Aunque mucho de lo que se conoció como predicación centrada en Cristo le sería atribuido a Clowney, él se apoyó en el legado de la teología reformada del pacto y en particular en la obra de Geerhardus Vos, a la vez que hallaba conexiones en la obra redentora de Dios a lo largo del Antiguo y Nuevo Testamento.[5] En 1892, Vos fue nombrado el primer profesor de teología bíblica del Seminario Teológico Princeton. Se negó a unirse a Machen para formar Westminster y se retiró en 1932. Dos años después, publicó el clásico: *Teología Bíblica del Antiguo y Nuevo Testamento* y Clowney aplicó los puntos de Vos cuando enseñaba a sus estudiantes y a los pastores en Westminster.

Clowney lo llamó «el despliegue de la historia» o misterio, la trama de toda la Biblia. Los cristianos pueden crecer aprendiendo muchas historias bíblicas aisladas, pero nunca llegar a conocer toda la historia de la Biblia y cómo todo encaja.[6] Creemos que Sansón es una especie de historieta como Superman y que David es un pequeño niño valiente y un ejemplo de cómo podemos derribar los gigantes en nuestras vidas. No obstante, cuando a estas historias se las aísla de su lugar en «el despliegue de la historia» de la redención, nos perdemos el carácter de Dios, quien libera a Su pueblo cuando claman a Él en arrepentimiento y fe.[7]

Según el teólogo J. I. Packer, Edmund Clowney ayudó a rescatar la predicación de Cristo en el Antiguo Testamento. Si una generación anterior se tomó libertades con el texto e insertó a Cristo donde no debería estar en el Antiguo Testamento, una generación posterior ni siquiera lo buscaba.[8] Clowney no estaba solo en esta misión. Otra gran influencia para Keller en el estudio de la teología bíblica fue Alec Motyer, a quien Keller oyó durante el verano entre Bucknell y Gordon-Conwell, cuando R. C. Sproul recibió a Motyer en su charla semanal en el Centro de Estudios Ligonier Valley. En ese momento, Keller, aún joven en su fe, no sabía qué hacer con el Antiguo Testamento y no disfrutaba leerlo.

En la Charla, Sproul le hizo una pregunta a Motyer sobre Israel y la iglesia en el Antiguo Testamento. Algo clave en la teología bíblica es identificar la continuidad y discontinuidad entre el Antiguo y el Nuevo Testamento. Motyer estableció la continuidad entre el pueblo de Dios en su testimonio de salvación, antes y después de Jesús. Con su acento irlandés, brindó un ejemplo de lo que incluiría un testimonio hebreo y desafió a la audiencia a remarcar cualquier contraste con su propio testimonio cristiano.

> Estábamos en una tierra extranjera, en esclavitud, bajo sentencia de muerte, pero nuestro mediador, el que se pone entre Dios y nosotros, vino hacia nosotros con la promesa de liberación. Confiamos en las promesas de Dios, nos refugiamos en la sangre del Cordero y Él nos liberó. Ahora estamos en camino a la tierra prometida. Aunque, por supuesto, no hemos llegado, la ley nos guía y, por medio de la sangre del sacrificio, también tenemos Su presencia entre nosotros. Así que Él se quedará con nosotros hasta que lleguemos a nuestro país verdadero, nuestro hogar para siempre.[9]

Keller no podía creer lo que oía. Siempre había creído que los creyentes del Antiguo Testamento eran salvos por obedecer la ley, al contrario que en el Nuevo Testamento, donde llega la invitación a la fe. Escribió: «Este pequeño experimento mental me mostró, de repente, no solo que los israelitas habían sido salvos por gracia y que la salvación de Dios siempre había sido por medio de una costosa expiación y gracia, sino también que la búsqueda de la santidad, el peregrinaje, la obediencia y la comunión íntima deberían caracterizar a los cristianos».

Keller acredita esta y muchas otras perspectivas a Motyer y Clowney y los llama «los padres de mi ministerio de predicación».[10]

Si la perspectiva de Motyer golpeó a Keller como un relámpago durante ese verano, entonces las conferencias de Clowney de esa próxima primavera serían para Keller como una tormenta eléctrica.

El club de admiradores

La historia de Westminster trae una buena cantidad de luz sobre los motivos por los que Gordon-Conwell invitó a Edmund Clowney para dirigir las prestigiosas conferencias Staley en 1973.

Al igual que el Seminario Teológico Fuller en California, Gordon-Conwell apuntaba al entrenamiento de los estudiantes en un contexto interdisciplinario y evangélico. Muchos de los graduados fueron a servir en congregaciones con visión protestante tradicional. La visión original de Charles Fuller en 1947 había sido recuperar la visión tradicional, perdida en la década de 1930, en la época en que J. Gresham Machen fundó Westminster. Sin embargo, al poco tiempo, Fuller comenzó a caer en algunas de las mismas perspectivas sobre la autoridad bíblica que habían frustrado a Machen antes de lanzar la Iglesia Presbiteriana Ortodoxa. Gordon-Conwell también formó estudiantes tradicionales, como Kathy Kristy. Cuando Tim Keller se opuso a las deficiencias hermenéuticas de sus profesores de Nuevo Testamento, fue porque Gordon-Conwell se enfrentaba con algunas de las mismas controversias que Fuller.

Para algunos, Gordon-Conwell representaba varios de los mismos problemas que Machen había identificado y que lo habían movido a fundar Westminster. Muchos profesores de Westminster preferían que la universidad fuera pequeña (esta tan solo contaba con sesenta estudiantes, o menos, cuando llegó Clowney) para entrenar a los futuros líderes de la Iglesia Presbiteriana Ortodoxa. No obstante, la visión de Clowney era mayor. Él consideraba Westminster como el sucesor de los días de gloria de Princeton en el siglo XIX, cuando estudiantes de todas las denominaciones se veían atraídos por los mejores defensores de la ortodoxia reformada. Su meta fue ver crecer Westminster y el Movimiento de Jesús se conformó a la visión. Las inscripciones aumentaron rápidamente a unas 300 y 400 al inicio de la presidencia de Clowney y a unas 600 al final.[11] Sin duda, ayudó que Clowney hablara ante 15 000 jóvenes cristianos en Urbana, en 1973, el mismo año que dio una conferencia en Gordon-Conwell sobre predicar a Cristo a través de toda la Escritura.

Las conferencias causaron un gran impacto en Tim Keller y Kathy Kristy, estudiantes de primer año. Sin embargo, lo que despertó su admiración no fue su dinámica de enseñanza, sino que cuando lo oyeron unir todos los puntos de la teología bíblica, no supieron si gritar «Aleluya» o llorar.[12] Estas conferencias contribuyeron al menos con tres o cuatro bases filosóficas vitales al emergente ministerio de Keller. Millones de cristianos han escuchado y leído a Keller exponer sobre cómo la predicación centrada en Cristo cambia el corazón, en contraposición con la enseñanza moralista que solo confronta la voluntad. Sin embargo, no muchos saben que él aprendió estas diferencias de Clowney, comenzando en esa primera semana de 1973.[13]

Hasta 2021, las enseñanzas de Clowney se mantuvieron intactas en el archivo de cintas de Gordon-Conwell. Sin embargo, como parte del proceso de redacción de este libro, se digitalizaron y los Keller las escucharon nuevamente por primera vez desde que tenían veintidós años. Muchos han escuchado la clase de predicación del Clowney que él y Keller dirigieron para los estudiantes del Doctorado en Ministerio en el Seminario Teológico Reformado en la década de los noventa. No obstante, en las conferencias de Staley, suena más vibrante y juvenil, y casi como Don Knotts, excepto que con una unción poco común.

El juramento de Dios

Clowney se percató de que, en nuestra búsqueda de héroes morales en el Antiguo Testamento, incluso los ejemplos positivos nos generan inquietud. ¿Qué se supone que debemos aprender del suicidio de Sansón? ¿Deberíamos orar los salmos imprecatorios? ¿Debemos imitar la conquista que hizo Josué en Jericó?[14] Ese es el problema con la moralización del Antiguo Testamento. Cuando miramos a los grandes héroes de la fe, parece imposible que alguien agrade a Dios. Y, a medida que el Antiguo Testamento avanza, las promesas de Dios parecen ser cada vez más imposibles de cumplir. Tan solo miremos al hijo de la promesa de Abraham. El cumplimiento llegó meses o años después que la promesa, pero Dios cumplió Su palabra.

«La cumplió cuando era ridículamente imposible», proclamó Clowney. Keller luego conectó su teología bíblica con la descripción de la historia del evangelio de J. R. R. Tolkien como *eucatástrofe*. «Esa imposibilidad, esa tensión, esa alta incompatibilidad entre la promesa de Dios y la forma en que el ser humano ve la realidad *siempre* ha sido el espacio de la fe. Esta *es* la medida de fe: vivir entre el tiempo de la promesa y su cumplimiento, cuando parece algo totalmente imposible».

Dios trabajó de la misma forma en el exilio de Judá. El Espíritu de Dios levantó un gran ejército de un montón de huesos secos. Clowney explicó a sus estudiantes que toda la estructura de la historia de la salvación se trata de Dios haciendo lo imposible. Él es el Dios que dice a la virgen que dará a luz a Su único Hijo. Camus se queda completamente corto del verdadero absurdo de Dios, que cumple Sus promesas al venir Él mismo a salvar a Su pueblo.

Las conferencias de Clowney combinaban teología bíblica, histórica, sistémica y práctica sin una delimitación clara. Llenas de detalles bíblicos y teológicos, llegaban a un punto de ebullición al acercarse el cumplimiento de Cristo, cuando borboteaban con volumen e intensidad.

La conferencia de Clowney sobre el juramento de automaldición de Dios comenzó con la historia de Isaac, el hijo escogido y amado de la promesa. En Génesis 22, Dios ordenó a Abraham que ofreciera en sacrificio a su hijo. Cuando este obedeció en fe, Dios demostró gracia al proporcionar un carnero, atrapado en un zarzal, como sustituto aceptable.

Luego, Clowney volvió a otro pasaje sobre el sacrificio, Génesis 15, para ilustrar la intensificación de la promesa de Dios en un juramento de automaldición. Abraham cortó a los animales en pedazos y los colocó sobre el suelo. Luego, una antorcha de fuego pasó entre esas partes. Esta fue la aparición visible de Dios mismo.

Comprendemos el significado cuando leemos Jeremías 34:18-19. Los juramentos que se realizaban de esta forma comprometían hasta la muerte a ambos participantes, que serían cortados en pedazos como los animales si no cumplían su parte. «Ahora bien, Dios, al comprometerse a sí mismo en su pacto con Abraham —explicó Clowney—, asume este juramento de forma particularmente vívida y pone en la línea Su propia vida y existencia contra el cumplimiento de la promesa que le hizo a Abraham».

Clowney luego fue a Éxodo 17 y al golpe que Moisés le dio a la roca. Alegó que la historia merecía más atención de parte de los predicadores porque Dios prometió estar delante de Moisés cuando golpeó la roca en Horeb. Ahora bien, ¿por qué es esto tan importante? Porque en ningún otro pasaje del Antiguo Testamento se presentó Dios ante el hombre. Clowney argumentó que ¡esto significaba que Dios había sido acusado de romper Su pacto! «Para citar la frase de C. S. Lewis, aquí está Dios en el banquillo —dijo Clowney—. Aquí está Dios en el lugar del acusado».

¿Es de extrañar que Moisés se metiera en tantos problemas cuando golpeó la roca por segunda vez después de que la gente se quejara de sed? Dios no estaba realizando un truco al sacar agua de la roca, sino que estaba ilustrando quizás el punto más importante de todo el Antiguo Testamento. Como Clowney explicó:

> En este pasaje, Dios se identifica con el pecado de la gente. No hay otra explicación. ¿Cómo puede haber justicia? La gente quiere un caso judicial, pero ¿cómo se puede tener un tribunal con el Dios de justicia y seguir adelante? ¡Tiene que haber justicia! ¡La vara tiene que caer! ¡La sentencia tiene que ser pronunciada! Y aquí, Dios recibe la herida para que Israel pueda ser libertado y perdonado. Así que, verán, creo que hay un tema en el Antiguo Testamento, un tema muy profundo, un tema del que a menudo se hace eco: el tema de la identificación de Dios con Su pueblo, y es que, en cierto sentido, Dios lleva sobre sí sus golpes.

En referencia a Isaías 63:9, Clowney dijo que el Antiguo Testamento da un modelo para la aflicción de Jesucristo. Vemos Su sufrimiento en las imágenes del hijo, del cordero e, incluso, de Dios mismo como la roca.[15]

Inspirado por estas conferencias, Keller mismo tomaría el tema del autosacrificio de Dios para hacerlo el punto cúlmine de incontables sermones. De hecho, argumentaba que el único amor real que cambia las vidas es el sacrificio sustitutivo:

> Allí es donde el Dios de la Biblia difiere de forma más radical de los antiguos dioses primitivos. En la antigüedad se entendía la idea de la ira de Dios, de la justicia, de la deuda y del castigo necesario, pero *no tenían ni idea de que Dios vendría a pagar Él mismo.* La cruz es la auto sustitución de Dios [...].

> Dios creó el mundo en un instante y fue un proceso hermoso. Él *volvió* a crear el mundo en la cruz... y fue un proceso horrible. Así funciona. El amor que en verdad cambia y redime las cosas siempre es un sacrificio sustitutivo.[16]

Clowney lamentaba que solo algunos predicadores llegaban a vislumbrar un poco del espectro completo de colores del testimonio de Cristo en el Antiguo Testamento.[17] Muchos ni siquiera conocen demasiado el trasfondo del Antiguo Testamento. Keller con frecuencia nombraba en sus sermones y luego en sus libros a Robert Alter, un erudito y profesor de estudios judíos de la Universidad de California en Berkeley, ya que, por medio de él, Keller descubrió algunos de los misterios del contexto de Israel. Alter ayudó a Keller a explicar el contexto inmediato de la Biblia hebrea antes de avanzar al cumplimiento de la salvación en Cristo.

A Clowney le preocupaba que los predicadores tomaran cualquier cosa que, de alguna manera, pudieran relacionar con Jesús. En cambio, debían trabajar para ser específicos con los eventos y la estructura de la historia de salvación y con la forma en que estas apuntan hacia Jesús como punto culminante, cumplimiento y unión de la fe y la gracia. Él quería que los predicadores y que cada cristiano que los oyera vieran que Génesis 22 prepara el escenario para Juan 3:16, de manera que pudieran comprender el precio que pagaría el Padre en el sacrificio de Su Hijo.

Cuando Keller hablaba, como solía hacerlo, sobre el sufrimiento de Cristo por el abandono del Padre, repetía la enseñanza de Clowney sobre el Salmo 22 en Gordon-Conwell. No hay sufrimiento que se pueda comparar con el que soportó Cristo en el momento en el que de Sus labios agonizantes se oyó: «Dios mío, Dios mío, ¿por qué me has desamparado?».

«En ningún otro se halla el contraste que nuestro Señor experimentó, entre la plena confianza y el conocimiento de toda la bondad y la misericordia del Señor y el completo horror del abandono de Dios

—remarcó Clowney—. Solo Jesucristo confiaba por completo en el Señor y solo Jesucristo tenía una fe completa, perfecta e inquebrantable. Y fue Él, que lo único que hizo fue confiar, quien fue completamente abandonado».[18]

Clowney era consciente de que podrían acusarlo de enseñar doctrinas complejas, pero no era ajeno a las controversias teológicas. Solía terminar sus retiros en InterVarsity charlando con sus estudiantes sobre la doctrina de la elección hasta tarde en la noche. Clowney unió la piedad con la predestinación cuando les dijo a los estudiantes de Gordon-Conwell que solo podemos comprender la doctrina sobre nuestras rodillas, delante del Señor. Por medio de la oración, podemos alabar lo que no preferimos. Clowney explicaba:

> Oh, amigos, no podemos ir a Dios con ofertas de enmienda con referencia a Su plan de salvación. No podemos ir con sugerencias. El consejo eterno de Dios no ha sido delegado a subcomités, sino que ¡es del Señor! Y Él tiene sus propósitos, su diseño y Él los cumplirá. Le pertenece a Él, y es por medio de Él. ¡El único rey de salvación es Él![19]

Clowney rogaba a los estudiantes que se especializaran en predicar a Cristo. Les advirtió que no se detuvieran en modas pasajeras sobre lo nuevo, lo relevante y lo llamativo. Les instó a que buscaran el despliegue de la historia. Clowney concluyó que el único límite es la plenitud de Cristo.[20]

También les dijo a los estudiantes de Gordon-Conwell que debían predicar a Cristo como principio, que lo buscaran desde Génesis hasta Apocalipsis, porque sabemos que está ahí. Si está en el Antiguo Testamento, nos dice algo sobre la historia de la salvación y, ya que nos enseña sobre la salvación, nos muestra a Cristo.

«Y si pueden ver eso —dijo Clowney—, todo cambia».[21]

Esto en verdad fue cierto para Tim Keller.

Verdadero y mejorado

Edmund Clowney también desafiaba a los estudiantes a acercarse a la Biblia con corazones quebrantados por sus pecados y humillados al reconocer su hipocresía. Otros estudiantes atestiguaban su espíritu de gracia, debido a su amor por Cristo.[22] Clowney decía que el temor del Señor produce sabiduría y que Jesús es el verdadero Salomón, porque nunca sucumbió a la lujuria de este mundo.[23] Él motivó a los estudiantes de Gordon-Conwell a observar y buscar el mensaje que sobresale desde Génesis hasta Apocalipsis. La historia de la Biblia no trata de cómo podemos ser sabios como Salomón, sino que ¡trata de Dios! Solo el poder de Dios puede salvar.[24]

Como Keller lo diría luego, dándole crédito a Clowney, la Biblia se trata de lo que nosotros debemos hacer o de lo que ya hizo Jesús.[25] En 2007, cuando Keller dio su primer discurso público para Coalición por el Evangelio (TGC, por sus siglas en inglés), aún estaba ampliando lo que había aprendido de Clowney, cuando tenía veintidós años.

«¿Creen que la Biblia, en esencia, se trata de ustedes o de Él?» les preguntó a quinientos líderes en la capilla del Seminario de Divinidad Evangélica Trinity, al norte de Chicago.

> ¿La historia de David y Goliat se trata en esencia de ustedes y de cómo ser como David? ¿O se trata en esencia de Jesús, el que se enfrentó a los únicos gigantes que en verdad pueden destruirnos y cuya victoria nos fue imputada? ¿De quién se trata en verdad? Esa es la pregunta clave. Y cuando se preguntan eso, comienzan a ver la Biblia desde una nueva perspectiva.[26]

Keller cofundó TGC con el erudito neotestamentario D. A. Carson y fue su vicepresidente por más de una década. Su enseñanza en TGC sobre un ministerio centrado en el evangelio popularizó un tema que inspiró a toda una nueva generación a predicar de la forma en que le enseñó Clowney. En 2001, Keller habló por primera vez en la Iglesia Presbiteriana Redeemer sobre el cumplimiento «verdadero y mejorado» del plan de redención de Dios cuando lo comparamos con cualquier otro desde Adán hasta Abel, Isaac, José, David, Ester y Job. «Todo apunta a Jesús», remarcó.[27] Repitió esta frase original en 2004, en Redeemer, antes de dar ese mismo mensaje a una audiencia de líderes de TGC en 2007.

Keller explicó que la diferencia entre una conferencia y un sermón es el instinto de asegurarse que todo apunta hacia Cristo, quien genera alabanza. Sus palabras sobre Moisés recuerdan de forma clara a las charlas de Clowney en Gordon-Conwell:

> Jesús es el Adán verdadero y mejorado, que pasó la prueba en el huerto, un huerto mucho más difícil, y cuya obediencia fue imputada a nosotros.
>
> Jesús es el Abel verdadero y mejorado, que fue asesinado aunque era inocente y cuya sangre clama, no para nuestra condenación, sino para nuestra absolución.
>
> Jesús es el Abraham verdadero y mejorado, que respondió el llamado de Dios de dejar la comodidad y la familiaridad para ir hacia el vacío, sin saber adónde iba.
>
> Jesús es el Isaac verdadero y mejorado, que no solo fue ofrecido por su padre en el monte, sino que fue sacrificado por todos nosotros. Lo que Dios le dijo a Abraham: «Ahora sé que me amas porque no me rehusaste a tu hijo, tu único hijo a quien amas», ahora nosotros, a los pies de la cruz, podemos decirle a Dios: «Ahora sé que me amas porque no me rehusaste a tu hijo, tu único hijo a quien amas».
>
> Jesús es el Jacob verdadero y mejorado, que luchó y tomó el golpe de la justicia que merecíamos, para que nosotros, como Jacob, solo recibamos las heridas de la gracia que nos despiertan y nos disciplinan.
>
> Jesús es el José verdadero y mejorado, que se sienta a la mano derecha del Rey y perdona a los que lo rechazaron y vendieron y usa su poder para salvarlos.

> Jesús es el Moisés verdadero y mejorado, que se pone en la brecha entre Dios y el pueblo y obra como mediador de un nuevo pacto.
>
> Jesús es la roca de Moisés verdadera y mejorada quien, cuando fue golpeado por la vara de la justicia de Dios, nos da agua en el desierto.
>
> Jesús es el Job verdadero y mejorado, que se convirtió en un sufriente de verdad inocente y ahora intercede por sus necios amigos y los salva.
>
> Jesús es el David verdadero y mejorado, cuya victoria se convierte en la victoria del pueblo, aunque nunca levantaron ni una piedra para lograrlo por sí mismos.
>
> Jesús es la Ester verdadera y mejorada, que se arriesgó, no solo a perder un palacio terrenal, sino uno celestial, que no solo arriesgó su vida, sino que la entregó, y que no solo dijo: «Si perezco, que perezca», sino: «Cuando perezca, lo haré para salvar a mi pueblo».
>
> Jesús es el Jonás verdadero y mejorado, que fue lanzado en la tormenta para que nosotros podamos ser rescatados.
>
> Jesús es el cordero de la Pascua verdadero y mejorado.
>
> Jesús es el templo verdadero y mejorado, el profeta verdadero, el sacerdote verdadero, el sacrificio verdadero, el cordero verdadero, la luz verdadera, el pan verdadero.[28]

Cuando Keller vio a Jesús a través de los ojos de Clowney, encontró a su Salvador por doquier. Según Tremper Longman, amigo de Keller, leer la Biblia es como mirar *Sexto sentido*. El final de la película lo lleva a ver todo desde el inicio de nuevo, con ojos diferentes al comenzar otra vez.

El Dios pródigo

No es difícil llegar a los orígenes de las ideas de Tim Keller, pero él hace mucho más que solo repetir las palabras de otros. Cuando estas ideas aparecen en su propia predicación y escritura, ya han sido expandidas y modificadas de forma tal que se vuelven originales. En su mensaje más amado, que aparece en su libro *bestseller* de 2008, *El Dios pródigo,* dedicado a Edmund Clowney, vemos este patrón de forma más evidente que en ninguna otra parte. Keller nunca pretendió que la interpretación de la parábola de Lucas 15 fuera suya. Admitió que la oyó primero de Clowney en Gordon-Conwell en las conferencias Staley en 1973.

Clowney enseñó que los predicadores deberían buscar a Jesús en sus parábolas y que, cuando lo hacemos, vemos que la que se conoce como la parábola del hijo pródigo en Lucas 15 no es sobre el hermano menor, sino sobre el hermano mayor. El blanco de esta parábola de Jesús son los fariseos y los maestros de la ley, ya que al igual que el hijo mayor, no comprenden la misericordia del Padre. El hijo mayor no sale a buscar al menor cuando se va de casa. Lo que es peor, el hermano mayor ni siquiera desea celebrar cuando su hermano regresa. La gracia y la misericordia ofenden su sentido de justicia.

¿Entonces por qué relató Jesús esta historia? Clowney explicó que Jesús se revela a sí mismo como el verdadero hermano mayor. Comió con cobradores de impuestos y pecadores. Buscó a los perdidos entre los cerdos sucios. «Porque vino a buscar y salvar lo que se había perdido, porque es el buen pastor que busca a Sus ovejas, porque es el hermano mayor que trae a casa a Su hermano menor».[29]

Clowney sostiene que, en otras palabras, la parábola no nos habla de cómo se salva la gente. «Porque nadie regresa a casa luego de estar en la pocilga, a menos que tenga el brazo de su hermano mayor sobre su hombro».

Cuando Keller oyó este mensaje, sintió que había «descubierto el corazón oculto del cristianismo» y, predicando esta parábola de Lucas 15 a lo largo de los años, vio «más personas motivadas, iluminadas y asistidas por medio de este pasaje, que por cualquier otro texto, cuando les explicaba su verdadero significado».[30]

Clowney mismo oyó a Keller predicar sobre esta parábola de Lucas 15 en 1998 mientras visitaba Nueva York.[31] Conforme a su patrón, Keller combinó las ideas básicas de Clowney con elementos que había adoptado de otros maestros. El semestre anterior a la visita de Clowney a Gordon-Conwell, Tim desarrolló su teología del avivamiento en el curso de Neumodinámica de Richard Lovelace. Keller notó que, cuando la iglesia recuperaba el evangelio y disfrutaba de un avivamiento, «la gente buena» que se enorgullece de su moralidad se va de la iglesia indignada. Mientras tanto, grandes cantidades de marginados acuden para oír el mensaje de la gracia. Jesús siempre fue más duro con los fariseos que con los rufianes y las prostitutas, al igual que fue más duro con el hermano mayor que con el menor de Lucas 15.

«No dice solo que el hermano mayor esté tan perdido como el menor —predicó Keller—. Esta historia de hecho nos dice que el hermano mayor está *más* perdido que el menor». Entonces, cita a su amigo John Gerstner, el erudito de Jonathan Edwards de Pittsburgh, que dijo: «Lo que realmente nos separa de Dios no es tanto el pecado, sino nuestras malditas buenas obras».

Keller explicó que no somos cristianos por obedecer la voluntad de Dios. Somos cristianos porque obedecemos la voluntad de Dios por las razones correctas. Amamos a Dios porque Él nos amó primero. La influencia de Jonathan Edwards ayudó a Keller a huir del modo de predicación que solo explica el texto, ofrece una aplicación y exhorta a los cristianos a vivir de cierta forma con la ayuda de Dios. La influencia de Edwards, combinada con Clowney, le enseñó a Keller a resaltar la fidelidad de Jesús donde nosotros hemos fallado. Por la fe en Cristo, vemos Su belleza y encontramos motivación del corazón para obedecer Su ley. No obedecemos en primer lugar porque temamos las consecuencias del pecado, sino porque no queremos entristecer a nuestro amado Señor.

«Lo que vuelve a uno miserable es su propia bondad —proclamó Keller—. Esa bondad es la que se encuentra en el centro de todos los problemas. Es su justicia propia. La justicia propia es la causa del racismo, del clasismo y de tantas rupturas familiares».[32]

Y es también la causa, según él, del estancamiento en las iglesias. Mientras que Jesús atraía a los de afuera y ofendía a los de adentro, las iglesias actuales suelen hacen lo opuesto. Las personas moralistas y justas a sus propios ojos saben que tienen que estar en la iglesia, pero los marginados, que tienen una vida destrozada, no se sienten bienvenidos. En *El Dios pródigo,* Keller concluye que eso solo significa una cosa: no estamos predicando el mismo mensaje de Jesús en Lucas 15. Nos volvimos como el hermano mayor del que Jesús nos advirtió.[33] Al predicar este mensaje a su congregación presbiteriana en Nueva York, Keller los animó a encontrar su gozo en Cristo.

> No hay otra historia más perfecta y maravillosa que nos brinde todo el mensaje del evangelio que esta [...]. Si no hay danza, si no hay música, si no hay gozo en su vida es por una de dos razones: o, como el hijo pródigo, está dejando que su maldad lo separe de Dios o, como los fariseos, está dejando que su bondad se interponga en el camino. De algún modo u otro, está intentando controlarlo. No me importa cuán religioso sea. Si no hay gozo ni danza, usted aún no lo entiende.[34]

Más adelante, cuando Keller enseñó un curso de predicación en el Doctorado en Ministerio junto con Clowney, explicó cómo las conferencias Staley le habían abierto los ojos en cuanto a Lucas 15. Keller no plagió a su mentor. Clowney afirmó que Keller descubrió cosas que a él no se le habían ocurrido. Lo que diferencia a Keller de Clowney es la aplicación. Clowney solía dejar a sus oyentes con un sentido genérico de necesidad de Dios, ya que contrastaba el pecado del hombre con la gracia de Dios.[35] Sin embargo, Keller, influenciado por Lovelace, percibió el movimiento de las dinámicas espirituales del avivamiento.

Luego, Keller agregó otra dimensión a su aplicación de la teología bíblica de Clowney. Cuando se mudó a Filadelfia para reemplazarlo en el departamento de ministerio práctico, Keller se familiarizó con la consejería bíblica y, en particular, con el trabajo de David Powlison por medio de la Christian Counseling and Education Foundation (CCEF).[36] La CCEF, fundada por Jay Adams, laboraba del otro lado de la calle de Westminster y, más tarde, Keller se unió a Powlison y a su colega de la CCEF, Ed Welch, en la sesión de la Iglesia Presbiteriana New Life en Glenside, fundada por Jack and Rosemary Miller a inicios de los setenta.[37]

Si bien Clowney dio a Keller el instinto de buscar a Cristo en el texto, Powlison le dio las herramientas que necesitaba para aplicar el evangelio como un cirujano espiritual. El artículo fundamental de Powlison: «Idols of the Heart and "Vanity Fair"» («Los ídolos del corazón y "La feria de las vanidades"») materializa una gran parte de lo que Keller había leído en los puritanos sobre la consejería pastoral.[38] Y esta consejería fluyó hasta su predicación a medida que buscaba exponer los ídolos del corazón y de la cultura.

Una extraña combinación

Edmund Clowney falleció el 20 de marzo de 2005. Al escribir tres años después, Keller recordó a su único mentor personal por haberle enseñado que «era posible ser teológicamente correcto y completamente ortodoxo y aún amable en verdad, una extraña, pero preciosa combinación».[39]

En sus primeros años en Redeemer, Keller vio un avivamiento como lo esperaba cuando Clowney le enseñó sobre Lucas 15. Sus sermones alcanzaban tanto a los buscadores espirituales como a los fariseos en recuperación. Desafiaban a los hermanos menores y mayores por igual.

«Redeemer se convirtió en una iglesia para cristianos en recuperación, personas que se daban cuenta de que sus sueños no eran suficientes. Buscábamos una religión auténtica. En cada sermón, Tim volvía a explicar el cristianismo»,[40] aseguró Steve Arcieri, uno de los primeros miembros de Redeemer.

Keller añadiría muchas capas a su predicación junto con influencias adicionales en las décadas posteriores a la visita de Clowney a South Hamilton. Martyn Lloyd-Jones lo animó al reafirmar la necesidad de edificar y evangelizar en un mismo sermón. A través de ilustraciones vívidas, Jonathan Edwards lo ayudó a llegar al corazón y no solo a la mente. John Stott ejemplificó cómo se debe aplicar el texto a la cultura contemporánea. Keller escuchó tantos sermones de Dick Lucas que Kathy le advirtió que fuera cuidadoso, ya que parecería un loro.[41] Keller solía seguir un patrón en su lectura. Cuando encontraba sermones o libros de algún nuevo predicador (como Lucas), se zambullía tanto que adoptaba mucho de sus temas y cadencias. Así le ocurrió con Lucas, Whitefield, Lloyd-Jones y Sproul. Cuando tomaba nuevas obsesiones, mantenía parte de sus mejores perspectivas y las incorporaba a su repertorio de enseñanzas, como lo hizo con el estilo de exposición bíblica de Lucas. Cuando llegó a Nueva York, ya tenía tantas capas de influencias de grandes predicadores que los nuevos ya no tenían ese efecto controlador sobre él. En Nueva York, las diversas influencias se integraron en su inconfundible voz como predicador.

Dick Lucas fue el pastor de St Helen's Bishopsgate en Londres durante treinta y siete años, desde 1961. Inició el ministerio Proclamation Trust en 1986 con el fin de fomentar la predicación expositiva. Para Keller, que admitía ser un anglófilo, no había nada mejor que un predicador británico exponiendo la Palabra de Dios desde una iglesia que databa del siglo XIII, con bóvedas de 1480, más de medio siglo antes de la Reforma en Inglaterra.

En Lucas, al igual que en John Stott en All Souls, Langham Place, Keller halló modelos de ministerios fructíferos en el centro de la ciudad que se mantuvieron fieles a la ortodoxia cristiana histórica. St Helen's está a menos de 1,6 km (1 mi) de la Torre de Londres y a solo cinco cuadras del Puente de Londres en el Támesis. Lucas, Stott, e incluso Lloyd-Jones enfrentaban auditorios más seculares que ningún predicador estadounidense había visto aún y, por eso, Keller prefería oír esos sermones al prepararse para predicar en la secularidad de Nueva York.

Keller también adoptó el estilo de *lectio continua* que implementaban Lucas y Stott: predicar cada versículo de libros más cortos o capítulos seleccionados de libros más extensos.[42] La combinación de estas influencias guio a Keller mientras predicaba a Cristo en cada texto, aplicando el evangelio en formas específicas para llegar a las necesidades personales dentro de cada contexto cultural único y buscando la trasformación espiritual en vez de solo transferir información. Keller se percató de que a los grandes predicadores los caracterizaba una combinación de amor paciente y humildad junto con una gran valentía que viene de la autoridad espiritual enraizada en el poder de Dios.

A pesar de la influencia de una diversa variedad de predicadores, ningún otro lo moldeó tanto como Edmund Clowney. Ningún otro predicador demostró interés personal en él de la misma forma, lo que le dio la confianza para poder liderar una iglesia. Y fue él quien modeló a Keller para entrenar a las generaciones futuras para encontrar a Jesús en la Escritura, desde Génesis hasta Apocalipsis, y para verlo como el cumplimiento verdadero y mejorado de nuestras esperanzas más absurdas.

TRECE

«MOLDEADO POR EL EVANGELIO»

Seminario Teológico Westminster

1984 a 1989

Desde que su familia se mudó de Hopewell a Filadelfia en el verano de 1984, Keller sentía que estaba descansando, incluso con sus dos trabajos de medio tiempo, que en realidad parecían casi de tiempo completo. Durante la semana, Keller daba los antiguos cursos de predicación y liderazgo pastoral de Edmund Clowney en el Seminario Teológico Westminster. Los fines de semana, viajaba para brindar entrenamiento a las iglesias de la PCA sobre cómo tener un ministerio de misericordia a través de los diáconos. Aunque la carga era pesada, se sentía liviana en comparación con su tarea anterior de predicar tres sermones y visitar o aconsejar a entre diez y veinte personas por semana.

Sin embargo, ni siquiera dos trabajos podían pagar la hipoteca de la primera y única casa que los Keller compraron. Y por eso, Kathy tuvo que trabajar medio tiempo editando el plan de estudios de la escuela dominical de la editorial Great Commission Publications en un edificio compartido con las oficinas centrales de la Iglesia Presbiteriana Ortodoxa. Debido al trabajo de Kathy, era Tim quien debía hacerse cargo de alimentar, vestir y llevar a los niños al colegio. En Hopewell, Tim no tenía tiempo para este grado de asistencia práctica con sus hijos, que tenían uno, cuatro y seis años cuando se mudaron a Filadelfia.

Sin embargo, el trabajo en el seminario no solo le permitía pasar más tiempo con los chicos, sino que, para su alivio, también lo liberaba de la presión de preparar sermones transformadores para cada domingo. Incluso acompañar y aconsejar a los estudiantes se sentía liviano comparado con la carga pesada de evangelizar e intervenir en las crisis en Hopewell. Enseñar los mismos cursos año tras año le dio tiempo y espacio mental para leer con profundidad sobre liderazgo en la iglesia, consejería pastoral, evangelismo y predicación. El seminario incluso le requería que descansara de sus tareas de enseñanza para leer. A Tim no había que decírselo dos veces.

A pesar del alivio que sintió al alejarse del ministerio, Westminster no era el lugar ideal para hallar descanso. Algo de la cultura del seminario, desde que la fundó J. Gresham Machen en el oscuro año 1929, parecía fomentar la controversia, en especial entre los profesores. Cuando Keller llegó al campus, la universidad acababa de salir de una larga discusión sobre las perspectivas controversiales de Norman Shepherd acerca de la justificación. Sin embargo, el período de 1984 a 1989, e incluso hasta 1992, mientras Keller estuvo en la junta y siguió enseñando, fue de los más pacíficos de su historia. Keller tuvo una estrecha relación con muchos de los honorables profesores del seminario: Tremper Longman y Bruce Waltke en Antiguo Testamento, Sinclair Ferguson y Dick Gaffin en Teología, Moisés Silva y Vern Poythress en Nuevo Testamento.

La trayectoria que lo condujo a esta etapa de su vida comenzó veinte años antes, cuando él mismo aún estudiaba en Bucknell, con su mentor Ed Clowney.

Toda cabeza se inclinó

De puños cerrados a cabezas inclinadas.

Así describió Clowney el cambio que hubo desde el inicio del Seminario Teológico Westminster con su fundador, J. Gresham Machen, hasta la generación siguiente en mayo de 1969, durante la ceremonia del cuadragésimo aniversario. Martyn Lloyd-Jones marcó el acontecimiento del aniversario con el discurso de graduación y permaneció en el campus por seis meses, con el fin de brindar conferencias sobre la predicación.

Clowney, que se convirtió en el presidente del Seminario de Westminster en 1966, no admitió cambios en las creencias teológicas de la universidad. Sin embargo, capturó el espíritu de 1969 cuando exhortó a los alumnos a que predicaran un evangelio que desafía por igual a los antiguos reaccionarios y a los jóvenes revolucionarios:

> En los años próximos, Westminster debe ser moldeado por el evangelio de Cristo cada vez más. No hay otro camino más seguro o sabio.
>
> Eso requiere una sujeción activa y renovada al evangelio. Westminster debe evitar los efectos calcificantes de las tradiciones de los hombres que no expresan el evangelio. Existe un constante peligro de tomarnos en serio a nosotros mismos en vez de tomar en serio el evangelio. Una comunidad académica es especialmente vulnerable al tradicionalismo y al orgullo.[1]

Entonces, la suprema prioridad para Clowney era revisar el plan de estudios y resaltar la teología bíblica, que «toma su forma y contenido de la estructura de la Biblia. La teología bíblica se forma en los períodos de la historia de la redención centrados en Cristo. Esta mirada provee un entorno bíblico más rico para la teología sistemática y para la predicación».[2] Clowney remontaba la teología bíblica al Seminario Teológico Princeton y a Geerhardus Vos, que les enseñó a varios de los profesores fundadores de Westminster.

El siguiente paso en la renovación de Westminster por el evangelio, según Clowney, era unir la piedad con el aprendizaje. Sin embargo, no creía que ningún programa pudiera brindar lo que el seminario más necesitaba: un avivamiento a través del Espíritu Santo. «Un arrepentimiento más profundo, una confianza más urgente, una obediencia más fiel a los mandamientos de Cristo; estas claves marcan el camino del poder en el servicio en nuestro tiempo».[3]

Clowney también llamaba a una «aplicación fresca e inmediata del evangelio a nuestros tiempos». Explicó: «Nuestra tarea es presentar el mensaje del evangelio, preparar al mensajero del evangelio y hacerlo en el mundo contemporáneo».[4] Ratificó a D. Clair Davis por explicar los contextos sociales de la teología secular alemana. Elogió a Jack Miller por sus clases matutinas sobre literatura estadounidense e inglesa y por la manera en que ayudaban a que los evangelistas se conectaran con la mente moderna.[5]

Clowney siguió su agenda de tres pasos para el avivamiento por medio del evangelio como presidente de Westminster hasta 1984. Cuando se retiró, en la universidad decidieron ahorrar dinero y dividir sus cursos entre dos profesores. Harvie Conn, que se había unido a Westminster en 1972, se encargó de la asignatura de Clowney sobre la iglesia. Y las asignaturas de Clowney sobre ministerio, liderazgo y predicación recayeron sobre Keller. Más adelante, en su ministerio pastoral, Keller adaptó la visión de Clowney sobre el avivamiento mediante el evangelio en Westminster y la aplicó a las dos redes de iglesias que estaba ayudando a construir. Por medio del ministerio Redeemer City to City y de Coalición por el Evangelio, las prioridades de Clowney se extendieron a las generaciones que nunca recordarían sus años en Westminster. Clowney visualizó el futuro sin traicionar al pasado:

> Confiamos en que el Señor satisface nuestras necesidades a través de una mayordomía fiel [...]. Westminster ha defendido la infalibilidad de la Palabra y, al mirar hacia el futuro, buscamos un plan de estudios mucho más fuerte en la Palabra. Westminster ha defendido la fe reformada, las preciosas doctrinas de la gracia. Al mirar al futuro, buscamos ser formados de manera más completa por el evangelio de la gracia soberana y manifestar la piedad que es el fruto del Espíritu de Dios. (¡Necesitamos de sus oraciones!). Westminster ha defendido el reino de Cristo contra la tiranía del modernismo eclesiástico y del secularismo demoníaco. Al mirar al futuro, buscamos hacer aún más clara la verdad de Cristo en contra de los engaños de nuestra época.[6]

Clowney deseaba que los puños cerrados en la lucha contra los liberales teológicos se unieran para orar por un avivamiento. Ya sea que esa visión se haya cumplido en Westminster o no, nunca se apartó del corazón y de la mente de Tim Keller.

Puntos ciegos

A D. Clair Davis no le importó cuando los quince estudiantes de su pequeño grupo se redujeron a solo cinco o seis. Después de todo, lo mismo les sucedió a otros profesores. Mientras tanto, el grupo de Tim Keller aumentó a más de sesenta alumnos. Avergonzado por la atención, Tim se disculpó con Davis, pero no hacía falta. «Pude lidiar con eso porque el resto estaba en el mismo bote»,[7] comentó Davis.

Davis, que enseñaba sobre la teología de los sucesores de Jonathan Edwards, se juntaba con regularidad con Keller y con otros profesores como Tremper Longman para rendición de cuentas. Keller y Davis eran también miembros de la Iglesia Presbiteriana New Life en Glenside, Pensilvania, que fue fundada por Jack y Rose Marie Miller en 1974. Además de Longman y Davis, entre los años 1984 y1987 la iglesia también incluía a David Powlison y a Ed Welch de la CCEF.[8]

La influencia de Miller sobre el ala pietista del pensamiento reformado extendió el alcance tradicional de Westminster, que antes variaba entre los campos doctrinalistas y culturalistas. El profesor John Murray, miembro original del cuerpo docente, representaba a la corriente doctrinalista, mientras que Cornelius Van Til, otro profesor, representaba la culturalista. A la llegada de Keller, Sinclair Ferguson en teología y Richard Gamble en historia de la iglesia anclaban la posición doctrinalista británica y escocesa. Liderando la rama continental, neocalvinista estaban Richard Gaffin, Vern Poythress, Harvie Conn, David Clowney y luego Bill Edgar en apologética.

Keller vio estas tensiones entre los profesores de Westminster. Fiel a su forma, Keller adoptó las perspectivas de cada grupo, ya que consideraba que todas contribuían a una iglesia madura y bíblica. También notó que el contexto ministerial, los dones espirituales y el temperamento emocional inclinaban a los creyentes hacia algunas posturas más que a otras. Él se identificó de forma más cercana con las tradiciones pietistas y culturalistas, pero de forma intencional se acercó a los colegas doctrinalistas de Westminster.[9]

Keller ya había conocido a varios de estos colegas de Westminster durante su Doctorado en Ministerio, cuando completó una de las disertaciones más largas de la universidad. De Miller aprendió sobre evangelismo, de Conn aprendió sobre misiones y cultura y de Powlison, consejería, mientras escribía sobre Thomas Chalmers y el diaconado presbiteriano de Edimburgo y Glasgow, Escocia, durante el siglo XIX, junto con trabajos reformados similares en Ámsterdam y Génova.

Cuando se unió al equipo de profesores de Westminster, el jefe del departamento de teología práctica era Harvie Conn. La experiencia de Keller en Hopewell difería mucho de la experiencia de Conn, quien luego de doce años como misionero en Corea, regresó a Estados Unidos convencido de la misma urgencia que impulsaba a su contemporáneo Lesslie Newbigin a abogar por un nuevo encuentro misionero en Occidente. Mientras que la mayoría de los profesores de Westminster vivía en los suburbios de Filadelfia, Conn se estableció en la ciudad, donde vio de primera mano el surgimiento del futuro poscristiano de Estados Unidos. Con regularidad, Keller llegaba quince minutos antes a las reuniones del departamento para poder hacerle preguntas a Conn sobre ministerio urbano y contextualización. El libro que escribió Conn en1982, *Evangelism: Doing Justice and Preaching Grace* [Evangelismo: impartiendo justicia y predicando la gracia], en gran medida formó a Keller como profesor y predicador por su crítica de la educación estándar en los seminarios occidentales.[10]

«El modelo de estudio refuerza un patrón de comunicación donde la eficacia se mide en gran parte en términos de la digestión de grandes cantidades de información empaquetada de antemano, destinada principalmente a anglosajones blancos», escribió Conn. «Luego, diez años más tarde, en alguna reunión de exalumnos, nos preguntamos por qué nuestras iglesias se ven blancas, anglosajonas y suburbanas».[11]

A partir de su experiencia como misionero, Conn priorizó conectar el mensaje del evangelio a los valores e ídolos de diferentes culturas. Los misioneros no debían exportar el pensamiento occidental, con las mismas prioridades y categorías.[12] En su curso de Westminster sobre «teología contextual», Conn sostuvo que el evangelio cambia más allá de la mente y el espíritu. La buena noticia de Jesús cambia sociedades y civilizaciones enteras, incluyéndolo todo, desde el poder hasta la economía y el arte.[13]

Conn no argumentó que la Confesión de Westminster estuviera equivocada, ni tampoco la trató de atemporal o trascendente. En cambio, ejemplificando el punto desde su trabajo en el contexto coreano, Conn señaló que esta confesión británica del siglo XVII no aporta mucho sobre cómo deben los cristianos tratar a sus padres, antepasados y abuelos.

Sin embargo, al discipular a coreanos *es necesario* abordar temas como la adoración a los antepasados. Es probable que la Confesión de Westminster no esté del todo equivocada, pero no es suficiente para cada época y lugar.[14] Defender y exigir una adhesión estricta a la Confesión de Westminster no puede ser la única prioridad de un profesor con mentalidad misionera.

Tanto los críticos como los partidarios se han percatado del constante énfasis de Keller en la contextualización. Según los críticos, entregó demasiado en la traducción. En cambio, para los simpatizantes, mostró el camino para mantenernos fieles al pasado sin quedarnos atrapados en él. El propio Keller vio el peligro tanto del exceso de la contextualización como de la falta de ella. En *Iglesia centrada*, escribió: «La gran tarea del misionero es expresar el mensaje del evangelio a una nueva cultura de una manera que no sea innecesariamente ajena a dicha cultura, pero sin quitar ni ocultar el escándalo y la ofensa de la verdad bíblica».[15]

Vista desde la perspectiva misionera, la cultura occidental pierde su lugar de privilegio, ya que toda cultura entiende algunas cosas y no otras. Toda cultura sucumbe ante ídolos y toda cultura nos dice algo sobre Dios.[16] Sin embargo, ninguna, ni siquiera la occidental, puede llevarnos al evangelio de salvación sin la revelación explícita y divina de Cristo. Keller escribió: «Ninguna cultura tiene el equipamiento mental completo para recibir el evangelio, que nos dice que Dios es santo y que debe castigar el pecado, pero que al mismo tiempo es amoroso y no quiere castigarnos por nuestros pecados y que, por eso, Cristo murió en nuestro lugar, haciéndolo a Él justo y el que justifica a los que creen en Él».[17]

Nuestros propios puntos ciegos son el principal obstáculo para la contextualización. No podemos ver nuestra propia cultura con la perspectiva correcta de sus debilidades y fortalezas.[18] Los pastores que son entusiastas en exceso y ansían alcanzar a su ciudad suelen contextualizar demasiado y pierden su base teológica. Otros, en su intento por sobrevivir en un entorno pluralista, contextualizarán de menos y solo se contentarán con atraer los que ya están de acuerdo con ellos.[19]

Harvie Conn no le resolvió estas problemáticas a Keller, pero sí le ayudó a encontrar herramientas para realizar este trabajo, primero como ministro urbano y luego como capacitador de plantadores de iglesias en ciudades alrededor del mundo.

Crecimiento de la ciudad

Harvie Conn cumplió uno de los aspectos de la visión de Edmund Clowney para Westminster al introducir a Keller a enseñanzas sobre énfasis misionero de vanguardia en enseñanzas contextuales. Y cumplió otro cuando aplicó la teología bíblica a las ciudades. Desde la década de 1990 hasta la década del 2000, el ministerio de Keller se convirtió en sinónimo de ministerio urbano y en especial de plantación de iglesias. Gran parte de esto lo aprendió de Conn, que lanzó *Urban Mission* [Misión urbana], el único periódico académico dedicado al ministerio urbano. Conn también comenzó un posgrado y un doctorado en ministerio urbano y otra especialidad en el programa del Center for Urban Theological Studies (CUTS), dirigido por Bill Krispin. Allí se entrenaba a ministros urbanos en varios de los vecindarios más pobres de Filadelfia.

Krispin y Keller viajaban juntos hacia Atlanta, una vez cada tres meses, para las reuniones del Comité para la Misión a Norteamérica y Keller quedó impactado cuando Krispin le compartió sobre la perspectiva minoritaria sobre el racismo, la injusticia y el ministerio urbano que sostenían los miembros del consejo y los estudiantes afroamericanos de CUTS. Los otros colegas de Keller de teología práctica eran Roger y Edna Greenway, que habían sido misioneros de la Iglesia Cristiana Reformada (CRC, por sus siglas en inglés) y que regresaron a Westminster para dirigir la agencia de misiones globales de la CRC. Manny Ortiz, cercano colaborador de Conn, los reemplazó.

Sin embargo, Conn influyó en la mirada de Keller en más aspectos que el ministerio urbano. En su libro *Eternal Word and Changing*

Worlds: Theology, Anthropology, and Mission in Trialogue [Palabra eterna y mundos cambiantes: Teología, antropología y misión en triálogo], Conn le brindó a Keller una perspectiva de contextualización intransigente. A través del enfoque neocalvinista, presuposicional sobre el conocimiento, Conn le mostró cómo respetar el pensamiento no cristiano.

Las reflexiones teológicas de Conn sobre la ciudad establecieron algunas de las trayectorias más evidentes para el futuro ministerio de Keller. Conn buscó derribar la suposición de que Cristo regresaría el mundo a sus orígenes rurales del Edén. A medida que los cristianos miran hacia la nueva Jerusalén, hacen más que evangelizar y discipular en el ámbito privado; también cumplen el mandato cultural de Génesis 1:28 al construir civilizaciones o ciudades enteras que glorifiquen a Dios.[20] Conn lo llama en ocasiones «el mandato urbano», debido al alcance en expansión de la labor humana en la agricultura y la ganadería para incluir la planificación de las ciudades (Gén. 4:17).[21] Si bien algunos intérpretes bíblicos consideran que las ciudades son una señal de la caída luego del fratricidio de Caín, Conn ve en ellas evidencias de la redención. Al escribir con Manuel Ortiz en su obra póstuma *Urban Ministry* [Ministerio urbano] Conn sostuvo:

> La ciudad donde Caín se refugia se convierte en un símbolo de estabilidad y de seguridad de la maldición divina para él y su descendencia (Gén. 4:17). Sin embargo, también se vuelve el lugar del logro humano, el centro de la innovación cultural. El arte y la tecnología (la invención del arpa y la flauta, la manufactura de herramientas de hierro y de bronce) comenzaron dentro de las murallas de las ciudades (Gén. 4:20-22). La imagen de la ciudad se desplaza de la estática al movimiento, a nuevos métodos, a nuevas ideas, a nuevos estilos de vida. La vida cambia, y aún más rápido en las ciudades.[22]

Cuando Keller ayudó a lanzar el campus del Seminario Teológico Reformado en Nueva York en 2015, no solo respondió a sus veinticinco años de dificultades en el entrenamiento de líderes de iglesias urbanas, sino que también cumplió la visión del liderazgo urbano que Conn y Ortiz desarrollaron en su libro de 2001. Las ciudades requieren un estilo de entrenamiento que difiere del que los seminarios tradicionales ofrecían. La teoría y la práctica deben emerger de la supervisión de líderes calificados y experimentados. El desarrollo del liderazgo debe tener en cuenta los contextos específicos de la ciudad, pero a su vez entrenar a los maestros en cómo leer la Biblia con inteligencia cultural.[23]

Para Keller, esto significaba entrenar a los líderes no para ver la iglesia como una vía de escape de la odiosa ciudad, sino como un espacio donde aprender a cubrir las necesidades de la ciudad, tanto físicas como espirituales.[24] Significaba dejar de lado los modelos de «crecimiento de la iglesia» que *usan* a la ciudad en vez de desplegar a la iglesia en un modelo de «crecimiento de la ciudad» que ayuda a que todos florezcan.[25]

Con el aporte de la teología bíblica de las ciudades de Harvie Conn y su enfoque contextual de las misiones, Keller trató de evitar los dos peligros que detuvieron a las iglesias de generaciones anteriores en Nueva York. «Los evangélicos liberales» del siglo XX temían que las clases profesionales y artísticas de la ciudad de Nueva York rechazarían la fe si se les pedía que creyeran todo lo que la Biblia dice. Buscaron la comunión con Cristo a través de la reforma social.[26] En contraste, los evangélicos conservadores y los fundamentalistas de principios del siglo XX consideraban que la Ciudad Gótica era una Babilonia moderna, llena de tentaciones para los fieles. Keller quería formar una congregación que se distinguiera de la ciudad, aun viviendo dentro de ella, a la vez que pudiera amar a la ciudad: una congregación que pudiera satisfacer las necesidades físicas de la ciudad sin perder de enfoque su problema espiritual.

A través de su estudio histórico del ministerio de misericordia, Keller comenzó a considerar que el trabajo diaconal era fundamental para el avance de los evangélicos en el ministerio urbano. En 1985, por medio de PCA, publicó su primer libro: *Resources for Deacons*. [Recursos para diáconos].[27] Cuatro años después, cuando se mudó a Nueva York, Keller publicó *Ministries of Mercy: The Call of the Jericho Road* [Ministerios de misericordia: El llamado del camino de Jericó] y se lo dedicó a Kathy. Tiempo atrás, el primer libro que Kathy había leído luego de terminar todos los de C. S. Lewis, que estaban disponibles en ese entonces, fue *La cruz y el puñal,* de David Wilkerson. Después de eso, comenzó a planificar su vida: se convertiría en pastora y se mudaría a Nueva York a trabajar con las pandillas.

Durante el verano de 1973, mientras estaba en el seminario, Kathy trabajó para el Presbiterio de Filadelfia por medio de una iglesia en el barrio alemán donde iba de puerta en puerta por doce vecindarios organizando reuniones para que los vecinos se conocieran entre ellos y entre los miembros de la iglesia y para mostrar una película cristiana. «Esa experiencia tan íntima de la ciudad y de ser la única persona de raza blanca que veía en el día produjo un gran efecto en mí», recuerda Kathy. «Nunca había conocido personas afroamericanas ni había visto gente viviendo en condiciones peligrosas». Tim tuvo uno de sus primeros acercamientos a la vida urbana cuando visitó a Kathy en el barrio alemán.[28]

Tim Keller complementó su escasa experiencia en el ministerio urbano por medio de observar a Harvie Conn, de leerlo y de hablar con él, ya que él entendía que el crecimiento urbano, en especial en las ciudades más grandes, superaría con creces a las áreas donde los evangélicos ya habían construido fuertes redes de iglesias.[29] Conn era consciente de que los evangélicos no plantarían iglesias si tenían miedo de las ciudades y que, incluso si plantaban iglesias, debían hacer más que evangelizar.[30] Michael Green, uno de los evangelistas más valientes de la época y un modelo a seguir para Keller, notó que las iglesias no podían separar el evangelismo del ministerio de misericordia como sí lo habían hecho las generaciones anteriores de evangélicos y liberales. «Las iglesias que se sacrifican para cubrir las necesidades sociales crecen», escribió Green en *Evangelism through the Local Church* [Evangelismo por medio de la iglesia local], libro que Keller estudió en su viaje a Nueva York. «Las iglesias que viven para sí mismas, mueren por sí mismas [...]. Si queremos un evangelismo efectivo, la iglesia debe preocuparse por satisfacer las necesidades de su alrededor».[31]

Luego de tres años de su primer encuentro informal, la Iglesia Presbiteriana Redeemer lanzó en 1992 el programa Hope for New York [Esperanza para Nueva York] para movilizar voluntarios y juntar fondos para que las organizaciones pudieran satisfacer las necesidades físicas de la ciudad. Keller advirtió que, si la iglesia no hacía este trabajo, se merecía el desprecio de la ciudad.[32] El mundo no está acostumbrado a una iglesia que se preocupa tanto por la predicación expositiva como por la justicia a los necesitados. No obstante, en Redeemer, estos objetivos serían inseparables en lo teológico.[33]

Tal como le habían enseñado Clowney y Conn, Keller insistió en que, si la fe cristiana no afecta todos los aspectos de la vida, no es lo mejor del cristianismo bíblico e histórico.[34] Para mantenerse fiel al evangelio, las iglesias deben romper con estereotipos. Keller sostuvo en *Iglesia centrada*:

> Una iglesia misionera estará más comprometida de forma práctica y profunda a obras de caridad y de justicia social que las iglesias fundamentalistas tradicionales, y más comprometida de forma práctica y profunda con la evangelización y la conversión que las iglesias liberales tradicionales. Este tipo de iglesia es muy diferente a lo que esperaría la intuición de los observadores estadounidenses, que ya no serán capaces de categorizarla (ni de descartarla) como liberal o conservadora. Este estilo de iglesia es el único que tiene alguna oportunidad en medio de los inconversos de Occidente.[35]

Fue una declaración valiente, pero es probable que sea una que Harvie Conn podría haber hecho antes de su muerte en 1999. Para Keller, hacer justicia no es una distracción del evangelismo, sino que esa obra ayuda a los vecinos fuera de la iglesia a considerar que las buenas nuevas de Jesús son plausibles. El crecimiento en conversiones parece como una acumulación de poder, a menos que esos convertidos se sacrifiquen para satisfacer las necesidades de sus vecinos, ya sea que compartan su fe en Jesús o no. Solo entonces los inconversos pueden ver que el juicio y la gracia de Dios son la base para la justicia en nuestro mundo.[36]

Clowney y Conn pusieron nerviosos a algunos antiguos partidarios de Westminster, porque no solo entrenaban pastores para llenar púlpitos tradicionales reformados en Estados Unidos. Para su protegido, Keller, ese era precisamente el objetivo. Su deseo era que brotaran iglesias que buscaran «ambas cosas» en ciudades de todo el mundo, con un equilibrio bíblico de «palabra *y* ministerios de obras; de desafiar *y* afirmar la cultura humana; de interacción cultural *y* distinción contracultural; de compromiso con la verdad *y* generosidad con los que no comparten las mismas creencias; de tradición *e* innovación en la práctica».[37] Esta visión de «iglesia centrada» exigía *ambas cosas*, cuando muchos presbiterianos conservadores querían elegir *solo una*. Edmund Clowney habría identificado a esas iglesias por estar «moldeadas por el evangelio» en teología bíblica, piedad personal y aplicación contextual. Keller escribió en *Iglesia centrada*:

> Debido al aspecto sustitutivo, de adentro hacia afuera de la expiación, la iglesia pondrá gran énfasis en la conversión personal, en la experiencia renovadora de la gracia, en el evangelismo, en el alcance y en la plantación de iglesias. Esto hace que parezca una iglesia evangélica-carismática. Debido al aspecto invertido del reino y la encarnación, la iglesia pondrá gran énfasis en la profundidad de la comunidad, en grupos celulares o iglesias en casa, en una forma radical de dar y de compartir recursos, en las disciplinas espirituales, en la reconciliación racial y en vivir con los pobres. Esto hace que parezca una iglesia anabaptista de «la paz». Debido al aspecto de adelante hacia atrás del reino y la restauración, la iglesia pondrá gran énfasis en buscar el bienestar de la ciudad, en la participación comunitaria y cívica, en la interacción cultural y en la capacitación de las personas para trabajar

> en vocaciones «seculares» fuera de la cosmovisión del cristianismo. Esto hace que parezca una iglesia tradicional o, tal vez, una iglesia reformada kuyperiana. Muy pocas iglesias, denominaciones o movimientos integran todos estos ministerios y este abanico de énfasis. Sin embargo, considero que una visión completa del evangelio bíblico (una que incorpora los aspectos de adentro hacia afuera, de arriba abajo [invertido] y de adelante hacia atrás) los cultivará y los defenderá a todos. A esto nos referimos cuando hablamos de una iglesia centrada.[38]

Incluso al buscar este equilibrio, Keller mantuvo la prioridad en el evangelismo. Los inconversos se pueden ocupar de los vagabundos, pero solo los cristianos pueden invitarlos a la vida eterna. Una de las mayores influencias de Keller lo ayudó a ver cómo las iglesias podían mantenerse enfocadas en el evangelismo incluso mientras practican la caridad.[39]

Estrategia de ministerio para el futuro

El Seminario Teológico Westminster, que nació tras la separación de los fundamentalistas y los modernistas a principios del siglo XX, no tenía problema en mostrar el puño a personas como Walter Rauschenbusch, un ministro bautista alemán que sirvió cerca del barrio de Hell's Kitchen en Nueva York en la década de 1880. Rauschenbusch, a quien a menudo se le atribuía ser el fundador del evangelio social, criticó a los cristianos que salvaban almas, pero que no alimentaban estómagos. Con el tiempo, también argumentó en contra de la inerrancia bíblica y la expiación sustitutiva y, en su lugar, describió a Jesús como un mero ejemplo de cómo debemos amar a los pobres y a los marginados. J. Gresham Machen atacó este liberalismo, que estaba en contraste con el cristianismo.

No obstante, Keller miró aún más atrás, y narró la historia más allá del liberalismo, hasta el Estados Unidos colonial y Jonathan Edwards. Y fue allí donde halló un modelo distinto para las iglesias fieles. Citó el sermón de Edwards «Christian Charity: The Duty of Charity to the Poor» [Caridad cristiana: El deber de la caridad a los pobres], en el que alegaba: «¿Dónde encontramos en la Biblia algún mandamiento establecido en términos más fuertes, y de forma más urgente, que el mandamiento de dar a los pobres?».[40]

La teología bíblica no va en contra de la justicia. Keller sostiene que era todo lo contrario y que Edwards «vio que la interacción con los pobres y la doctrina bíblica clásica están entrelazadas».[41] Keller admitió que, quizás, es algo extraño de ver hoy. Sin embargo, escribió su libro *Justicia generosa* «para los que aún no ven lo que vio Edwards; es decir, que cuando el Espíritu nos permite comprender lo que Cristo hizo por nosotros, el resultado es una vida derramada en hechos de justicia y de compasión por los pobres».[42] En el estilo clásico de Edwards, de forma que nos recuerda sus *Afectos religiosos*, Keller llegó a decir que: «Una vida entregada a hacer justicia por los necesitados es un signo inevitable de toda fe real y genuina en el evangelio».[43]

Cuando Keller se mudó a Nueva York, los primeros miembros de Redeemer observaron este énfasis en su predicación. «Tim poseía una habilidad única de hablar a los jóvenes profesionales de Nueva York», dijo Steve Preston. Él y su esposa, Molly, fueron una de las primeras parejas en conocerse y casarse en Redeemer, en tiempos cuando esos jóvenes profesionales se conocían y luego se casaban para formar sus familias. «Era incisivo. Sentía que me estaba predicando a mí. Usaba el evangelio para conectar la teología con el servicio y la formación espiritual. No había que elegir entre el evangelismo *o* el servicio, sino que él los unía. Hablaba de todos los temas, incluso del sexo y la soltería».[44] Preston luego sería el secretario de Desarrollo Urbano y de Vivienda bajo el presidente George W. Bush y más tarde el CEO de Industrias Goodwill.

En el folleto que presentaba la iglesia de Keller en Nueva York se veía la evidente influencia de Westminster, incluso sin tener escritos los nombres de Edmund Clowney y Harvie Conn. Kathy Keller supervisó la producción de «New York City: A Ministry Strategy for the Future» (Ciudad de Nueva York: Una estrategia de ministerio para el futuro»). El director artístico de la editorial Great Commission Publications se ofreció a ayudar y optó por tintes de tonos marrones y verdosos para abaratar costos en la producción masiva. Sin embargo, Kathy tuvo otra idea: le mostró el anuncio de un banco que había recibido en su correo y notó el terminado brillante con colores grises y verdes. Él se negó al ver los costos. Kathy insistió. Finalmente, decidieron que pagarían un valor más elevado porque es lo que demandaba el contexto de Nueva York.

El folleto presentaba a Tim Keller como exmiembro asociado de InterVarsity Christian Fellowship y mencionaba sus nueve años de ministerio en Hopewell, cuando supervisó veinticuatro plantaciones de iglesias en los estados del atlántico medio y la cantidad de los miembros de su iglesia se triplicó. Sus ministerios en Filadelfia iban desde evangelizar a líderes empresariales, homosexuales y musulmanes hasta discipular solteros de la ciudad como también universitarios, graduados y estudiantes extranjeros. Keller también presidió el comité directivo del ministerio de la Décima Iglesia Presbiteriana para pacientes con SIDA en Filadelfia.[45]

El folleto incluía dos fotografías de las Torres Gemelas, una con la Estatua de la Libertad en primer plano y otra con el puente de Brooklyn. Los folletos ofrecían una presentación introductoria a los que visitaban la iglesia, pero también sirvieron para recaudar fondos. La segunda oración pudo haber sido escrita por Harvie Conn para convencer a los donantes de la necesidad de esta iglesia e incluso de la de cientos más en Nueva York: «Dígale a un sureño que toda las poblaciones metropolitanas de Atlanta, Miami, Houston, Nashville, Richmond, Nueva Orleans, Orlando y Washington, D.C. podrían caber cómodamente en el área metropolitana de Nueva York, y todavía habría espacio para incluir a los ciudadanos de Roanoke, Montgomery y Greenville, y quedarán perplejos». El folleto decía que Nueva York es una capital financiera mayor que Tokio. Es un centro político y educativo a la par de Boston y Washington, D.C. Y más de cien mil artistas en Nueva York objetaron que

París no es el centro cultural de la civilización. «¡Ninguna otra ciudad del mundo sobresale en todas estas áreas en simultáneo!», se leía en el folleto.

La visión de Redeemer se había establecido incluso antes de que la iglesia tuviera nombre, y era muy similar a la que Edmund Clowney y Harvie Conn enseñaban en Westminster. Ya en la década de los ochenta, los Keller estaban mirando al siguiente siglo:

> «Si la iglesia cristiana espera tener un impacto en el siglo XXI, debe entender la ciudad de Nueva York. La rápida propagación del cristianismo primitivo y su efecto transformador sobre la cultura romana se debió en gran medida a su carácter de fe urbana. Pablo llevó su mensaje misionero hacia ciudades estratégicas, desde donde el evangelio crecía a lo largo de las rutas migratorias y comerciales. Los habitantes de la ciudad tenían mayor apertura a los cambios y más movilidad que los de las zonas rurales. Debido a que las ciudades eran centros comerciales y de artesanía, profesiones enteras eran ganadas para Cristo solo con el evangelismo de boca en boca.

El folleto imaginaba una iglesia no solo de presbiterianos de raza blanca, sino también de la población asiática en Nueva York, que se estimaba sería de 800 000 en 1995; es decir el doble que en ese momento. Y la visión se expandía a más de una sola iglesia, ya que este nuevo trabajo sería un centro para ayudar a alcanzar a los inmigrantes de las Indias Occidentales y de América Central y del Sur, en sus propios estilos e idiomas. «¿Qué tal si todas esas personas tuvieran una oportunidad de oír el evangelio de Jesucristo en su propio idioma, en iglesias con pastores que sean miembros de su propia cultura?». Las naciones habían llegado a esa ciudad y habían traspasado las divisiones tradicionales entre misiones extranjeras y locales, como Conn y Newbigin habían observado. El grado de las necesidades era igual tanto dentro de Estados Unidos como en otros países.

La visión de Redeemer City to City ya estaba en movimiento y los Keller visualizaron a la PCA como un motor de plantación de iglesias mediante el cual los cristianos del Sur podrían ayudar a evangelizar al resto del país. Clowney no fue mencionado en el folleto, pero este fue su sueño hecho realidad desde que estuvo en Westminster en 1969:

> La Iglesia Presbiteriana en América, la segunda denominación más grande del país, está comprometida tanto con el ministerio creativo como con el apoyo conectivo. La PCA no es ni una denominación tradicional ni una iglesia fundamentalista, sino que estamos comprometidos tanto con la fe cristiana histórica como con tratar con la vida contemporánea y las problemáticas de nuestros días. Nuestro objetivo en Nueva York es unirnos con otras iglesias evangélicas y reformadas y ministerios para poder ministrar a las necesidades de la gente y ser testigos de la gracia que hallamos en Cristo.

No queda claro si por medio del folleto se intentaba promocionar la PCA a los neoyorquinos o promocionar a la PCA una nueva visión de plantación de iglesias que difería mucho de las visiones de Roanoke, Montgomery y Tupelo. De cualquier forma, logró cumplir ambos objetivos. Redeemer continuaría siendo una auténtica iglesia PCA, pero con una sensibilidad neoyorquina distintiva, además de una visión global. Como escribió Keller en *Iglesia centrada*: «Creemos que el ministerio en el centro de las ciudades globales es la mayor prioridad para la iglesia del siglo XXI».[46] Para 2021, el ministerio Redeemer City to City, bajo el liderazgo de Keller como presidente y cofundador, ha plantado 748 iglesias en más de 75 ciudades alrededor del mundo.

Antes de dejar el pastorado de la Iglesia Presbiteriana Redeemer, Keller expuso los rasgos de las iglesias que consideraba que podrían triunfar en medio de una ciudad secular:

> En la ciudad de Nueva York, Redeemer ha sido un ministerio pionero y, si Dios desea seguir bendiciéndonos y usándonos, hay mucho más trabajo por delante. Debemos encontrar cómo predicar el antiguo

> mensaje del evangelio de maneras que desafíen las ilusiones de este tiempo y que a la vez resuenen con las aspiraciones positivas y las esperanzas de nuestros vecinos.
>
> Eso significa varias cosas: cuestionar las narrativas propias de la secularidad, en especial las que pretenden inclusividad. Significa apelar a las intuiciones humanas más profundas que no se ajustan a la visión secular del mundo, intuiciones sobre la verdad moral, el valor humano y la realidad tanto del amor como de la belleza. Significa exponer la idolatría de la cultura secular de la prosperidad y del poder, al mismo tiempo que admitimos con humildad el propio fracaso como iglesia para operar sobre la base del amor y la generosidad. Significa admitir los fracasos históricos de la iglesia al ejecutar sus propios principios bíblicos, la dignidad *imago Dei* de todo ser humano, el amor por los enemigos, el cuidado universal de los que sufren y la justicia para los oprimidos, a medida que afirmamos que la fuente de esta crítica garantizada es la verdad cristiana en sí misma. Significa no dominar ni retraerse de la sociedad, sino provocarla y aun así servirla. Es aprender cómo exponer las verdades del evangelio de forma intransigente, pero también en respuesta directa a las interrogantes más relevantes de la gente, de una manera aplacadora y convincente. Significa ofrecer a la gente un significado de la vida que el sufrimiento no se pueda llevar, una identidad tan arraigada en el amor de Dios que la presión del mundo se apague y una esperanza más allá de los muros de este mundo. Significa estar firme en la doctrina, pero no ser sectario, activo en cuanto en lo cívico, pero no partidista, comprometido con las artes, pero no subjetivista con la verdad».[47]

Harvie Conn no vivió para ver el inicio de este movimiento global de plantación de iglesias, pero si lo hubiera hecho, hubiera reconocido el cumplimiento de la visión para la que contribuyó y que Keller desarrolló cuando compartieron años en Westminster.

Predicación en las calles

El camino de Keller hacia Nueva York pasaba por Filadelfia, donde aprendió a amar el ministerio urbano con la ayuda de Conn. Sin embargo, es probable que la Iglesia Presbiteriana Redeemer nunca hubiera existido, si no fuera por otra de las contrataciones clave de Clowney en Westminster.

Jack Miller fue el pastor de Tim and Kathy Keller por solo cinco años, desde 1984 hasta 1989, en la Iglesia Presbiteriana New Life, en Glenside. No obstante, en estos cinco años, después de nueve a tiempo completo en Hopewell, los Keller aprendieron juntos otra visión de cómo conducir la iglesia. Cuando Tim llegó, al borde del agotamiento, necesitaba una iglesia donde tan solo se pudiera alimentar de la predicación de la Palabra de Dios.[48] Richard Lovelace les enseñó sobre el avivamiento en Gordon-Conwell. Sin embargo, en New Life, experimentaron de primera mano una cultura de avivamiento por el evangelio aplicada a la justicia social, la adoración, el evangelismo y las misiones.

Como muchos otros convertidos del Movimiento de Jesús, Tim Keller asociaba el avivamiento con salir de los muros de la iglesia y llevar el evangelio a la residencia estudiantil. Se veía a los contextos formales como inhibidores del progreso del evangelio. Sin embargo, bajo la influencia de Miller, Keller vio cuánto la iglesia necesita un avivamiento y el avivamiento necesita a la iglesia. Sin avivamiento la iglesia pierde la vitalidad espiritual y la urgencia evangelística. En cambio, sin la iglesia, el avivamiento socava la precisión doctrinal y la santidad personal.[49] Como anciano en New Life, Keller obtuvo un asiento en primera fila para oír a un pastor que no dudaba en cancelar la enseñanza del domingo para que todos pudieran orar juntos por un lapso de una hora sobre un asunto urgente. Luego de que Keller predicara un domingo, un anciano le preguntó si podía hablar a la congregación. El anciano se arrepintió de sus pecados de forma pública y les pidió a todos que lo ayudaran a rendir cuentas. No es de sorpresa que, luego de una visita, la hermana de Kathy dijera: «No estoy segura de poder asistir a esta iglesia. ¡El cristianismo es demasiado real!».

Por sobre todo, Jack Miller le enseñó a Tim Keller a predicar sobre la gracia desde cualquier pasaje de la Escritura.[50] Keller le dio a cada miembro fundador del grupo central en Redeemer un ejemplar del libro de Miller *Outgrowing the Ingrown Church* [Cómo superar la iglesia que crece hacia adentro]. En abril de 1991, Keller invitó a Miller para que predicara en Redeemer y luego dirigiera un retiro de la iglesia con su esposa, Rose Marie. Después del retiro, Keller predicó desde Efesios 5:1-2 sobre los hijos amados de Dios, que describió como el tema principal de Miller.

> Es lo que Dios les ha dado para hablar a las personas y es que deben verse a sí mismos como hijos amados de Dios, o no serán capaces de vivir la vida cristiana en lo absoluto. A menos que sean gobernados por la idea de que son hijos amados, no podrán vivir. Fueron creados para el amor familiar. Fueron creados para eso. Fueron creados para tener un padre amoroso y amable. Fueron creados para eso y hasta que puedan ver que eso es real para ustedes, no podrán vivir una vida que imite a Dios».[51]

Este mensaje fue conocido como «filiación como hijo» y «enfatizó las doctrinas reformadas, históricamente relegadas, de la justificación, la adopción y la paternidad de Dios, así como también la manera en que la comunión con el Espíritu Santo les permite a los cristianos mantener el acceso a la libertad espiritual y poder que les pertenecen en Cristo», según el biógrafo de Jack Miller.[52]

Liz Kaufmann y su esposo Dick conocieron a Tim y a Kathy por primera vez cuando viajaron con Jack Miller para ayudar a despertar un avivamiento en la Iglesia Presbiteriana West Hopewell. A lo largo de sus años juntos en Filadelfia y en Nueva York, Liz Kaufmann notó en Tim un contraste con la soberbia y la autosuficiencia de algunos círculos académicos. Keller buscaba fomentar una cultura en la iglesia donde la gente pudiera criticarlo sin miedo a represalias. Ella relaciona esta influencia con Ed Clowney y, en especial, con Jack Miller. «Jack Miller siempre intentaba lidiar con su propio orgullo, siempre buscaba ayudarnos a los que trabajábamos con él y debajo de él a tratar con esos pecados subyacentes y no solo a enfocarnos en los pecados externos de los demás».[53]

Jack Miller también despertó en Keller una valentía para evangelizar que ni siquiera él mismo creía tener. Miller dejó un ejemplo de cómo guiar a las personas a la fe, sin importar lo que costara. Si eso requería dejar que un viajero ingresara a su hogar, Miller lo hacía.

«Dejaba de lado las preocupaciones personales por causa del evangelio; así es como Jack nos enseñó", afirmó Kaufmann. «En ocasiones era difícil, estábamos locos en ese momento. ¡Eran los setenta!».

Fue durante la comunión, en la plantación de la iglesia de New Life en Dresher, Pensilvania, que Kathy Keller venció sus preocupaciones sobre mudarse con su familia a Nueva York. Al estar cerca de los Miller, comprendió que el evangelio es más importante que la seguridad y la comodidad.

Miller y Keller tenían varias diferencias. Tim no era tan valiente como Jack, que antes había sido un profesor de inglés, y su apariencia lo delataba: cabello despeinado, vestimenta arrugada. Su fe lo había vuelto impermeable frente a las críticas y al temor. Sus amigos de muchos años lo recuerdan de pie en la esquina de la calle en Jenkintown hablando con los grupos de motociclistas y narcotraficantes. Muchos de ellos llegaron a Cristo y uno se casó con su hija, fue al seminario y se convirtió en su sucesor.

En cambio, el estilo de Tim era más académico y reservado, como el de su mentor, Ed Clowney. No obstante, para sus amigos de Filadelfia, la influencia de ambos hombres sobre Tim se tornó evidente. «Es como una combinación de ambas personalidades y se ve en la manera en que conduce el ministerio en Nueva York», declaró Kaufmann.[54]

Según el biógrafo de Miller, no hubo nadie que cumpliera mejor la visión de Clowney para Westminster que Jack. Combinaba la piedad en oración con la cabeza baja y la valentía para evangelizar con el puño cerrado. Al unirse a Cornelius Van Til para predicar en las calles en las décadas de los sesenta y setenta, Jack se convirtió en un puente entre las generaciones fundadoras y las nuevas de Wesminster.[55] Como estudiante y profesor en Westminster, Keller vio múltiples modelos para llevar a las calles urbanas el más alto nivel de sofisticación intelectual.

El ministerio centrado en el evangelio

La influencia de Jack Miller caló tan profundo en Keller que en ocasiones los lectores no pueden identificar con precisión a cuál de los dos pertenecen algunas de sus citas más apreciadas. Se le suele atribuir a Keller, pero fue Miller quien dijo primero: «¡Ten ánimo, eres más pecador de lo que podrías imaginar y más amado de lo que jamás podrías desear!».

Keller reconoció en Miller las mismas dinámicas de avivamiento que aprendió primero de Lovelace. El programa de «filiación como hijo» de Miller trataba a las iglesias moribundas y a los cristianos que ya no tenían la misma comprensión del evangelio de la gracia y que habían comenzado a deslizarse hacia el legalismo o el antinomismo. Ambos matan la vitalidad espiritual.

Miller no fue el primero en ayudar a Keller a distinguir entre la ley y el evangelio. Keller ya había visto esa dinámica en el prefacio de Martín Lutero a su comentario sobre Gálatas. Dentro de la tradición presbiteriana, «los hombres centrales» del sigo XVIII en Escocia abordaron este asunto de «relacionar de manera apropiada las obras y la gracia, la ley y el evangelio, no solo en nuestra teología sistémica, sino también en nuestra predicación y ministerio pastoral y, en última instancia, dentro de nuestro corazón».[56] Sin embargo, Miller completó el celo de Keller por el avivamiento que comenzó con la huelga estudiantil de Bucknell en

1970. Keller vio en Miller a un avivador del siglo XX en la tradición de Wesley, Whitefield y Edwards del siglo XVIII. Si no hubiera sido por la influencia de Miller y de New Life, el mensaje de Keller sobre «el Dios pródigo» nunca habría llegado a materializarse.[57]

En gran medida, gracias a Keller y a su posterior influencia sobre una generación de pastores, las referencias al ministerio «centrado en el evangelio» estallaron entre los años 2005 y 2010.[58] Pero ya en 1988, Jack Miller hablaba sobre la vida centrada en la gracia y el evangelio durante sus prédicas, en New Life Glenside, y en el ministerio asociado de World Harvest Mission, que luego se llamó Serge.[59]

Como era típico de Keller, tomó estos conceptos, pero además agregó su propio toque. Miller usaba el término «centrado en el evangelio» en términos psicológicos para referirse a la experiencia del amor de Dios a pesar de nuestro pecado. Miller resonó de forma especial entre los cristianos que habían crecido con culpa religiosa. Keller utilizó el término de forma más teológica en su apologética frente a multitudes seculares para diferenciar su enseñanza del legalismo y del antinomismo. Se convirtió en la manera en la que Keller decía que Redeemer no sería como las iglesias fundamentalistas o liberales de Nueva York.[60] Ese ministerio centrado en el evangelio, en las manos de Keller, incluía justicia social, consejería pastoral, fe y vocación, trabajo del diaconado, liderazgo y poder en la iglesia.

Gran parte del posterior interés en el ministerio «centrado en el evangelio» de las primeras décadas del siglo XXI se puede atribuir a Keller al cofundar Coalición por el Evangelio (TGC) con D. A. Carson. Su idea inicial era invitar a pastores evangélicos de diversas denominaciones para un encuentro, justo antes de los ataques del 11 de septiembre de 2001. En mayo de 2005, Keller y Carson recibieron a varias docenas de pastores de todo Estados Unidos que representaban iglesias anglicanas, bautistas del sur, presbiterianas, episcopales, evangélicas libres e independientes. Este grupo luego se convertiría en Coalición por el Evangelio y sus metas incluían un claro énfasis en centrar el ministerio en el evangelio para que Jesús nunca más fuera ignorado ni dejado de lado para priorizar otros asuntos. «Queríamos construir una comunidad de iglesias y de pastores en la que el evangelio fuera lo central, lo emocionante, lo que nos levantara de la cama cada día», explicó Carson.

Carson y Keller interpretaron el evangelio de manera explícita a la luz de la herencia reformada que compartían, colocando el énfasis sobre la justificación por la fe sola y en la expiación penal sustitutiva. Además, deseaban que el evangelio dictara el énfasis en la enseñanza bíblica. «Hay ciertas implicaciones hermenéuticas y cristológicas de la comprensión de la centralidad del evangelio que afectan cómo predicamos y cómo colocamos la Biblia unida, la forma en que, por ejemplo, los asuntos de la justicia social se unen de manera apropiada con la cruz y la resurrección», explicó Carson.[61]

No es difícil ver que esta agenda se superponía con la visión de 1969, de Ed Clowney, de una renovación por el evangelio en Westminster. Cuando se fundó TGC, Keller no era aún un nombre importante entre los evangélicos. Carson lo presentó a los demás pastores en 2005 y era relativamente desconocido, en gran medida debido a su intenso enfoque en Redeemer. Cuando salió en el *New York Times* en 2006, cuando la asistencia en Redeemer alcanzaba los 4400, Keller aún no había atraído demasiada atención fuera de la ciudad. Aún no había publicado ningún *bestseller* y la primera conferencia nacional de TGC sería recién en mayo de 2007. A Keller lo conocían principalmente los otros plantadores de iglesias y la PCA.[62] Carson le dio el crédito a Keller de ser excelente a la hora de comunicar sobre el pecado a los postmodernistas, una alusión a su enseñanza sobre la idolatría. Cuando inició TGC, Keller había estado colaborando con otras denominaciones durante décadas. Preparado en InterVarsity y educado en Gordon-Conwell, se sentía cómodo en contextos interdenominacionales. Cuando comenzó Redeemer, no intentó competir con otros pastores evangélicos. Tal como Keller les enseñaba a los plantadores de iglesias por medio del programa Redeemer City to City, Dios usa muchos tipos de iglesias para alcanzar a toda una ciudad.

En aras de la misión en un contexto poscristiano, Keller escribió en *Iglesia centrada* que los cristianos debían enfatizar su unidad:

> En la época de la cristiandad, cuando «todos eran cristianos», era quizá útil que una iglesia se definiera de forma principal en contraste con otras iglesias. Sin embargo, en la actualidad, es mejor y más útil que una iglesia se defina en relación con los valores de la cultura secular. Si pasamos el tiempo criticando y menospreciando a otros tipos de iglesias, entramos en el juego de los que dicen que todos los cristianos son intolerantes. Si bien es bueno alinearnos con denominaciones que comparten muchas de nuestras ideas, a nivel local debemos cooperar y apoyar a otras congregaciones y ministerios de nuestra área local.[63]

Sin embargo, Keller comenzó TGC con una crítica contra el alejamiento del evangelio que vio en muchas iglesias evangélicas. En su enseñanza sobre Lucas 5:12-13 la tarde del 17 de mayo de 2005, Keller lamentó el declive del evangelicalismo en comparación con generaciones anteriores, representadas por John Stott and Francis Schaeffer. Quería que TGC recuperara el deseo de Stott y de Schaeffer de interactuar con el mundo sin formar parte de él y de colaborar con otras denominaciones en la misión. «¿Por qué no tenemos un cuerpo de líderes, maestros y predicadores que entretejan esos asuntos en una misma tela? ¿Por qué no tenemos un cuerpo de personas haciendo esto?», preguntó Keller a sus colegas pastores.

La manera en que respondió estas interrogantes nos dice mucho sobre Keller y la influencia de Jonathan Edwards en su idea de un ministerio pastoral efectivo. Citando al historiador Mark Noll, Keller elogió a Edwards por ser teológicamente ortodoxo, piadoso y al mismo tiempo culturalmente relevante. No obstante, luego del fallecimiento de Edwards, sus seguidores se dividieron en tres grupos. Los teólogos de Princeton y sus sucesores de Westminster enfatizaron el puño cerrado de la teología ortodoxa, Jonathan Edwards Jr. mantuvo la apologética cultural y Charles Finney promovió «nuevas medidas» para el avivamiento. TGC se convirtió en el vehículo por el que Keller unió estos elementos y los llevó a las iglesias locales, como lo había hecho antes Jonathan Edwards en el Primer Gran Avivamiento. Una vez más, podemos ver la visión de Clowney para Westminster canalizada a través de Keller.

Sin embargo, Keller tenía otro modelo en mente que esperaba que TGC lo pudiera lograr en el siglo XXI. Cuando Keller se convirtió, a través de InterVarsity en Bucknell, los evangélicos británicos le mostraron cómo ser ortodoxo, piadoso y valiente en cuanto a la cultura. Algunos autores como I. Howard Marshall, John Stott, J. I. Packer, Martyn Lloyd-Jones y C. S. Lewis cubrieron la brecha que se abrió cuando los estadounidenses se dividieron en fundamentalistas y modernistas. TGC también se convirtió en el tributo de Keller hacia estos evangélicos británicos de mitad de siglo. Al reunir a pastores en torno al ministerio centrado en el evangelio, Keller esperaba poder brindar un lugar a las futuras generaciones de líderes cristianos para pararse entre el liberalismo y el fundamentalismo.

El llamado de Clowney a tener ministerios «moldeados por el evangelio» se hace visible en la explicación de Keller de cómo las buenas noticias de Jesús guían todo para los cristianos:

> El evangelio no es solo el ABC, sino que es el alfabeto entero para la vida cristiana. No es correcto considerar que el evangelio salva a los no creyentes y que luego los cristianos maduran al intentar con mucho esfuerzo vivir según los principios bíblicos. Es más correcto decir que somos salvos por creer en el evangelio y que luego somos transformados en cada aspecto de nuestra mente, corazón y vida al creer más y más profundamente en el evangelio mientras la vida transcurre.[64]

Evocando a Jack Miller, Keller luego explicó en su libro *Iglesia centrada* cómo el poder del evangelio progresa en dos movimientos: «Primero dice: "Soy más pecador y defectuoso de lo que jamás hubiera imaginado", pero luego afirma: "Soy más aceptado y amado de lo que jamás me hubiera esperado". El primer punto contrarresta al antinomismo y el segundo, al legalismo. Uno de los mayores desafíos es estar alertas hacia ambas direcciones *al mismo tiempo*».[65]

Y, para alcanzar ese desafío, los cristianos necesitan visión teológica.

El tejido de la teología

Junto con la prioridad en el ministerio centrado en el evangelio, TGC se convirtió en una plataforma para que Keller popularizara el concepto de *visión teológica*. Keller leyó *The Fabric of Theology* [El tejido de la teología] de Richard Lints hasta su cuarto año en Nueva York. Inspirado por la lectura, Keller escribió una visión teológica ministerial completa para la iglesia en Estados Unidos como parte de los documentos fundamentales de TGC una década después.[66]

El concepto de visión teológica explicado por Lints se asemeja a la insistencia de Harvie Conn en la teología contextual. Lints escribió: «Es [crítico que] el pueblo de Dios [llegue] a tomar conciencia de la existencia de sus filtros históricos, culturales y racionales y así evitar ser gobernados por ellos».[67] Keller explicó en *Iglesia centrada* que las declaraciones confesionales no analizan nuestra cultura ni dictan nuestro entendimiento de la historia y la razón humana, aunque nuestra posición sobre estos temas le dará forma a nuestro ministerio. Y los cristianos juzgan que otras iglesias, por tomar decisiones distintas, se apartan de su confesión. A veces lo que los cristianos identifican como degradación doctrinal es tan solo una visión teológica diferente.[68] Cuando las iglesias adoptan una visión teológica, pueden hacer algo más que reaccionar a la cultura. Pueden desafiarla y comunicar el evangelio de maneras transformadoras. Pueden trabajar juntas.[69]

Inspirado por Lints, Keller describe la visión teológica como «el punto intermedio», entre el «hardware» de la teología confesional y el «software» de los programas ministeriales. Las iglesias tienden a conocer su teología y a defender sus programas, pero no pueden conectar los dos de una manera que encaje con su tiempo y espacio.

«Esto es más práctico que solo creencias doctrinales, pero mucho más teológico que "pasos a seguir" para llevar a cabo cierto ministerio», explicó Keller. «Una vez que esta visión esté en su lugar, con sus énfasis y valores, conduce a los líderes de la iglesia a tomar buenas decisiones sobre cómo adorar, discipular, evangelizar, servir e interactuar con la cultura en su ámbito ministerial, ya sea en una ciudad, suburbio o pueblo pequeño».[70]

Para desarrollar la visión teológica, Keller recomienda cuatro pasos de su libro *The Fabric of Theology*. El primero es el mismo para Clowney y Lints: escuchar la Palabra para desarrollar creencias doctrinales. El siguiente es el mismo para Conn: reflexionar en la cultura para determinar a partir de la Biblia lo que los cristianos deben rechazar y lo que deben aceptar. Luego, Lints afirma que los cristianos deben decidir qué nivel de entendimiento racional del evangelio esperan de los inconversos, cómo presentarán el evangelio y, en pocas palabras, si van a seguir las tradiciones reformadas continentales o británicas. Por último, las conclusiones dependerán de la tradición teológica, de cuánto respeto mostrarán los cristianos hacia las creencias y prácticas de las generaciones anteriores.

Keller pudo ver que la visión teológica era necesaria para mantener unido un ministerio interdenominacional como TGC. Pastores anglicanos, bautistas y presbiterianos podrán estar de acuerdo en un 99 % de sus confesiones teológicas, pero si no usan la visión teológica, tendrán problemas para poder comprender el motivo por el que no se llevan bien. No verán las diferentes perspectivas sobre la cultura, las razones y las tradiciones que exceden las confesiones en común.[71]

La visión teológica ofrece una perspectiva útil para evaluar a Westminster, incluso décadas después de que Clowney y Keller se hayan ido. Junto con D. Clair Davis, Jack Miller, Harvie Conn y otros, Clowney y Keller toleraron la versatilidad de los evangélicos. Adaptados tan íntimamente con la cultura, los evangélicos podían compartir el evangelio de forma accesible para las masas, sin importar su educación ni etnia. Sin embargo, esta misma adaptabilidad vuelve a los evangélicos susceptibles a la degradación doctrinal. No pueden resistir la cultura con un puño cerrado cuando es necesario preservar la integridad del mensaje del evangelio. Por otro lado, algunos críticos de Clowney deseaban un ministro reformado que priorizara la precisión doctrinal, con formas culturales que no cambiaran a pesar del paso de las décadas o de los siglos. No rechazarían a alguien que mostrara interés en el evangelio, pero tampoco se saldrían de su zona de confort para aceptarlo hasta que el Espíritu Santo abriera sus ojos a la verdad de Jesucristo. Clowney y Keller nunca estaban cómodos predicando al coro reformado.

Al pasar los años, los críticos culparon a Keller por unirse a denominaciones con pastores que sucumbieron ante las presiones de adaptarse. Sin embargo, nunca perdía la esperanza de que un movimiento de iglesias emergiera y combinar un evangelismo innovador con predicación doctrinal, santidad personal con excelencia artística, generosidad radical junto con una integración fuerte de la fe y el trabajo.

Keller nunca abandonó la visión de Ed Clowney de la cabeza inclinada.

«¿Qué podría conducirnos a un creciente movimiento de iglesias centradas en el evangelio?», escribió Keller en la visión teológica para TGC en 2007. «La respuesta final es que es necesario que Dios, para su propia gloria, envíe un avivamiento en respuesta a las oraciones fervientes, extraordinarias y constantes de Su pueblo».[72]

CUARTA PARTE

DE CIUDAD GÓTICA AL MUNDO

1989 hasta la actualidad

CATORCE

AMOS DEL UNIVERSO

Ciudad de Nueva York

Kitty Genovese.

El nombre evoca una advertencia clara y aterradora entre una generación de estadounidenses que conocieron su historia de 1964.

O que al menos creyeron conocerla.

Se dice que más de veinte neoyorquinos vieron cómo un asaltante apuñaló a Genovese durante más de veinte minutos sin siquiera molestarse en denunciar el crimen ni, mucho menos, en intervenir para ayudar. Nadie la asistió, ni siquiera cuando gritó y cruzó la calle corriendo como una loca, de un lado para otro.

«Este episodio conmocionó por completo a los estadounidenses. Se realizaron estudios sobre esta indiferencia urbana ante la crisis de un vecino», escribió Ray Bakke en 1987, dos años antes de que Tim Keller plantara la Iglesia Presbiteriana Redeemer. «¿Cómo es que la gente puede quedarse parada mirando cómo matan a alguien, sin hacer nada?».[1]

No fue hasta 2016 que *The New York Times* por fin reconoció que su reportaje original, en el que se sugería que treinta y ocho personas habían visto a Genovese morir en Queens, podría salir mal parado frente al escrutinio. De hecho, un valiente vecino sí corrió para ayudar a Genovese, pidió a gritos que los vecinos llamaran a la policía y luego sostuvo el maltratado cuerpo de la muchacha hasta que apareció la ambulancia.[2]

Sin embargo, para ese momento, el daño ya estaba hecho. El término *urbano* se había vuelto sinónimo de *crimen violento*.

Tras graduarse de la Universidad Purdue en Indiana, Glen Kleinknecht se mudó a Nueva York en 1976, durante uno de los momentos más críticos de la ciudad. El nombre David Berkowitz (mejor conocido como Hijo de Sam) se había vuelto una obsesión nacional luego de que matara a seis personas en la Ciudad de Nueva York entre 1976 y 1977. Kleinknecht se mudó a Nueva York tras leer *La cruz y el puñal* de David Wilkerson, publicado en 1963. El libro inspiró a muchos evangélicos jóvenes y entusiastas a seguir el ejemplo de Wilkerson y predicar de Jesús entre las pandillas en Brooklyn y en otros barrios conflictivos. Kleinknecht recuerda que, en las décadas de los setenta y ochenta, cuando uno mencionaba a Nueva York, se convertía en una celebridad en las fiestas entre cristianos. Un silencio se apoderaba del salón. Era inevitable que alguien preguntara por el crimen. Kleinknecht aprendió la lección de no alardear sobre los peligros cuando, sin darse cuenta, hizo que un amigo desistiera de mudarse a la ciudad.

Pareciera que todos los que estuvieron en Nueva York en esos años tienen una historia de crimen, o varias, para compartir. Entre 1971 y 1988, la población del área metropolitana de Nueva York descendió desde los casi 18,4 millones de residentes a menos de 17,9 millones. Los crímenes violentos dentro de la ciudad casi se cuadruplicaron entre 1965 y 1990. Se registraron 836 asesinatos en 1965 y 2605 en 1990. Durante el mismo período, las violaciones se duplicaron y los robos se cuadruplicaron.[3]

En aquel entonces, la Universidad de Nueva York no pudo ocultar su ubicación geográfica. Sin embargo, la Universidad de Columbia lo intentó. Durante gran parte de la década de los setenta y hasta los ochenta, era difícil asegurar que incluso un residente de Nueva York *amara* la ciudad. En 1989, una encuesta acaparó todas las portadas al mostrar que la mayoría de los neoyorquinos se irían de la ciudad, si tuvieran la opción.[4]

Si uno era cristiano, también debía preocuparse por los desafíos de conectarse con otros seguidores de Jesús. Lora Gaston se mudó a Nueva York a mediados de los ochenta por un trabajo en Wall Street. Sin embargo, no encontró ninguna comunidad que fuera evidentemente cristiana. «¡Me sentía como la única cristiana con menos de ochenta y cinco años en Nueva York!».[5]

No lo era. No obstante, los líderes protestantes, católicos y judíos venían informando, al menos desde 1975, que sentían que no contaban con el apoyo del ciudadano promedio de Nueva York. Ya no podían alegar que hablaban en nombre de los valores estadounidenses. Quizás podían ofrecer contribuciones marginales a quienes tenían verdadera influencia social en la industria del entretenimiento y en la política. *The New York Times* identificó una mentalidad de sobrevivencia entre las iglesias protestantes de blancos en Nueva York, iglesias a las que les costaba colaborar con sus homólogas de color, mucho más numerosas.

«La ciudad ha abandonado en gran medida la religión», explicó para el *Times* el doctor Bryant Kirkland, pastor de la Iglesia Presbiteriana de la Quinta Avenida, a una cuadra del Museo de Arte Moderno. Salvo algunas excepciones notables, hacia 1975 los protestantes blancos tradicionales de las generaciones anteriores habían desaparecido casi por completo de la élite de la sociedad neoyorquina.[6] Una notable excepción fue la élite protestante histórica que, en 1979, comenzó con la construcción de la Torre Trump frente a la Iglesia Presbiteriana de la Quinta Avenida.

Pocos imaginaban que este promotor se convertiría un día en el presidente de Estados Unidos. Era un escenario casi tan improbable como la nueva ola evangélica que, a fines de la década de 1980, llegaría a Manhattan.

Evangelismo *yuppie*

A mediados del siglo XIX, Nueva York era la capital evangélica de Estados Unidos. Ningún lugar ilustraba mejor lo que podía suceder cuando los púlpitos resonaban con la predicación de la Palabra de Dios.[7] La sobria historia anglicana y reformada holandesa dio paso al fervor evangélico. La Primera Iglesia Presbiteriana acogió al evangelista inglés George Whitefield en 1739 cuando las iglesias anglicanas lo excluyeron. Hacia 1857, incluso la Iglesia North Dutch se unió al reavivamiento cuando el evangelista laico Jeremiah Lanphier comenzó a dirigir reuniones de oración en la calle Fulton en el Bajo Manhattan, apenas meses antes de que el pánico financiero inundara la ciudad.

Hasta ahora, ningún avivamiento en la historia estadounidense ha logrado tener el alcance que tuvo el Avivamiento de Oración de 1857 y 1858. A partir de entonces, Nueva York se convirtió en el destino que buscaban los principales evangelistas de cada generación, como en el caso de Dwight Moody en 1876. De la agitación evangélica de la ciudad surgirían ministerios paraeclesiásticos tan influyentes como las sociedades Mission and Tract Society y American Bible Society. El historiador Matthew Bowman relata:

> Hacia la década de 1880, el evangelicalismo ya estaba bien afianzado entre las clases gobernantes de la Ciudad de Nueva York. La clase media de ascendencia noreuropea impulsó la expansión de las iglesias bautistas, presbiterianas, metodistas y episcopales evangélicas en la Nueva York de mediados del siglo XIX. En ciertos barrios de Manhattan y, en particular, en las zonas de moda alrededor del Central Park, el protestantismo evangélico se impuso claramente como la fe

dominante; un tercio de quienes poblaban las zonas residenciales de clase alta en la Quinta Avenida tenían cierta afiliación a una iglesia evangélica.[8]

La consiguiente afluencia de inmigrantes, tanto de minorías étnicas como de católicos, desestabilizó a la élite protestante de Nueva York. Las iglesias protestantes se dividieron según la forma en que relacionaban el evangelismo con el ministerio de la misericordia, así como también por la autoridad y la precisión bíblica. Las iglesias de los barrios periféricos nunca decayeron tanto ni tan rápido como las de Manhattan, que sufrieron una gran fuga de gente blanca en las décadas de 1950 y 1960. Los evangélicos de toda la ciudad, incluidas las clases trabajadoras que nunca se fueron a Connecticut y Nueva Jersey, se reunían en iglesias específicas para cada etnia dentro de los escaparates de puestos comerciales. La congregación del Brooklyn Tabernacle llevaba creciendo desde principios de los años ochenta. Sin embargo, en Manhattan, al sur de la calle 95, no ocurría gran cosa, al menos hasta que tres iglesias evangélicas dieron señales de vida al acoger a nuevos pastores: Jim Rose en la Iglesia Bautista Calvary, Gordon MacDonald en la Iglesia Bautista Trinity y Martyn Minns en All Angels.

La transitoriedad aún era un problema para los evangélicos de una ciudad que experimentaba cambios sistemáticos. Tom Wolfe captó el estado de ánimo con su *bestseller* número uno de 1987, *La hoguera de las vanidades*, uno de los libros que Tim Keller leyó antes de mudarse de Filadelfia a Nueva York. Al inicio del libro, nos encontramos con Sherman McCoy en su apartamento de Park Avenue en el Upper East Side, con techos de casi 4 m (12 ft) de altura y dos alas, una es para la servidumbre y, la otra, para los propietarios: blancos, anglosajones y protestantes.[9] Atormentado por la culpa, McCoy se justifica por engañar a su esposa y causarle daño a ella y a su hija. Al fin y al cabo, es un «Amo del universo», uno de los trescientos o quinientos hombres de Wall Street que pueden cobrar cincuenta mil dólares de comisión por una sola operación.[10]

McCoy muestra poca empatía por «las radiografías sociales», el término con el que se refiere a su esposa y a las amigas de ella. Son tan delgadas que uno puede ver la luz de las lámparas a través de sus huesos mientras intercambian consejos sobre paisajismo y diseño interior.[11] McCoy también resiente a los otros Amos del universo, como a su compañero del colegio, quien solo «tenía cuarenta años, pero desde hacía veinte ya parecía que tuviese cincuenta».[12] Todos ellos comparten «esa tremenda preocupación que ocupa la base misma del cerebro de todos los vecinos de Park Avenue sur y de la calle 96»: «un joven negro, un chico alto, fuerte, con zapatillas deportivas de color blanco».[13]

Veinte años después de que la obra de ficción de Wolfe hiciera furor, Jordan Belfort sitúa lo que él describe como sus memorias en el mismo año de 1987. Belfort adopta el apelativo de Wolfe, Amos del universo, y resulta difícil saber si está escribiendo historia o viviendo la misma fantasía icaria de *La hoguera de las vanidades*. Para describir Nueva York en 1987, Belfort escribió:

> Wall Street estaba en plena fase ascendente, y escupía nuevos millonarios a docenas. El dinero era barato, y un tipo llamado Michael Milken había inventado algo llamado «bonos basura» que cambió la manera de hacer negocios de las empresas estadounidenses. Fue una época de codicia desenfrenada y de alocados excesos. La era del *yuppie*.[14]

Eso significaba que era hora de que un ministerio pudiera evangelizar a los *yuppies*. ¿Quién les presentaría a estos Amos del universo a *El* Amo del universo?

Fundamentalistas sencillos

Art DeMoss amasó sus millones gracias a la venta de seguros por correo antes de morir por un ataque cardíaco en 1979, en la cancha de tenis. Seis años después, su viuda, Nancy DeMoss, comenzó a organizar cenas de alto nivel para estos Amos del universo y sus compatriotas de clase alta. Si esta gente ya no iba a la iglesia, ella iría a ellos con el mensaje de Jesús.

En mayo de 1988, invitó al expolítico nacido de nuevo Chuck Colson, quien había hecho campaña a favor de Nixon, a una cena junto a 700 personas. Henry Luce III, presidente de la fundación Luce y anciano de la Iglesia Presbiterana de Madison Avenue, asistió a una cena de DeMoss en 1987.

«Es una nueva forma de abordar la religión: promoverla a gran escala ante personas metropolitanas sofisticadas —afirmó para la revista *New York*—. Estoy seguro de que es fundamentalista. Sin embargo, había muy pocas citas bíblicas específicas o comentarios teológicos».[15] Es interesante notar que este mismo modelo también había ayudado a promover el Avivamiento de Oración de 1857 y 1858.

La propia DeMoss, madre de siete niños, hizo un sencillo llamado evangelístico, registrado en el artículo de *New York*:

> Mi esposo, Art, fue uno de los peores réprobos que alguna vez conoció Nueva York, pero qué gigante del cristianismo llegó a ser [...]. Hace nueve años, perdí a Art, y fue entonces cuando comenzó mi verdadero aprendizaje. Luego, mi hijo murió en un accidente automovilístico y perdí también a una hermana y a mi madre. Sin embargo, me considero una de las personas más afortunadas del mundo. Tengo una paz perfecta que sobrepasa todo entendimiento y, ¿saben?, nada puede robarle a uno la paz de Dios. Esta no es mi propia filosofía presuntuosa. Es el plan de Dios. ¿Sienten un tirón en su corazón?[16]

El ministerio no terminó con las cenas. La casa DeMoss era una mansión centenaria adquirida en 1986 sobre el Upper East Side, en la calle 73 Este. El equipo organizaba estudios bíblicos y cenas para hacer un seguimiento a los asistentes. Sin embargo, la casa DeMoss era más ecléctica que las cenas de la alta sociedad. El ambiente no era tan formal.

La gente provenía más bien de las finanzas y la moda, de Wall Street y Madison Avenue, de la radiodifusión y el derecho. Hasta 150 personas asistían a los estudios bíblicos los martes o los miércoles por la noche. Entre los temas que se trataban estaban: «¿Por qué molestarse con Jesús?» y «¿Puedo confiar realmente en la Biblia?». Los medios de comunicación describieron este ministerio no confesional como «fundamentalista sutil y sencillo»,[17] pero el personal de la casa DeMoss prefería describirlo como «cristianismo histórico o bíblico».[18] Las charlas advertían del juicio eterno, pero también respondían a preguntas sobre la ansiedad y el propósito.

La casa DeMoss era la sede de Executive Ministries, parte de la Cruzada Estudiantil y Profesional para Cristo (ahora Cru), uno de los principales beneficiarios de la riqueza de la familia DeMoss. Ron Fraser, el líder de Executive Ministries, explicó que aun los neoyorkinos más exitosos y ricos tienen una necesidad espiritual. Y, cuando logran conocer a Cristo, pueden compartir de esa fe con sus numerosos amigos influyentes.[19]

DeMoss y Executive Ministries hallaron una forma para que la clase ascendente de *yuppies* neoyorkinos explorara el cristianismo en medio de entornos familiares conocidos. Solo faltaba una cosa.

No sabían a qué iglesia llevar a estos *yuppies*.

Del huerto a la ciudad

Diane Balch, quien ayudó a dirigir la casa junto a su esposo, Dave, oraron para que Tim Keller se diera cuenta de que debía convertirse en su pastor.[20] Lo necesitaban. Y no podían esperar.

Los *yuppies* de la casa DeMoss habían intentado asistir a otras iglesias evangélicas. Sin embargo, querían algo que se sintiera más auténticamente como la Nueva York que habían amado en los ochenta. Querían que fuera un lugar culturalmente relevante, contemporáneo y a la vez, clásico, dedicado a la teología profunda, al alcance evangélico y a la renovación espiritual al mismo tiempo. Querían un lugar al que pudieran llevar a sus amigos. No querían una iglesia que pudiera ser trasplantada a Milwaukee o a Chattanooga. No se sentían cómodos en esos lugares que habían dejado atrás. Nueva York era el lugar donde habían cobrado vida. Desde la primera vez que viajó desde Filadelfia para hablar ante Executive Ministries en la casa DeMoss, Keller cautivó a estos jóvenes adultos con la historia de las Escrituras que comienza en un huerto y termina en una ciudad, lo que significa que Dios ama la ciudad. Y ellos también deberían hacerlo.

Cuando Redeemer nació, estos cuarenta y tantos cristianos de la casa DeMoss constituían su columna vertebral. Siete de ellos servían como parte del personal de Cru, que los comisionó para evangelizar a tiempo completo y capacitar a nuevos conversos para hacer lo mismo. Invitaron a sus amigos a visitar la iglesia en masa. En comparación con los neoyorquinos de toda la vida, así como con los nuevos residentes, el grupo de la casa DeMoss tenía muchos más amigos cercanos que no eran cristianos. Esa es una de las principales razones por las que, dos o tres años después del inicio de Redeemer, el 50 % de los asistentes no habían estado previamente vinculados a una iglesia.

Un pastor que creció en Pensilvania y que pasó la mayor parte de su carrera ministerial en Virginia no debió de haber sido el preferido de la casa DeMoss. No es que Keller tuviera un don cultural innato para alcanzar Nueva York. Su amigo de Bucknell, Bruce Henderson, recuerda la primera vez que vio a Keller en la ciudad. Era un día de agosto de 1969 y hacía 35°C (95°F) en Harlem del Este. Su amigo Bob Pazmiño, del Bronx, iba a casarse con una mujer que había conocido en un retiro de InterVarsity. La boda estaba demorada por varias horas porque alguien había robado los adornos del pastel. Mientras hacían tiempo afuera y esperaban a que se reanudara la boda, Henderson notó algo con el rabillo del ojo. En la cuadra hacia el oeste venía Keller, con su 1,95 m (6 ft 4 in) de altura, vestido con un traje verde y con una gran caja de regalo. Se había equivocado de tren y había acabado en el lado oeste de Harlem.

Cuando se dio cuenta de su error, caminó por algunas de las calles más peligrosas de Harlem, llamando la atención por su etnia, su vestimenta, su tamaño y, por supuesto, por el enorme regalo de boda que llevaba con él.

Aun si hubiera querido abrir una nueva iglesia en Nueva York, cosa que no quería, Keller se enfrentaba a una ardua tarea, dada su procedencia. ¿Cómo podría relacionarse con una cultura de Manhattan que desprecia la cortesía, la modestia y la amabilidad? ¿Cómo podría abrir una iglesia para personas que viven para trabajar, para demostrar su valor profesional en el escenario del mundo? En el primer mes tras mudarse a Nueva York, habló con más personas que sentían atracción por el mismo sexo que todas las que había conocido en Filadelfia durante los cinco años anteriores. Apenas podía imaginar la cantidad de dinero que la gente ganaba en Wall Street, incluso quienes no habían tenido otro trabajo antes. En Nueva York, los comentarios sobre sus sermones llegaban de forma rápida y furiosa: no como respuesta a sus amables preguntas, sino de manera espontánea, sin filtro alguno que protegiera sus sentimientos. Esas críticas hicieron que se apresurara en hacer modificaciones.

Gracias al tiempo que había pasado estudiando con Harvie Conn, estaba advertido: sabía que debía esperar una transición dura. Conn describió el desafío que afrontan los líderes al reubicarse a la ciudad:

> El escenario urbano resulta desconocido y ajeno a la forma en que estos líderes viven y ejercen el ministerio. Provienen de comunidades homogéneas que generalmente representan un estrato socioeconómico diferente. Se han concientizado de las necesidades de la ciudad y se han visto atraídos por lo que sienten que es un llamado del Señor. Necesitan pasar tiempo y capacitarse para orientarse en el nuevo contexto.[21]

Para mudarse de Filadelfia a Nueva York, sería necesaria la mentalidad de un misionero transcultural. Esos misioneros no deben confiarse solo porque comparten algunos aspectos de la cultura, como el idioma. Para ellos, el abismo de entendimiento puede ser aún mayor que si se mudaran al extranjero.[22] Quizás Tim Keller podía abrir una iglesia que alcanzara a quienes estaban de paso en Nueva York, quienes llegaban desde las regiones del Sur o del Medio Oeste por cuestiones educativas y laborales. Sin embargo, ¿cómo podía alcanzar a los neoyorkinos nacidos y criados allí y que no podían imaginarse viviendo en ningún otro lado?

Luego de que Terry Gyger, coordinador de la Misión a Norteamérica, le planteara la idea por primea vez en marzo de 1987, Keller presentó varias objeciones. Él mismo no podía generar más de un 10 % de entusiasmo y a Kathy le sorprendió que tuviera ese porcentaje tan alto por la sugerencia. Aun le quedaba un año de su contrato con el Seminario Westminster. No tenía contactos fuertes en la ciudad. No contaba con una donación que pudiera sustentarlo. Un pastor le advirtió que la iglesia no sobreviviría más de quince años, y que solo resistiría ese tiempo si la denominación los sostenía financieramente.[23]

Salvo por Gyger y algunos de sus colegas, Keller no halló muchas personas que consideraran una buena idea que plantara una iglesia en Nueva York. Le dijeron que las iglesias no podían prosperar en esa ciudad liberal y agitada. Las iglesias dependen de las familias de clase media: justo el grupo demográfico que venía huyendo de Nueva York desde hacía décadas y que había dado lugar a la estratificación racial y económica descrita por Tom Wolfe. Nueva York se había convertido en una ciudad para los ricos y los pobres, los críticos y los cínicos. Los *yuppies* disfrutaban demasiado la parafernalia de sus vidas de solteros como para molestarse con la iglesia. Las iglesias que ya existían en Nueva York apenas lograban mantener sus luces encendidas durante las décadas de 1970 y 1980.[24]

Gyger tenía la idea correcta de que las iglesias de la ciudad podían alcanzar los suburbios, y no al revés. Sin embargo, no podía encontrar a nadie que lo hiciera, incluso cuando el éxito de la casa DeMoss reveló una oportunidad única. Skip Ryan, quien había crecido en Connecticut, no podía hacerlo. Su mujer acababa de dar a luz a una hija con necesidades especiales. Joe Novenson, quien ya había sido contratado para el puesto en la Iglesia Bautista Trinity, decidió quedarse en el Sur.

Sin embargo, por mucho, la mayor objeción a la idea de mudarse a Nueva York no provenía de amigos ni de colegas. Los propios Tim y Kathy no querían ir. Les gustaba su habitable suburbio de Filadelfia. Tim acababa de ser ascendido a profesor a tiempo completo en Westminster. Les encantaba su iglesia y la comunidad del seminario, que los apoyaba mucho. Tim disfrutaba de descansar, retirado del ministerio pastoral. Si Gyger quería una nueva iglesia que pudiera alcanzar a toda la ciudad, alguien más tendría que ir. Y Tim estaba decidido a ayudar a Gyger a encontrar ese *otro* pastor, incluso mientras seguía componiendo epístolas sobre la oración y esperando por Dave y Diane Balch, Ron y Patsy Fraser y el resto del equipo de Executive Ministries de la casa DeMoss.

Como era el miembro más norteño de la Misión a Norteamérica (MNA), Keller aceptó investigar Nueva York para que en el futuro se plantara una iglesia allí. Sam Ling, pastor de la PCA en Flushing, Nueva York, conectó a Keller con varios líderes clave, incluidos Glen Kleinknecht de Here's Life y Diane Balch y Ron Fraser de Executive Ministries. Durante una cena el 13 de octubre de 1987, Ling y Keller, junto a su colega de la MNA Jim Hatch, acordaron recomendar formalmente una nueva plantación de la PCA para Nueva York.

Keller volvió a intentar, sin éxito, reclutar a Skip Ryan. Dick Kaufmann parecía ser un candidato ideal para la plantación. Había crecido en Nueva Jersey y obtenido su MBA en la Escuela de Negocios Harvard, además de ser contador público certificado con Arthur Anderson. Como era un gestor de empresas con experiencia, su ingenio y su ambición eran comparables con los de los Amos del universo. En Harvard, él y su esposa, Liz, planearon su vida hasta los ochenta años.

Kaufmann llegó a hacer una oferta por un apartamento y su hijo alcanzó a rendir exámenes para conseguir lugar en la escuela secundaria. Seguro de que había encontrado a la persona adecuada, Keller partió hacia Inglaterra en un viaje en el que predicó diecinueve veces en veintiún días. Cuando volvió de Inglaterra, halló un mensaje de Kaufmann en su contestador automático. Tras orar y ayunar por tres días, Kaufmann no había sentido que Dios o los ancianos de su iglesia finalmente lo liberaran para abandonar su puesto actual. Esa puerta se había cerrado.

Keller comenzó a sentir que él era la única opción restante. Lo que lo detuvo más que cualquier otra cosa, era que se había dado cuenta de que su oración y su vida espiritual no aguantarían el alcance de este proyecto. Keller podía ver la necesidad. Podía sentir la oportunidad. Mientras trabajaba aun en Westminster, Keller había conducido entre dos horas y media y tres horas, primero una vez cada dos semanas y luego todas las semanas, para evaluar la situación en Nueva York. La diversidad y la arrogancia de la ciudad no lo intimidaban. No lo asustaba el obstinado secularismo ni la aridez espiritual.[25] De hecho, Keller percibía las mismas condiciones favorables para el avivamiento que había disfrutado veinte años antes como estudiante universitario durante el Movimiento de Jesús.

La presencia de Dios era palpable. El avance de Su reino parecía ser inevitable. Y ahora, la visión que Keller tenía para la iglesia había recibido un enfoque por medio de la experiencia y el estudio: el énfasis en la renovación por el evangelio, de New Life; la presencia urbana en el centro de la ciudad, de la Décima Iglesia Presbiteriana; el alcance comunitario cosmopolita neocalvinista, de L'Abri y el amor por toda la ciudad, del Center for Urban Theological Studies.

Al intentar convencer a otros para que fueran, Keller se convenció a sí mismo.

Keller no cambió de opinión ni de idea gracias a las películas, los libros y la música sobre Nueva York, sino por medio de una autoevaluación espiritual cuando una oscuridad descendió sobre él. Keller sabía que no tenía buenas razones para rechazar la invitación directa de Dave Balch a aceptar el trabajo. Sabía que no podía valerse solo del talento en Nueva York. Y temía que sus carencias espirituales quedaran expuestas. Al final, fue un puritano quien dio a Keller el empujón decisivo que necesitaba para aceptar el llamado. En *El cristiano con toda la armadura de Dios*, de William Gurnall, Keller leyó: «Para obedecer fielmente a Dios hace falta un espíritu más valiente que para comandar un ejército; y para ser creyente, más que para ser capitán».[26] Para Keller, esto significaba que debía dejar de ser un cobarde. Sin importar su decisión, necesitaba vivir con más valentía. *Igual podría ir a Nueva York*, concluyó. De inmediato, Keller observó un gran avance en su vida de oración.

Orar hasta el cansancio

A medida que se aproximaba la decisión final de mudarse a Nueva York, Keller afrontó lo que parecía ser un último obstáculo insalvable. Esperó tanto como pudo para comprometerse con el grupo de Balch porque Kathy no quería criar a sus hijos (que en ese momento tenían diez, ocho y cuatro años) en la ciudad. Años atrás, *La cruz y el puñal* de David Wilkerson había sido el primer libro cristiano que ella leyó escrito por alguien distinto a C. S. Lewis. Había decidido mudarse a Nueva York y servir a los integrantes de pandillas. Sin embargo, el matrimonio y la familia se interpusieron y le generaron ciertas dudas sobre ese plan original.

Había oído historias de terror sobre matrimonios que se desmoronaban cuando un pastor con pocos recursos intentaba amontonar a tres niños en un estudio de Nueva York. ¿Qué iba a decirles a sus hijos que hicieran para divertirse? ¿Qué fueran a jugar en el tráfico? Creía que sus hijos necesitaban espacio y seguridad, cosas que Nueva York no podía ofrecerles. Y eso incluso después de tener en cuenta su enfoque de crianza de no intervención. Su filosofía era que había que criar al primer hijo como se cría al último, y que si nadie moría ni iba a la cárcel, había sido un buen día de crianza.[27] En palabras de Kathy, sus hijos ya eran «víctimas de una mala crianza» y temía que acabaran siendo una historia aleccionadora en Nueva York.

Consciente de la reticencia de Kathy, Tim insistió en que no llevaría a la familia allí si no tenía su aprobación. Kathy no se aguantó: «¡No me obligarás a tomar esta decisión! Tú eres la cabeza de este hogar. Si Dios te llama a Nueva York, yo lo discutiré con Dios». Y eso hizo, durante la santa cena en la Iglesia New Life, en Filadelfia. Después de todo lo que Dios había hecho por ella, pensó Kathy, *¿Era demasiado que le pidiera criar a su familia en Nueva York?* «¡Supongo que nos vamos!», concluyó.[28]

Aun entonces, Tim sentía cierta reticencia ante su propia decisión. Llamó a su amigo de Bucknell, Bruce Henderson, para hablar sobre el proyecto. «No estaba contento —recuerda Henderson—. Se sentía presionado a aceptar el trabajo». Keller quería saber si perjudicaría a sus hijos al llevarlos a Nueva York. «¿Te pagarán lo suficiente para que vivas en un buen lugar? —preguntó Henderson—. Si es así, ve».[29]

Los amigos de Keller en Filadelfia venían orando por Tim desde hacía meses, mientras buscaba a un pastor distinto para que aceptara este llamado. Luego, poco a poco, Tim se dio cuenta de que él tendría que ir. Finalmente, fue a ver al grupo y anunció: «Yo mismo tengo que hacer esto».[30]

Kathy considera que esa decisión fue «lo más valiente que Tim ha hecho en su vida».[31] El traslado lo asustaba. Sin embargo, sentía el llamado de Dios. No tenía forma de saber que el resultado sería una megaiglesia dinámica y en crecimiento. Simplemente sabía que ese era el próximo paso de fe, aun si la iglesia terminaba fracasando.

Los Keller no se mudaron a Nueva York sino hasta junio de 1989, después de la plantación de la iglesia. Obtuvieron lo mejor de ambos mundos al vivir en Roosevelt Island, donde Glen y Carole Kleinknecht ya estaban criando a dos hijos. Roosevelt Island no es un suburbio. Los Keller aun formaban parte de la ciudad, algo que, gracias a Harvie Conn, Keller sabía que sería vital para su liderazgo pastoral. Sin embargo, se instalaron en una parte de la ciudad separada y diferenciada de los barrios más concurridos. Los Keller consiguieron la aprobación para unir dos apartamentos. La familia vivía en uno, mientras que Tim utilizaba el otro como un espacio para su oficina, así como para reuniones de grupos pequeños. Podían reunirse cincuenta personas cuando era necesario, lo que los ayudó a poner en marcha una iglesia que no tenía un espacio dedicado a las reuniones.

Los Keller no se han mudado nunca desde que llegaron a Nueva York en 1989. Hay libros esparcidos en cada habitación de ambos apartamentos. Incluso cuando Redeemer alquiló un espacio, Keller mantuvo su estudio en casa y escribió allí sus sermones. Marlene Hucks ayudó a los Keller a trasladar cajas al apartamento el primer día. Ella recuerda que, en 1989, Roosevelt Island consistía solo en cuatro torres residenciales altas envueltas en una tranquilidad de otro mundo, con un ritmo mucho más lento que el del resto de la ciudad. Le tomaba noventa minutos llegar desde el Upper West Side a Roosevelt Island en tranvía, tren, autobús y caminando.[32] Los Keller estaban *en* la ciudad, aunque no eran del todo *de* la ciudad.

Las plantaciones de iglesias anteriores habían fracasado a causa de la resistencia de la Ciudad de Nueva York y la insuficiencia de recursos. Abrir una nueva iglesia en Nueva York no era como empezar con otra congregación en Greenville, Carolina del Sur. Y la PCA estaba decidida a proveer para Redeemer y para los Keller. Algo que ayudó fue que Tim desarrolló una red para recaudar fondos para la PCA por medio de su trabajo en ministerios de misericordia. Cada año, la asociación de Mujeres en la Iglesia de la PCA se organizaba para entregar una ofrenda especial para uno de los ministerios de alcance de la denominación. En el primer año de Redeemer, ese beneficiario fue la Misión a Norteamérica, el grupo que antes empleaba a Tim Keller y que, por medio de Terry Gyger, le había encargado ir a Nueva York. Redeemer recibió casi noventa mil dólares de estas mujeres presbiteranas: aproximadamente un tercio del total que se recaudó para la plantación.

Sin embargo, su apoyo no se limitó a este regalo. Kathy escribió a estas mujeres lo que ella admite que fueron «las cartas de oración con más quejas y autocompasión que alguien haya escrito o recibido alguna vez».[33]

Desde la perspectiva de Kathy, estas mujeres simplemente estaban sumamente agradecidas de no estar en su lugar, tratando de criar a tres varones en una ciudad grande y violenta. Incluso recibió pequeñas colectas familiares de doce dólares cuyo destino era que su familia saliera a comer a McDonald's. Nunca dejaría de agradecer a Dios por estas mujeres.

«Oraron hasta el cansancio —afirmó Kathy Keller—. Es como si no hubiéramos podido tomar una mala decisión en esos primeros años. Estoy convencida de que nunca se plantó una iglesia, ni siquiera en los tiempos del apóstol Pablo y la iglesia del siglo I, que tuviera a tantas personas, en especial a mujeres, orando por ella».[34]

Al parecer, cada una de esas mujeres conocía a un joven adulto, a algún familiar o amigo en la Ciudad de Nueva York que necesitaba a Jesús. ¿Qué hace uno el primer día en que se planta una iglesia en Nueva York? «Tim fue paciente y fiel a la hora de contactar a todos y cada uno de los asistentes», recuerda Jackie Arthur, el secretario voluntario de Tim en Nueva York. Era como si fuera un estudiante de tercer año en Bucknell. «Sacó de sus bolsillos pequeños trozos de papel que tenían nombres y números garabateados y comenzó a llamar: fue un comienzo bastante notable».[35]

Otro tercio del financiamiento inicial de Redeemer provino de la Iglesia Spanish River, una de las congregaciones que con más agresividad plantaba iglesias en la PCA. Su pastor, David Nicholas, cofundó la red de plantación de iglesias Acts 29. Nicholas se inquietó cuando supo que otras tres iglesias evangélicas de Manhattan acababan de contratar nuevos pastores. No obstante, Keller le aseguró que mucha gente seguía necesitando una nueva iglesia en Manhattan.

Keller no se centró en reclutar a los evangélicos que estaban en la ciudad.[36] Quería recrear L'Abri como una iglesia local para una ciudad notablemente secular. En Redeemer, se alentaba a los cristianos a traer a sus amigos no cristianos. Tim se reunía con esos amigos durante la semana para conocer sus objeciones y luego las incorporaba a sus sermones la semana siguiente. Añadía elementos de consejería para discernir los temas que yacían detrás de las preguntas.[37] «Tenía un don para entender o escarbar hasta que encontraba lo que realmente le estaban preguntando», recuerda Jim Pichert.[38] Con frecuencia iniciaba las conversaciones preguntando: «¿Está todo bien con tu alma?».[39] Keller se reunía con tanta gente en el restaurante Tramway Diner, en el puente de la Calle 59 y la Segunda Avenida, que Kathy a menudo llamaba al teléfono de la cocina como si fuera la oficina de Tim. Al restaurante no le importaba: Tim les proporcionaba un negocio estable, pues tres o cuatro personas iban con él cada día.[40]

Keller conoció a una gran variedad de personas. Esto le ayudó a evitar el círculo vicioso de la predicación en el que, si uno se enfoca en las mismas personas, los sermones se vuelven poco atrayentes. Para Jackie Arthur, miembro de Redeemer, Keller parecía saber escuchar.[41] Mucho antes de que escribiera algún *bestseller*, Tim oyó lo que parecía ser todas las objeciones posibles contra Jesús. Y, cuando regresaba a su casa, revisaba sus libros para ver si podía dar mejores respuestas a esas preguntas. Responder preguntas también lo ayudaba a mejorar su memoria gracias a la repetición.[42]

Los neoyorquinos no lograban entender cómo es que parecía saber exactamente qué estaban pensando. «Sus predicaciones eran como las del litigante más extraordinario que alguna vez hayas oído», describió Glen Kleinknecht.[43] Lo que no sabían era cuánto tiempo dedicaba, no a hablar, sino a escuchar para mejorar su propia comprensión contextualizada del evangelio.[44]

Tras cinco años, este ciclo virtuoso de escuchar y aprender hizo que a Redeemer le quedara chica la Iglesia de Advent Hope, una congregación adventista del séptimo día en la Calle 87 Este entre Park y Lexington. Al trasladarse al auditorio de la Universidad Hunter en 1994, ganaron más espacio para reunirse y cuidar a los niños, aunque el auditorio estaba viejo y en mal estado. Miles de personas acabarían acudiendo al auditorio de la Universidad Hunter, situado en la Calle 68 del Upper East Side, a una manzana al este de Park Avenue. La sede más grande de la Iglesia Presbiteriana Redeemer se instaló entre los Amos del universo.

Veinte años después de *La hoguera de las vanidades*, el Bronx ya no ardía. La historia de Kitty Genovese ya no asustaba a los turistas ni a los profesionales jóvenes decididos a triunfar en el escenario más grande de la nación. Incluso los Amos del universo ahora oían cómo se predicaba el evangelio con términos que podían entender, de formas inspiradas por Nancy DeMoss. Sherman McCoy y Jordan Belfort habrían sido ilustraciones perfectas para los llamados que hacía Nancy después de la cena.

Busque una esperanza que ninguna comisión de cincuenta mil dólares puede satisfacer. Halle una paz que ninguna propiedad del Upper East Side puede ofrecer.

QUINCE

LA TIERRA DEL SÍ

Iglesia Presbiteriana Redeemer

Los primeros líderes de Redeemer recuerdan la iglesia como «la tierra del sí».

«Redeemer tenía una mentalidad empresarial que era sumamente infrecuente en las iglesias», afirmó Yvonne Sawyer, la primera líder de Hope for New York, el ministerio de misericordia en Redeemer.[1]

Yvonne viajó a varias ciudades para aprender de qué formas otras iglesias ponían en práctica el ministerio de misericordia. Participaba en sesiones con Tim Keller y otros miembros de Redeemer para intercambiar ideas, y casi todas las cosas de la lista se hicieron realidad. «Tim liberaba los dones de otras personas».[2]

Keller tuvo una visión para toda la ciudad: la visión de una iglesia que no reforzaría la superioridad moral de los cristianos ante sus prójimos. Trazó límites para mantener el enfoque de la iglesia en el evangelio. Dejó que otros decidieran los detalles de la implementación. No necesitaba controlar todo lo que hacía la iglesia. «Siempre estaba dispuesto a escuchar a otras personas», recordó Tim Lemmer, uno de los primeros miembros de Redeemer, veterano de décadas de *The Wall Street Journal*, donde edita la sección de cartas.[3]

«Daba la sensación de ser un ministerio para estudiantes, el sacerdocio de todos los creyentes», afirmó Katherine Leary Alsdorf, quien comenzó el ministerio Center for Faith and Work de Redeemer.

Daba esa sensación por diseño. Una visita observadora una vez describió a la iglesia como «Young Life para adultos». Y la visita no se refería solo a la alta concentración de adultos jóvenes. Keller seguía el calendario de Young Life en sus predicaciones. En el otoño, se centraba en la apologética, en especial por medio de sermones del Antiguo Testamento sobre la naturaleza de Dios. En el invierno, pasaba a predicar sobre la vida de Jesús y culminaba con la cruz y la resurrección para el Viernes Santo y la Pascua. En primavera y en verano se dedicaba a la salvación con la aplicación de cómo vivir como un cristiano.[4]

Keller también adoptó la estrategia evangelística de Young Life. Redeemer buscaba fomentar una comunidad cristiana amorosa y hospitalaria que acogiera a quienes no eran cristianos. La adoración y el discipulado no podían separarse de la evangelización. Redeemer no cambiaba su vocabulario entre quienes sí eran y no eran cristianos. La propia comunidad cristiana sería el programa evangelístico de la iglesia.[5] Keller creía que solo con este enfoque, que había visto en Young Life, pero también en L'Abri, alcanzaría a las generaciones más jóvenes. Cualquier otra estrategia representaría problemas. El modelo de «iglesia para buscadores» dividía el evangelismo de la comunidad. El evangelismo personal de Las cuatro leyes espirituales o la variedad del Evangelismo Explosivo no ayudaba a menos que la propia iglesia se orientara hacia el alcance de los perdidos. Y pocas personas se acercarían para escuchar a un predicador famoso, a menos que primero conocieran a un cristiano que los invitara.

Keller buscó transmitir a la iglesia local las mejores ideas paraeclesiásticas que él había visto y experimentado. Redeemer desafiaba tanto el legalismo como el relativismo. Confrontaba tanto los ídolos personales como los culturales: callejones sin salida hacia la autosalvación. Y mientras evangelizaba a los no creyentes, edificaba a los cristianos.

Felices y agotadores, los primeros años de Redeemer superaron en intensidad a todos los otros períodos en la vida de Tim Keller. Puede que no haya sido el candidato evidente para plantar el tipo de iglesia que Nueva York necesitaba. Sin embargo, entendía la contextualización gracias a sus estudios con Harvie Conn y aprendió de los neoyorquinos que no podía emplear las mismas estrategias que habían funcionado en los suburbios. Keller planificó servicios en la lengua vernácula de su ciudad, con música para quienes pasaban sus sábados por la noche en salas de conciertos o en el teatro.[6] La Ciudad de Nueva York contaba con diez compañías de ópera a tiempo completo en una época en que ninguna otra ciudad estadounidense tenía más de una. Clásica por la mañana y con jazz y folk por la noche, la música de Redeemer abrió sus puertas para la gran comunidad de artistas de la ciudad, que habían rehuido de otras iglesias evangélicas. Mientras otros pastores evangélicos de todo el país empezaban a vestirse de manera más informal, como muchos de los jóvenes conversos del Movimiento de Jesús, Keller se vestía de traje para su servicio matutino. La élite secular de la ciudad se inclinaba por un estilo más anticuado y formal. Con sus decisiones, Keller intentaba dar prioridad a los neoyorquinos nativos antes que a los jóvenes que residían ahí de paso.

Más que ninguna otra cosa, Keller contextualizaba sus prédicas y sus enseñanzas. Hablaba del pecado de tal manera que muchos de estos antiguos residentes de Manhattan pudieran entenderlo a partir de sus experiencias con el trabajo y el dinero. Hablaba de la salvación de tal forma que quedaban reflejadas sus esperanzas y aspiraciones para una ciudad mejor en el futuro. Predicaba sobre la Biblia con el tono de Pablo en el Areópago en Atenas (Hch. 17:16-34). Citaba a los artistas y los pensadores respetados por su público para secundar las conclusiones bíblicas.

Sin embargo, todo el enfoque neocalvinista de renovar la ciudad y aplicar el evangelio a todo en la vida, no habría servido sin un verdadero poder espiritual. Lo que hacía que Redeemer fuera única era la combinación de la visión que tenía Harvie Conn por la inquietud social (vivir la fe en las vocaciones y amar al prójimo haciendo justicia y misericordia) con lo que Tim Keller había aprendido de Richard Lovelace y Jack Miller sobre la renovación espiritual. Los sermones de Keller ponían de relieve la distinción entre la ley y el evangelio para ayudar, tanto a quienes no eran cristianos como a quienes sí lo eran, a descubrir la salvación solo por gracia. Al estudiar el avivamiento, percibió el momento oportuno para esos agotadores primeros años de Redeemer. Mediante la lectura de sermones de John Flavel y Jonathan Edwards, Keller se había preparado para una sensibilidad espiritual elevada.

Después de casi veinte años como cristiano, Keller descubrió el don espiritual que tenía para la evangelización en medio de este avivamiento.

Cuando los predicadores tienen dones espirituales, sus iglesias suelen crecer. Y cuando las iglesias crecen, ponen a prueba los dones de liderazgo de su pastor. Keller sabía que su liderazgo sería puesto a prueba mientras intentaba mantener unida una iglesia que crecía y que se apoyaba en gran medida en la acción de invitar a amigos no cristianos a una comunidad inspirada en L'Abri.[7] Lo que había visto y experimentado en el Movimiento de Jesús, como estudiante que frecuentaba InterVarsity, antes de encontrarse personalmente con Cristo, era más fácil de fomentar en grupos pequeños. Esta percepción lo ayudó a brindar su apoyo urgente a las plantaciones de iglesias que pudieran replicar comunidades tan vibrantes.

Cuando los primeros líderes de Redeemer miran la iglesia en retrospectiva, recuerdan las predicaciones de Keller que penetraban en el corazón. Sin embargo, recuerdan la comunidad en igual medida. Veían a Keller como uno de ellos y participaron de la carga de la plantación de la iglesia. Si pensaban que la iglesia debía orar más, podían, junto con uno o dos amigos, adelantarse y liderarlo.[8] En *Iglesia centrada*, Keller contrasta movimientos e instituciones:

> Una iglesia con dinámicas de movimiento, sin embargo, genera ideas, líderes e iniciativas desde la base. Las ideas vienen menos de reuniones estratégicas y más de conversaciones regulares entre amigos. Puesto que la motivación para el trabajo no es tanto un asunto de retribución e interés propio como un asunto de una disposición compartida al sacrificio debido a una visión contagiosa, tales iglesias naturalmente producen amistades entre miembros y ministros.[9]

Está narrando la historia del crecimiento de Redeemer en la década de 1990. Y está relatando la historia de la crisis de liderazgo que terminó por exponer sus debilidades.

Dejar atrás Narnia

Nueva York es la ciudad que nunca duerme. Excepto a las siete de la mañana.

Aun con los mejores *bagels* de la ciudad, es complicado pedir que asistan a las reuniones de oración de las 7 a. m. los profesionales que trabajan días largos que, en general, no comienzan sino hasta después de las 9.

Sin embargo, los jóvenes cristianos que oraban mientras se limpiaban mantequilla de la boca nunca olvidarán esas mañanas por Redeemer a fines de los ochenta.

«Teníamos la fuerte sensación de que Dios estaba preparándose para hacer algo, de que el Espíritu Santo se movía entre nosotros», recordó Lorraine Zechmann, quien ayudó a dirigir las actividades de alcance durante los primeros años de Redeemer. Comparó las reuniones de oración con la conmovedora experiencia de la conversión.[10] Otro de los líderes de Redeemer, Lane Arthur, atribuye a estas oraciones, que se centraban en la paz y en la prosperidad de la ciudad, el descenso de la delincuencia en Nueva York durante los noventa.[11]

En solo una generación, entre 1989 y 2019, el número de residentes de Manhattan que asistían a iglesias evangélicas creció de nueve mil a más de ochenta mil.[12] Ese tipo de crecimiento eclesiástico no suele darse sin «la oración extraordinaria» por la que Jonathan Edwards abogó en el Primer Gran Avivamiento. Keller elogió esta valiente oración, que pide a Dios unidad en la iglesia para que avance Su reino en la tierra.[13]

En *Outgrowing the Ingrown Church* [Cómo superar la iglesia que crece hacia adentro], uno de los libros más populares durante la historia temprana de Redeemer, Jack Miller contrastó la oración de «vanguardia» con la de «mantenimiento». La mayoría de las personas solo conocen las reuniones de oración como encuentros para oraciones de mantenimiento. Los cristianos comparten sus preocupaciones por el bienestar físico de los miembros conocidos. Sin embargo, en la oración de vanguardia, se confiesa el pecado, se promueve la humildad, se busca a los perdidos y se anhela conocer a Dios cara a cara, encontrar Su gloria.[14]

Esa es la clase de oración que hizo que, durante la primera guerra de Irak, los miembros de Redeemer comenzaran con intercesiones que duraban toda la noche, según el modelo de los reavivamientos coreanos de principios del siglo XX. Durante varios meses, a partir de las 9:00 de la noche de los viernes, un grupo de miembros de Redeemer oraba en unidad hasta las 6:00 de la mañana del sábado.

Ningún miembro de Redeemer mencionó la presencia de Keller en esas reuniones. Aunque sabían que era un pastor dotado, veían cómo Dios hacía la obra.[15] Y es así también como los Keller veían a Redeemer.

«¿Quiere saber cómo plantar una iglesia exitosa?», preguntó Kathy Keller. «Averigüe dónde está Dios comenzando un avivamiento y trasládese a ese lugar un mes antes».[16]

Según los Keller y otros de los primeros líderes de Redeemer, se comprometieron con la mayoría de las cosas que Dios bendijo en la iglesia. A veces, este discurso oculta la estrategia intencional que Tim utilizaba. Sin embargo, también refleja la forma en que Keller abordaba el liderazgo, lo dispuesto que estaba a hacer preguntas y a compartir la responsabilidad. Ni siquiera el nombre de la Iglesia Presbiteriana Redeemer pertenece a los Keller. La iglesia necesitaba un nombre para que Kathy pudiera abrir un buzón. Los Keller recomendaron Cristo el Rey. Años después, Tim publicó un libro titulado *Jesus the King* [Jesús el Rey].

La reacción ante el nombre que propusieron fue rápida y abrumadoramente negativa. Los miembros que habían vivido en la ciudad por más tiempo pensaban que el nombre era demasiado triunfante, casi marcial. Necesitaban una alternativa y la sugerencia ganadora provino de Marlene Hucks. Ella apenas se había mudado a Nueva York en diciembre de 1988 cuando oyó los planes de plantar una iglesia. Había regresado recientemente de Irlanda, donde sirvió con World Harvest Mission, organización fundada por Jack Miller. Cuando Tim Keller conducía desde Filadelfia, antes de mudarse a Roosevelt Island, se reunía con ella para tomar un café cada semana desde enero hasta junio de 1989. Le hacía preguntas sobre las misiones, la ciudad y la iglesia. A Hucks, que en ese entonces tenía veintitantos, le sorprendía que a Keller le entusiasmara tanto aprender de ella.

«Una se encuentra con hombres que no saben que ven a las mujeres con desconfianza, en lugar de verlas como compañeras —afirmó Hucks, quien luego se convirtió en la directora de área de InterVarity en Nueva York—. Nunca sentí que, por ser mujer, tuviera que dejar de lado mis dones o mi influencia».

Luego de que los Keller se mudaran a Nueva York, Hucks cenó con ellos todos los lunes durante dieciocho meses. Los veía como un modelo de matrimonio en el que ambas partes se respetaban mutuamente.[17]

En Winston-Salem, Carolina del Norte, Hucks había participado en una iglesia presbiteriana conocida como Redeemer. El proceso para que esa iglesia escogiera su nombre había sido elaborado y se habían preocupado profundamente por discernir la guía del Espíritu. Cuando ella sugirió el nombre en la reunión de Nueva York, rápidamente hubo consenso, sin necesidad de un proceso prolongado.

La curiosidad de Keller permitía que hubiera una formación espiritual e intelectual, pues recurría a docenas de fuentes. También favorecía el rápido crecimiento de Redeemer, con la ayuda de fervientes líderes laicos que sentían que su aportación era importante. En menos de 30 meses, la asistencia en Redeemer pasó de 0 a 1000 personas.[18] La iglesia comenzó a reunirse para orar y formar una visión, los domingos por la tarde, en el apartamento de Dave y Diane Balch. Redeemer celebró su primer servicio un Domingo de Ramos, en abril de 1989, a las 6:30 p. m., en la iglesia Church of Advent Hope, donde cabían 400 personas sentadas, cerca de Park Avenue, en el barrio de Yorkville, al norte de la Universidad Hunter en el Upper East Side. A finales de 1989, cuando solo había transcurrido medio año de historia de la iglesia, ya asistían unas 250 personas. El pequeño grupo de doce personas que se reunían antes de la inauguración ya sentía que la iglesia cambiaba a un ritmo dramático.[19] Redeemer se particularizó (ordenó a sus propios oficiales) en 1991, con un presupuesto de 694 000 dólares para gastos. Esa cifra se elevó a más de 1 millón de dólares en 1992, cuando la asistencia pasó a superar las 1000 personas. Incluso en esta primera etapa, Redeemer destinaba el 15 % de su presupuesto a las misiones.[20] Se habían sentado las bases para que la iglesia se expandiera en el futuro hasta convertirse en una red de iglesias misioneras.

Esforzados bajo las presiones del crecimiento, los líderes reunidos en torno a Keller percibieron que Dios estaba haciendo algo que ninguna estrategia meramente humana podría generar.

«Estaba sumamente lleno de gracia y de confianza de que lo que estaba sucediendo no era obra de nuestras manos, sino de las de Dios», recordó Hucks. «En ese tiempo, realmente era como si uno siguiera algo que Él estaba haciendo, algo que Él ya había trazado».[21]

Era un avivamiento. Y todos lo sabían, en parte porque Keller los había motivado a orar por ello. Por el resto de sus vidas, los miembros de Redeemer anhelarían que volviera a suceder.

«Fueron años fundamentales para nosotros —recordó Barbara Ohno—. Cuando salíamos de Redeemer al mundo, había un dolor en nuestro corazón, como si hubiéramos dejado atrás Narnia o Camelot. Dios nos permitió formar parte de un avivamiento. Él hizo algo increíble».[22]

Edificar y evangelizar

El crecimiento de Redeemer confundía tanto a los líderes de la PCA en el Sur como a los periodistas seculares en Nueva York.

Kathy Keller asumió el papel de directora de comunicaciones. Durante los años, muchos periodistas principales, entre quienes había algunos miembros de Redeemer, escribieron sobre la iglesia. Kathy comentó a uno de los periodistas:

—Es sorprendente que tantos veinteañeros y treintañeros con educación deseen asistir a una iglesia que enseña que no deben tener sexo fuera del matrimonio.

El periodista se rio: —Sí, eso *sería* sorprendente.

—No —aclaró Kathy—. Estoy diciendo que eso es lo que en verdad enseñamos.

Como respuesta, el periodista se quedó mudo y parpadeó.

En el otoño de 1991, Tim Keller predicó durante nueve semanas sobre el matrimonio, una serie que muchos miembros de Redeemer recuerdan, la mayoría de los cuales no estaban casados aún. Es ese el material más descargado que ha publicado la iglesia.[23] Keller sabía que no podía evitar hablar del sexo, pues muchas personas que profesaban su fe a través del ministerio de Redeemer se marchaban cuando confrontaban los mandatos de que el sexo no debía realizarse fuera del matrimonio entre un hombre y una mujer. La castidad no era siquiera comprensible para la mayoría de los neoyorquinos. Muchos simplemente se reían ante la ética bíblica. Algunos la diagnosticaban como psicológicamente destructiva.

Muchos líderes de la PCA en el Sur también visitaron Redeemer en los noventa para discernir el secreto del éxito de la iglesia en medio de estos desafíos. Quizás la iglesia había descubierto un nuevo género musical. Tal vez utilizaban videos y fragmentos de programas de televisión populares en la era de las famosísimas comedias *Friends* y *Seinfield*. Quizás por estar en la ciudad de Broadway contaban con las mejores obras de teatro evangelísticas.

Sin embargo, no era eso lo que las visitas encontraban en Redeemer. El servicio sencillo y tradicional, inspirado en la iglesia del siglo XVI de Calvino en Ginebra, se asemejaba al de las otras iglesias de la PCA en el país. Cuando una visita de Escocia preguntó a Keller dónde guardaba a los osos bailarines (asumiendo que había algún espectáculo curioso para enganchar a las personas y atraerlas), Keller no supo cómo responder. Por fuera, la iglesia no parecía nada diferente. En cambio, por dentro, la cultura era fuera de lo común para las iglesias. Un artista describió la cultura de Redeemer como irónica, caritativa y humilde. Keller explicó:

> La opinión general era que Redeemer carecía del lenguaje retórico y altamente sentimental que se podía encontrar en otras iglesias, lo cual es algo emocionalmente manipulador. En contraste, en Redeemer era evidente un trato hacia otros caracterizado, en todo momento, por la tolerancia y una disposición particular para ser irónico con uno mismo. Los residentes de la zona veían lo que significaba ser caritativo y humilde ante los demás, y eso contribuía a que todo recién llegado se sintiera aceptado e integrado, aun cuando no estaban de acuerdo con algunas de las creencias de Redeemer. Se aprecia por encima de todo una enseñanza caracterizada por la sensatez y el detalle, mostrando delicadeza donde ellos eran susceptibles.[24]

Quizás Keller estaba explicando las impresiones que estos artistas tenían de Redeemer. Sin embargo, podría haber estado hablando de sí mismo. Tal vez no controlaba todos los mecanismos de administración en la iglesia. Sin embargo, sí que marcaba el tono en cuanto al carácter y la comunicación.

No es de extrañar que marcara el tono con una ayuda de la historia de la iglesia, pues no podía hallar, en su propia experiencia en Hopewell, modelos exitosos de iglesias urbanas que alcanzaran a la gente secular. Cuando Keller se mudó a Nueva York, solo el 6 % de los estadounidenses afirmaban «no tener preferencias religiosas». En comparación, esa cifra era del 30 % en Manhattan. (Hoy la cifra en Estados Unidos es casi del 24 %, aproximadamente igual a la cantidad de protestantes evangélicos o de católicos romanos).[25]

Por tanto, Keller se fijó en la historia reciente de la iglesia en Gran Bretaña, donde la secularización era más parecida a la de Nueva York que en el resto de Estados Unidos. Volvió a fijarse en un nombre que había oído primero en Bucknell, Martyn Lloyd-Jones, y releyó *La predicación y los predicadores*. Escuchó cientos de mensajes de Lloyd-Jones, quien predicó en Westminster Chapel en Londres desde 1939 hasta 1968, el mismo año en que Keller comenzó la universidad. Lloyd-Jones orientaba sus sermones matutinos a la edificación de los cristianos y buscaba que sus sermones vespertinos alcanzaran a los no cristianos. Sin embargo, ambos sermones se centraban en el evangelio de Jesucristo y desafiaban a los oyentes con conocimientos bíblicos y teológicos.

Lloyd-Jones animaba a los cristianos a asistir a ambos servicios e incluso esperaba que llevaran a sus amigos, sobre todo a los servicios vespertinos. Aun así, él argumentaba que no había que dividir demasiado los públicos. Ambos necesitaban que les recordaran el evangelio. Ambos necesitaban ganar profundidad espiritual.[26] Lloyd-Jones advertía que, cuando los predicadores se dirigen solo a los creyentes, tienden a convertir a los cristianos en personas duras, frías y satisfechas de sí mismas. Cuando no evangelizan en sus sermones, producen fariseos.[27]

Durante los primeros siete años de Redeemer, Keller siguió el plan de Lloyd-Jones, aunque invirtió los turnos vespertinos y matutinos:

predicaba porciones más narrativas de la Biblia para los no creyentes por la mañana.[28] Keller aprendió de Lloyd-Jones a nunca asumir que todo el mundo es cristiano ni que los cristianos ya no necesitan del evangelio. «Evangelice mientras edifica y edifique mientras evangeliza».[29] Cuando Keller se quedaba después de los servicios vespertinos para responder preguntas sobre el sermón, sabía que cuando los no cristianos lo desafiaban, podía dar el ejemplo a los cristianos de cómo enfrentarse a los escépticos.

Los primeros miembros de Redeemer le informaron a Keller que no querían pasar vergüenza cuando llevaran a sus amigos. Michael Green, en su libro *La iglesia local: Agente de evangelización*, uno de los favoritos de la era temprana de Redeemer, advertía a los pastores que no utilizaran el lenguaje «interno» ni pidieran dinero, cosas que repelen a los no cristianos. Según Green, cuando las iglesias oran con expectación y reciben a las visitas con calidez, los cristianos quieren llevar a sus amigos.[30] Los sermones de Keller tenían tres puntos y la misma sencillez directa que un artículo de la revista *Business Week*.[31] Citaba a todo el mundo, desde C. S. Lewis hasta Madonna y desde Jonathan Edwards hasta Woody Allen.[32]

Aunque las visitas lo intentaban, no lograban encasillar la iglesia. Cuando Keller citaba a Shakespeare y al periódico *The Village Voice*, los liberales creían que era uno de ellos. Luego Keller los confundía con una explicación de la cruz que animaría a todo evangélico conservador. Nunca habían oído a un predicador arraigado en la teología de John Owen, Martín Lutero, Jonathan Edwards y Juan Calvino y quien además había leído *The Village Voice* junto con *The Wall Street Journal*, *The New York Times* y *First Things*, *The Nation* y *The Weekly Standard*, *Wired* y *The New Yorker*.

Al predicar, Keller no diluía las convicciones del cristianismo reformado de Redeemer, sino que las enfatizaba en el contexto de sus diversas lecturas.[33] Keller había descubierto que, si no leía mucho y, al mismo tiempo, con profundidad, sus predicaciones se volvían repetitivas y estancadas. Por lo general predicaba junto a un atril, que utilizaba para sostener copias impresas de las citas que pensaba utilizar y se dirigía a la congregación como «amigos». Sus sermones daban menos la sensación de ser predicaciones estereotípicas y más se parecían a la instrucción de un buen amigo en el contexto de un grupo pequeño. No predicaba a partir de notas, sino que memorizaba sus sermones y solo miraba los papeles para citarlos con precisión. No se mostraba intimidante ni condescendiente. «Su conducta hacía que uno sintiera que lo conocía», afirmó Cregan Cooke, un antiguo miembro que trabajó en Redeemer.[34]

El propio Lloyd-Jones con frecuencia anheló ver la clase de avivamiento que estalló en Nueva York durante la última década del siglo XX.

«Una de las experiencias más estimulantes en la vida de un predicador es lo que ocurre cuando personas que todos daban por sentado que eran creyentes de repente experimentan la conversión y se vuelven verdaderamente cristianas —afirmó Lloyd-Jones—. Ninguna otra cosa tiene tan poderoso efecto sobre la vida de la iglesia que cuando eso les ocurre a varias personas».[35]

Keller acuñó la frase «avivamiento eclesial» para describir cómo fusionaba las dinámicas impredecibles de la renovación espiritual con la organización bíblica para la iglesia local.[36] Predicaba al corazón mientras enseñaba a la mente. Esperaba mucho de los miembros de la iglesia: aún veía el avivamiento como algo que implicaba grandes carpetas llenas de notas instructivas. Después de todo, Keller había sido anteriormente un profesor de seminario. Mako Fujimura recuerda las clases de los lunes por la tarde como un tiempo precioso. Para él, era un gran compromiso viajar desde su casa en Nueva Jersey para las clases semanales que se impartían de 7:00 a 9:00 p. m.

«Me entusiasmaba mucho ir —recordó—. Era como sentarse a los pies de un maestro».

Keller preparaba unas cincuenta páginas de notas para cada reunión. Fujimura las estudiaba detenidamente en el tren de camino a su casa en Nueva Jersey a las 10:30 p. m.[37] El entusiasmo de Keller por el ministerio atraía a estos fervorosos y jóvenes líderes.[38]

Un sermón de bodas como ningún otro

De alguna manera, en la visión que Keller tenía para Redeemer, Young Life, L'Abri y Lloyd-Jones formaban una estrategia evangelística coherente para una nueva iglesia en una ciudad global principal en el poscristianismo. Sin embargo, volvió a recurrir a lo que había estudiado durante su Doctorado en Ministerio sobre el diaconado de las iglesias reformadas para añadir otro elemento clave.

Por su estudio y experiencia, Keller sabía que Redeemer debía servir a la ciudad satisfaciendo las necesidades prácticas de sus vecinos afuera de la iglesia. O, en líneas generales, él y otros miembros de Redeemer podían, simplemente, ocuparse de las calles de la Ciudad de Nueva York, a fines de los ochenta y principios de los noventa. Se preguntaron qué haría el buen samaritano con las personas drogadictas, los que no tenían un techo y la gente pobre de sus barrios.

Encontró un modelo en Filadelfia, en la Iglesia Tenth Presbyterian, que en ese entonces dirigía James Montgomery Boice. Tras la inauguración de Redeemer, Boice anunció, durante un servicio de adoración, que se había plantado la iglesia y animó a los estudiantes que iban a graduarse y mudarse al norte, a Nueva York, a unirse. La Iglesia Tenth Presbyterian era la clase de iglesia que, según Keller, los evangélicos deberían haber construido a fines del siglo XIX cuando las oleadas de inmigración desbordaron los servicios de la ciudad.

Antes de su experiencia con Tenth Presbyterian, Keller asociaba las iglesias urbanas principalmente con la gente pobre. No estaba familiarizado con la diversidad de expresiones de la iglesia urbana. Boice le dio a Keller la visión de una iglesia «centrada en la ciudad» que pudiera servir a los pobres y evangelizar a los jóvenes profesionales al mismo tiempo.

Boice, quien sucedió al renombrado Donald Grey Barnhouse en Tenth, comenzó a dejar de enfocar la iglesia en quienes llegaban allí porque viajaban y les atraía la excelente predicación y, en cambio, a dedicarse a sus vecinos más próximos en la ciudad. Boice incluso animó a los cristianos a mudarse a la ciudad para vivir un ministerio estratégico, no solo *en* la ciudad, sino *para* la ciudad. Durante una época de alto riesgo delictivo en las décadas de 1970 y 1980, algunas parejas jóvenes relacionadas con Tenth comenzaron a mudarse a Filadelfia. Iniciaron ministerios para los pobres, diálogos con los musulmanes y formaron actividades de alcance para las personas homosexuales que andaban por la misma cuadra de Tenth en busca de sexo. Tim y Kathy sirvieron juntos en la mesa directiva de Harvest, un ministerio para la comunidad homosexual. Aunque su familia siguió asistiendo a New Life, Keller comenzó a servir en Tenth de manera formal y predicó siete veces para Boice en un año. En otoño de 1986, la iglesia, con las tensiones que implicaba crecer, le pidió a Keller que sirviera como consultor. En la primavera de 1987, Keller presentó un informe de cien páginas con doce recomendaciones, muchas de las cuales la iglesia adoptó, salvo las reuniones de adoración separadas.

Tenth no era la única iglesia centrada en la ciudad que servía de modelo para lo que Keller quería en Redeemer. John Stott, asimismo, mostró que, en Londres, una iglesia centrada en la ciudad podía preocuparse tanto por el ministerio de la misericordia como de la predicación expositiva. Al abrir casi cien iglesias centradas en la ciudad en Nueva York a lo largo de veinte años, Redeemer pudo ayudar a preparar el terreno para un ministerio que estuviera tan comprometido con enseñar sobre la justificación y la expiación como con los actos de justicia y misericordia.[39]

La mujer que hizo realidad la visión de Keller es Yvonne Sawyer, quien en 1992 se convirtió en la primera empleada a tiempo completo de Hope for New York. La organización recluta voluntarios y recauda dinero entre las iglesias en nombre de ministerios afiliados sin fines de lucro que sirven a las personas pobres y marginadas de toda Nueva York. El trabajo de Yvonne fue tan esencial para la vida de Redeemer que, cuando se casó con Rick Sawyer en 1998, la boda se celebró en medio de un servicio dominical matutino. El día entero es una imagen tan borrosa que Yvonne ni siquiera recuerda el sermón.

Sin embargo, muchos otros sí lo hacen, pues probablemente fue el sermón más memorable que Keller haya dado jamás.

Para su juvenil iglesia, Keller quería predicar un sermón de bodas que no desanimara a los solteros que querían casarse. Para esta ocasión, quería predicar sobre una Boda futura mejor, con un Esposo que nunca defraudaría a nadie. Hacía poco, al enseñar sobre Génesis, se había topado con Lea, hija de Labán, «la muchacha a la que nadie quería». Lea nos muestra a Cristo, quien también fue rechazado. Ella esperaba que su descendiente fuera un Esposo verdadero y mejor que Jacob.[40]

No se trataba de un típico sermón de bodas. Quizás por eso tantas personas lo atesoran hoy en día. Keller explicó que, al contrario de lo que podríamos esperar sobre los valores familiares, la Biblia ofrece poco sentimentalismo sobre el matrimonio. «Es completamente realista sobre lo difícil que es no estar casado y es completamente realista sobre lo difícil que es estarlo».[41]

Keller, quien nunca había combinado un servicio dominical con una boda (ni lo haría después), afirmó ante la congregación que la Ciudad de Nueva York es un lugar complicado donde todos parecen tener las cosas claras. Sin embargo, al vestirse con ropas caras, revelan cuán desesperados están. «No pueden imaginar vivir sin un romance y un amor *apocalípticos*», declaró Keller, quien atribuyó la frase al ganador del premio Pulitzer, Ernest Becker.[42]

Apelando a uno de sus comentaristas favoritos, Robert Alter, Keller observó que, cuando despertó junto a Lea en lugar de su hermana Raquel, el engañador Jacob había sido engañado. Antes había engañado a su padre. Ahora su tío lo había engañado a él. Es justicia poética, según explicó Alter.[43] Cuando Keller predicó este mensaje en 2001, volvió a citar a Alter para identificar cómo la impaciencia sexual de Jacob era la causa de su calamidad.[44] Jacob pensaba que estaría con la hermosa Raquel, pero se despertó con Lea, quien tenía «ojos delicados». Keller relató:

> [Labán] se preguntaba cómo se desharía de Lea, cómo se desprendería de ella. Y entonces vio su oportunidad. Vio una posibilidad y la tomó. Ahora la muchacha a la que Labán, su padre, no quería, había sido entregada a un esposo que tampoco la quería. Es la muchacha a la que nadie quiere.[45]

Llegados a este punto del sermón, se preguntará en qué estaban pensando los novios que estaban frente a Keller. ¿Cuál era el objetivo de la historia? ¿Quién se supone que es el bueno de esta narración distorcionada? Keller se anticipó a estas objeciones: «¡No veo a ninguno! ¿Qué está pasando aquí?». Keller continuó:

> La respuesta es: está absolutamente en lo correcto. Está empezando a entenderlo. Está comenzando a comprender cuál es el punto de la Biblia. ¿Qué quiero decir? La Biblia no nos describe a un dios en la cima de una escalera moral que anuncia: «Mire a las personas que han hallado a Dios gracias a su gran desempeño y su historial moral. ¡Sea como ellos!». ¡Claro que no! Más bien, una y otra vez, la Biblia nos muestra a personas totalmente débiles que no buscan la gracia que necesitan y que no merecen la gracia que obtienen.[46]

Lea esperaba que, al darle hijos a su esposo, él la amaría. Mas no, esta no es una historia de amor. O al menos no del tipo de historia de amor que esperaríamos. Por medio de Lea, vemos una Historia más grande, un Amor más profundo. Pues Lea finalmente dio a luz a Judá, el hijo por el que dio gracias y alabó, el hijo del que Jesús descendió. Aunque quizás Lea nunca haya sido amada por Jacob, conoció el amor de Dios, quien un día enviaría a Su único Hijo a salvar el mundo.

A fines de los noventa, al mismo tiempo en que predicó este mensaje de bodas, Keller enseñó un curso de una semana de duración para el Doctorado en Ministerio del Reformed Theological Seminary en Orlando, junto a su antiguo mentor Ed Clowney. Predicó «La muchacha a la que nadie quería» de nuevo, solo que esta vez, ante predicadores. Clowney nunca había predicado sobre ese pasaje. Sin embargo, si lo hiciera, aseguró Clowney, predicaría de la misma manera. «Fue una de las frases más reconfortantes y alentadoras que alguien me haya dicho en mi vida».[47] Ahora podrían morir en paz, dijo Kathy a Tim cuando oyó el cumplido de Clowney.[48]

Cuando Dios puso pausa

Entre Hope for New York, la plantación de iglesias, las clases para el Doctorado en Ministerio, la crianza de los hijos y el sinfín de responsabilidades regulares de la iglesia a medida que Redeemer crecía, Keller alcanzó los límites de su capacidad de liderazgo a mediados y fines de los noventa. Aunque las pruebas sugieren lo contrario, Keller a menudo insiste en que no es un buen líder. Mako Fujimura admiraba su liderazgo empresarial. Lo veía como a un tambor mayor que coordinaba la música y guiaba a la banda para que marcharan en la misma dirección.[49]

Entonces, es más exacto decir que Keller nunca ha sido un administrador eficaz.[50] «A Tim le gusta tener a todo el mundo contento —afirmó Arthur Armstrong, uno de los primeros ancianos de Redeemer—. Sin embargo, al dirigir una gran oficina, no se puede tener a todo el mundo contento».[51]

Durante esos años con dolores de crecimiento, los ancianos y los ministros presionaron mucho a Keller, quien no sabía prácticamente nada sobre las dinámicas de la administración. «Luchó dura y largamente contra la tristeza de no ser apreciado y, a menudo, fallaba —afirmó Katherine Alsdorf al recordar las luchas administrativas que Keller tuvo aun hasta mediados de la década del 2000—. Fue una cosa dolorosa que le enseñó humildad. Pasó mucho tiempo de rodillas en oración».[52] El propio Keller lo admitió en *Toda buena obra*, el libro sobre el trabajo del que es coautor junto con Alsdorf. «A veces los miembros del personal han protestado que mi visión ha superado mi capacidad para dirigirlos o su capacidad para implementarla».[53]

No hubo nada en la experiencia de Keller que lo preparara para el aplastante ataque de la complejidad organizacional en Redeemer. Ni siquiera la ética que tenía de trabajar noventa horas pudo salvarlo. A fines de 1993, ya estaba acercándose al síndrome del trabajador quemado. Aunque Keller era organizado personalmente, necesitaba mejores gestores que se encargaran de las operaciones en Redeemer.

Cuando Dick Kaufmann llegó como pastor ejecutivo en 1994, el personal de la iglesia estaba en caos. La Tierra del sí se había convertido en la Tierra de Oh, No. Las dinámicas de movimientos que volvieron a la iglesia tan vibrante en sus primeros días ahora amenazaban con destruir la institución entera. Redeemer ya no podía seguir funcionando como un pequeño negocio.[54] Si Kaufmann no hubiera ayudado a Keller a dejar de hacer el ministerio para pasar a liderar a los líderes (para lo cual equipó a todo el personal para que siguiera su ejemplo), Redeemer habría fracasado, o al menos flaqueado. De inmediato, todo el personal comenzó a rendir cuentas a Kaufmann, quien era el único en rendirle cuentas a Keller. Aunque puede que algunos líderes se hayan resentido por perder el acceso a Keller, él no tenía otra opción si quería aliviar el agotamiento.

Kaufmann no solo contribuyó al liderazgo ejecutivo, sino que, influenciado asimismo por Jack Miller, también impresionó a Keller con su profunda espiritualidad. De hecho, Keller le dedicó el libro que escribió sobre la oración. Hacia el final del tiempo que pasó en Redeemer, Kaufmann, además, forjó la visión que acabaría convirtiéndose en el plan para que Keller se retirara de la iglesia. Propuso, primero, una iglesia con múltiples sedes que, segundo, maduraría hasta convertirse en una red multiplicadora de iglesias hermanas independientes. Cuando Keller dimitió en 2017, siguió el plan trazado por Kaufmann en 1997. Hoy, la red Redeemer abarca cinco iglesias, incluida la que dirige su hijo Michel, y hay otras en proceso de creación.

No les resultó fácil a Tim y Kathy dar un paso atrás en la iglesia que comenzaron. Sin embargo, no tuvieron opción, en especial cuando Kathy contrajo a principios de la década del 2000 la enfermedad de Crohn y cuando la iglesia creció con tanta velocidad luego del 11 de septiembre. «Dios puso pausa», explicó Cregan Cooke, el director principal de medios y comunicación en Redeemer.[55] Luego, entre 2003 y 2004, Tim luchó contra un cáncer de tiroides. Pasó tres meses sin predicar: fue su ausencia más larga de Redeemer hasta ese momento.

Muchos de los problemas administrativos que habían tenido antes retornaron tras el 11 de septiembre. Kaufmann se marchó para plantar iglesias en San Diego. Kathy tuvo que someterse a docenas de intervenciones quirúrgicas. Terry Gyger, quien había asumido el cargo de pastor ejecutivo, comenzó a trabajar en un centro de plantación de iglesias que se convirtió en la ONG Redeemer City to City. Entre 2004 y 2006, Keller afrontó críticas persistentes por parte del personal de la iglesia. Esta vez, la respuesta a la oración llegó en manos del pastor ejecutivo, Bruce Terrell. No necesitó reorganizar la iglesia como había hecho Kaufmann una década antes. Sin embargo, Keller necesitaba un amigo en quien pudiera confiar para dirigir Redeemer. Terrell permaneció como director de operaciones hasta 2017, cuando finalizó el mandato de Keller.

Las plantaciones de iglesias a menudo alcanzan un punto de inflexión en el que les cuesta hacer la transición para convertirse en una institución estable. Muchos plantadores de iglesias no logran convertirse en líderes institucionales. Keller nunca llegó a ser un administrador eficaz. Durante el resto de su mandato en Redeemer, discipuló a más personas por medio de su predicación que en forma individual o con grupos pequeños. En consecuencia, a veces sus seguidores más cercanos eran quienes vivían más lejos. Estos líderes de la iglesia escuchaban sus sermones una y otra vez y aprendían cómo eran sus instintos para interpretar y enseñar la Biblia.[56]

No encontrará líderes cercanos a Keller que lo idolatren. Y no porque piensen que es una farsa. Conocen sus debilidades, la inclinación que tiene por complacer a las personas y evitar el conflicto. Keller es transparente con respecto a sus pecados. Y ellos saben, gracias a su enseñanza, que no es seguro idolatrar a nadie ni nada.

Sin embargo, lo admiran por su carácter.

«Lo que hace grande a Tim es su humildad —afirmó Yvonne Sawyer—. Sabe qué cosas desconoce y va y busca la respuesta».[57]

La clave para ser un líder cristiano exitoso, escribió Keller, es el carácter. Ningún pastor será bueno predicando, aconsejando y liderando al mismo tiempo. Así pues, el carácter debe compensar las carencias de los líderes en cuanto a sus dones, explicó.

> El factor más importante en la eficacia a largo plazo de un pastor cristiano es cómo mitiga las áreas deficientes en cuanto a sus dones con la fuerte operación de la gracia en su carácter. La literatura sobre liderazgo nos aconseja conocer nuestras debilidades, nuestras áreas deficientes en cuanto a los dones. Por lo general se nos dice que nos rodeemos de un equipo de personas con dones complementarios y, sin duda, es una sabia decisión, si está a tu alcance. Pero, incluso si puedes hacerlo, no es suficiente, pues las áreas deficientes en cuanto a los dones te socavarán, a menos que haya santidad que lo compense [...]. Observo sin cesar que el ministerio amplifica el carácter espiritual de las personas. Los hace mejores o peores cristianos en comparación con lo que habrían sido de otra manera, ¡pero no dejará a nadie donde estaba![58]

Cuando los líderes fracasan, suele ser por una deficiencia de carácter relacionada con su familia. Por eso, el apóstol Pablo, en Tito 1 y en 1 Timoteo 3, hace que el carácter al liderar el hogar sea un requisito previo para liderar la iglesia. Los líderes de Redeemer confiaban en Keller porque también conocían a su familia. Y los Keller amaban a Redeemer porque los miembros de la iglesia amaban a su familia.

A menudo, Kathy Keller ha mencionado dos factores que hicieron que sus tres hijos crecieran con una fe vibrante en Jesucristo. Admiraban a su padre como un hombre de integridad y amor, y crecieron rodeados de miembros de Redeemer. Muchos creyentes que llegaron a la fe durante el avivamiento de Redeemer tenían veintitantos años cuando los muchachos Keller eran adolescentes. Estos cristianos entusiasmados trabajaban como actores, agentes de talentos y cantantes de ópera. Y, a medida que pasaban tiempo con los Keller, fueron un ejemplo para los muchachos de cómo amar a la ciudad y a Jesús aún más.

Cuando Keller enseñó sobre el poder de la comunidad para la evangelización, no recordaba solamente sus épocas de estudiante en Bucknell. Podía ver a sus propios hijos:

> Lo esencial de llegar a ser un discípulo es, para decirlo en términos coloquiales, llegar a ser como la gente con quien pasamos más tiempo. Así como la experiencia más formativa en nuestras vidas es nuestra membresía en un núcleo familiar, así también la principal manera en que crecemos en gracia y santidad es mediante la profunda participación en la familia de Dios. La comunidad cristiana es más que simplemente un compañerismo de apoyo; es una sociedad alternativa. Y es mediante esta sociedad humana alternativa que Dios nos forma en quienes somos y lo que somos [...]. El auténtico secreto de una misión fructífera y efectiva en el mundo es la calidad de nuestra comunidad.[59]

También puede que estuviera refiriéndose a su hermano menor.

La túnica de Billy

Para que las iglesias crezcan, los cristianos deben salir del clóset.

Eso es lo que Keller escribió en *Iglesia centrada* para explicar por qué tantas iglesias luchan con la evangelización. Los cristianos tienen miedo de que se los conozca públicamente como seguidores de Jesús. Es una experiencia similar a la de las personas homosexuales hace cincuenta años. Muchos escépticos que viven en las ciudades conocen a personas cristianas, solo que, como no *saben* que conocen cristianos, continúan creyendo en los estereotipos fomentados por los medios.[60]

Mientras tanto, sus amigos cristianos dejaban de lado la iglesia con el pretexto del adormecimiento de los domingos y los desayunos tardíos, como si fueran Nicodemo en medio de la noche.

Keller no hizo esta comparación a la ligera. Cuando trabajó con víctimas de SIDA en Filadelfia a fines de los ochenta, no podía saber que su propio hermano menor moriría por complicaciones causadas por esta enfermedad en los noventa. Keller rara vez ha hablado en público de su hermano y nunca lo hizo con muchos detalles. Habría sido demasiado fácil dar la impresión de estar explotando la historia de su hermano para promover su credibilidad y sus intereses propios, sobre todo en la ciudad con la mayor población LGBTQ+ de Estados Unidos.

En el hogar de los Keller, en Pensilvania, que Tim se convirtiera en pastor para la PCA había sido un escándalo. Sin embargo, que Billy se anunciara públicamente homosexual en 1981 fue de otra magnitud.[61] Billy, quien tenía cinco años menos que Tim, pasó más tiempo con sus padres en la Iglesia Evangélica Congregacional. Sus hermanos nunca respondían a un llamado al altar. Sin embargo, Billy respondía a cada llamado. Se volvió tan parecido a su madre que, cuando su hermana, Sharon, visitó sus apartamentos, supo dónde encontrar cada cosa en su cocina.

Billy comenzó a identificarse como homosexual durante su estadía en una residencia de arte en la Universidad Estatal de Pensilvania (Penn State). Sus padres pagaron para que Tim recibiera una educación privada, pero solo permitieron que Sharon y Billy asistieran a universidades estatales. En Penn State, Billy halló una comunidad acogedora que lo aceptaba y que tenía vocación filantrópica, donde no se consideraba que la homosexualidad fuera algo vergonzoso. Cuando Billy se declaró homosexual en 1981, sus padres no se lo dijeron ni siquiera a sus amigos más cercanos.

No fue sino hasta 1992 que la familia supo que tenía SIDA. Billy había intentado reconectarse con su familia en una reunión en la playa para tomar fotos para su madre. Los Keller alquilaron dos cabañas. La familia de Sharon se hospedó con Billy. Sharon le preguntó a quemarropa: «No tienes SIDA, ¿verdad?». Billy intentó mentir. Su pareja, Joachim, había contraído SIDA antes de la relación con Billy por mantener relaciones sexuales sin usar protección. En ese entonces, Billy daba clases sobre cómo protegerse del SIDA.

William Christopher Keller murió el 2 de mayo de 1998.

Tim y Kathy habían conocido a Joachim gracias a las numerosas ocasiones en que viajaron de vacaciones al sur. Siempre paraban en Baltimore con sus hijos y salían a cenar con Billy y Joachim. Y visitaron a Billy en Baltimore antes de que muriera. Billy ingresó a cuidados paliativos en diciembre de 1997. Todos los días, hasta que Billy murió, sus padres se sentaron junto a su cama, cantando y cuidando de su débil cuerpo.[62] Los médicos no esperaban que viviera mucho tiempo, ya que un hongo le había llegado al cerebro. Dos pastores del área de Baltimore, Frank Boswell y Mark Gornik, lo visitaban cada semana.

Sus visitas sorprendían a Billy. Fue la primera percepción que tuvo de una verdadera comunidad cristiana. «Vio a la iglesia de una forma en que nosotros no pudimos verla mientras crecíamos», afirmó Sharon Johnson. En contraste, los amigos de Billy no lo visitaron. Y aun antes de que muriera, su abogado liquidó sus bienes para repartirlos entre varias causas homosexuales.

Cuando lo visitaron, Tim y Kathy le hablaron sobre el evangelio. A Billy le costaba entender la gracia. Mientras oraban juntos, no dejaba de preguntar si estaba haciendo lo correcto. Tim intentó enfatizar la diferencia entre la gracia y el legalismo de su infancia.

Tim Keller predicó en el funeral de su propio hermano el 8 de junio de 1998. No asistieron más de cuarenta y cinco personas. Y Keller recurrió a Lucas 15:23-32 para la ocasión.

En su propia vida, Tim alternó entre las tendencias del hermano mayor y del menor en la parábola de Jesús. Cuando huyó de las expectativas que su madre tenía para la Iglesia Evangélica Congregacional, fue el hermano menor. Sin embargo, como Boy Scout, intentó ser el hermano mayor que daba un buen ejemplo de responsabilidad y de obediencia.

Cuando su propio hermano menor se alejó de casa y de Dios, este hermano mayor salió en su búsqueda.

Tim explicó en el funeral que quería honrar a su hermano de una manera que fortaleciera a las personas vivas. Describió a su hermano como alguien comprensivo, flexible, diplomático, desinteresado, sacrificado y leal. Y también explicó que la mayoría de los presentes entenderían que Billy pasó la mayor parte de su vida como un pródigo.

¿Por qué sacar esto a colación en un funeral? Tim explicó que a los pródigos les atraía Jesús y que a Jesús le atraían los pródigos. Ese es el centro del mensaje de la parábola: el hijo menor, el pródigo, estaba más cerca del corazón del Padre que el hermano mayor que siempre obedecía a Dios.

Lamentablemente, muchas iglesias no acogen a los pródigos, admitió Tim. Se parecen más de lo que quieren admitir al hermano mayor, a los fariseos y a los maestros de la ley.

En general, Billy, al igual que muchos de sus amigos, evitaba a los cristianos ortodoxos y creyentes. ¿Por qué? No solo porque no estaba de acuerdo con ellos, sino también porque sentía que lo maltrataban y condenaban. Aquí aprendemos que, si a los pródigos no les atrae nuestra gentileza y humildad, somos como el hermano mayor, no como Jesús. Jesús los acogía. Nosotros no. Necesitamos volvernos humildes. Esta es una forma de honrar a Billy.

Jesús hizo añicos las categorías del mundo cuando explicó que uno no llega a Dios por obedecer Su ley. Tampoco encontrará usted a Dios si busca su propia verdad para sentirse satisfecho. El mundo no está hecho de personas buenas y malas, explicó Keller. Solo los humildes entran al reino de Dios. Los orgullosos quedan fuera.

El hijo pródigo regresó a casa sin fuerzas, hecho trizas. Había despilfarrado toda su herencia. Y, aun así, su padre le dio la mejor túnica y ofreció un festín con el becerro gordo, el que pertenecía al hermano mayor. En la parábola de Jesús, este hermano resentido representa a los fariseos y a los maestros de la ley.

Entonces, ¿qué debió haber hecho el hermano mayor? Lo que Jesús vino a hacer.

¿Quién es el *verdadero* hermano mayor? ¿Quién es el que *en verdad* obedeció al Padre por completo? ¿Quién es el que perdió *verdaderamente* su túnica para ponérnosla a nosotros? ¡Jesús!

Jesús hizo por nosotros aquello que no podíamos lograr por nuestra cuenta: cumplió la ley a la perfección. En todas las demás religiones, Dios nos debe bendiciones a cambio de nuestra obediencia. En cambio, en el cristianismo, Jesús nos da Su historial perfecto, por lo que le debemos todo. Esta gracia enfureció al hermano mayor.

«De hecho —explicó Tim—, el hermano mayor no se pierde del festín del padre *a pesar* de su bondad, sino *por causa* de ella».

Sin embargo, los pródigos entienden que solo pueden salvarse por la humildad y la gracia, mediante la debilidad y el quebrantamiento, a través de la cruz.

Cuando Billy ingresó a cuidados paliativos en diciembre, le dijo a Tim: «Mi familia cristiana no vendrá conmigo cuando yo pase a la eternidad y tampoco lo harán mis amigos homosexuales. Por lo tanto, yo tengo que descifrar qué hay del otro lado de esta vida». Hablaron largo y tendido. El pastor Frank Boswell llegó de visita. Billy explicó que estaba pensando mucho en qué significa ser justo en Cristo. Pensaba que ser cristiano significaba que uno debía limpiar su vida y hacerse justo. Sin embargo, Tim le mostró 2 Corintios 5:21: «Al que no conoció pecado, por nosotros lo hizo pecado, para que nosotros fuésemos hechos justicia de Dios en él».

Finalmente, Billy sintió el amor de Dios. La transformación fue evidente de inmediato. Incluso llamó a su abogado y le pidió que mejor entregara su dinero al ministerio de Mark Gornik.[63]

«Para mi alegría, Billy se dio cuenta y lo comprendió —anunció Keller a los que lloraban su muerte—. Así que fue al festín del Padre».

Billy se puso la túnica.

Keller explicó que, cuando uno asiste al funeral de alguien que se puso la túnica, no debe terminar lamentándose, sino gozándose. «¿Está muerto Billy hoy? —preguntó Tim—. ¡No, no lo está!».

Muerto se está cuando uno intenta ganar su propia salvación o diseñarla, explicó Tim. Muerto se está cuando uno nunca llora de alegría por lo que Dios ha hecho por uno. Muerto se está cuando Dios nunca es más que algo abstracto, una idea. El evangelio nos hace humildes, nos anima y nos derrite cuando entendemos lo que Jesús hizo en la cruz. Muerto se está cuando no se conoce a Dios como Padre, sino solo como un jefe o una influencia vaga.

«Billy *estaba* muerto, pero ahora está vivo —afirmó Tim—. Se puso la túnica y, cuando uno hace eso, ¿qué sucede con la muerte? Nos reímos de ella». Citó a George Herbert: «La muerte solía ser un verdugo, pero el evangelio la convirtió en un simple jardinero».[64]

Los cristianos no se quedan dormidos cuando mueren. Es entonces cuando por fin se despiertan. Billy no se fue al lugar frío y oscuro, afirmó Tim. Se fue al lugar cálido y vívido donde percibe a Dios con los cinco sentidos, o quizás con miles o millones de sentidos que apenas podemos entender en el frío y la oscuridad de este mundo caído. Entonces, quienes quedaron atrás no desean que Billy regrese. Piden a Dios que los prepare para estar con él y con nuestro verdadero hermano mayor.

«Nos preparamos para recibir el amanecer —concluyó Tim—, cuando será una mañana brillante y soleada para siempre.

La familia Keller nunca enfrentó una tragedia más grande que la muerte de Billy. Cuando toda esperanza parecía perdida, Dios recibió a este hijo pródigo en casa.

DIECISEIS

TODOS ADORAN

El 11 de septiembre y ¿Es razonable creer en Dios?

Del día que asaltó los sentidos, es el silencio lo que todo el mundo recuerda.

No se ha escuchado ningún sonido más trágico en la historia de Estados Unidos que el de dos aviones comerciales llenos de combustible estrellándose contra las Torres Gemelas del World Trade Center en la mañana del 11 de septiembre de 2001. La cacofonía del terror aumentó cuando las sirenas de las patrullas, las ambulancias y los camiones de bomberos, provenientes de toda la ciudad, descendieron sobre el Bajo Manhattan. Luego llegaron los constantes golpes sordos de quienes saltaban desde unos noventa pisos de altura, buscando evitar una muerte aún peor causada por las llamas en la zona de impacto. Finalmente, cada torre se desplomó con un estruendo ensordecedor de hormigón y acero aplastados.

Y luego, silencio.

No hubo aviones comerciales en el cielo, pues se ordenó que los aviones del país permanecieran en tierra. No hubo tráfico de vehículos en la zona con más densidad poblacional de Estados Unidos. Solo el rumor amortiguado de los sobrevivientes que volvían a sus casas por el puente de Brooklyn. Y, al final, no hubo más ambulancias, cuando el destino de miles de personas quedó sellado bajo dos montañas iguales de los escombros, que alguna vez dominaron el contorno de Nuevo York, como símbolos del poder global de la ciudad.

Por un breve período tras una tormenta de nieve, Nueva York se sume en un silencio inquietante mientras los copos amortiguan los neumáticos de los taxis y el sonido de sus bocinas. Esa es la única experiencia con la que los neoyorquinos podrían comparar el silencio que descendió ese día, que había comenzado con planes para disfrutar de los brillantes cielos azules y las suaves temperaturas otoñales, y terminó con todo el mundo agazapado dentro, esperando la siguiente ola de ataques.

Tim y Kathy Keller tenían una cita en el hospital el 11 de septiembre para que operaran a su hijo menor, que se había fracturado la pierna jugando fútbol. Esa cirugía se canceló, junto a muchas otras cirugías optativas. Los hospitales esperaban recibir tantos casos de traumatismos que incluso despertaron a los pacientes anestesiados. Cuando las torres se derrumbaron, la demanda nunca se materializó. Hubo pocos heridos, solo fallecidos.

Desde el lugar donde habitualmente miraba las noticias matutinas en la cocina, Tim Keller vio la toma en directo del vuelo 175 de United Airlines cuando impactó contra la segunda torre del World Trade Center. Durante días observó desde su apartamento en Rossevelt Island cómo el humo subía desde el centro de la ciudad. Observó y esperó recibir noticias de miembros de la iglesia que habían muerto. Observó y esperó por los nuevos horrores que esta era de terror depararía a la ciudad, al país, al mundo.

Los atentados habían finalizado, pero el hedor perduró en la ciudad durante días. Los neoyorquinos no querían hablar sobre por qué se sentía ese olor único. No querían saberlo.

¡Lo sabían![1]

Los atentados cambiaron a todo el que los observó, ya sea por televisión alrededor del mundo o desde su balcón con vistas a Manhattan al otro lado del Río Este. Tras los atentados, la asistencia en la Iglesia Presbiteriana Redeemer aumentó, al principio a miles de visitantes y luego permanentemente a cientos de miembros. Tim Keller y la iglesia atrajeron una atención internacional que nunca cesó. Y un libro *bestseller* nacido más adelante en esa década convirtió a Keller en uno de los maestros y defensores más visibles de la fe cristiana en todo el mundo.

No se movieron

Uno no ignora el espectáculo de una lancha cañonera en el Río Este que vigila la sede de las Naciones Unidas. Sin embargo, tras los atentados del martes, Keller pasó rápidamente a pensar en el domingo. Suspendió su serie sobre el profeta Jonás del Antiguo Testamento y planeó un sermón sobre la resurrección de Lázaro en Juan 11. El público del domingo por la mañana estaba tan deseoso de oír una palabra de esperanza que formó fila alrededor de la manzana para asegurarse de tener un asiento. No obstante, no había suficiente espacio, en absoluto. Keller anunció que Redeemer añadiría otro servicio matutino para satisfacer la demanda. La asistencia a Redeemer, que normalmente era de 2800 personas, aumentó a 5400 el 16 de septiembre de 2001.[2]

Keller no trató de entender por qué Dios permitió que esta tragedia acaeciera en Nueva York. Sin embargo, mientras Jesús lloraba por la muerte de su amigo Lázaro, no estaba desamparado. No dejaría que las hermanas María y Marta estuvieran desamparadas. No ignoró su aflicción.

> Cuando alguien me dice: «No sé si a Dios le importa nuestro sufrimiento; no sé si a Dios le importa en absoluto», yo contesto: «Sí,

> le importa». Ellos preguntan: «¿Cómo lo sabe?». Bueno, les diré algo. Si se tratara de cualquier otra religión, no sabría qué decir. Sin embargo, puedo afirmar que esta es la prueba: Él mismo estuvo dispuesto a sufrir. No sé por qué no ha acabado ya con el sufrimiento y el mal, pero estuvo dispuesto a involucrarse y él mismo se involucró. Eso prueba que debe tener alguna buena razón, porque le importa. No está lejos. No está alejado de nosotros.[3]

Al negarse a culpar a los que ejecutaron y planificaron el atentado, Keller no acaparó tantos titulares como Jerry Falwell y Pat Robertson en *El Club 700* el 13 de septiembre. Falwell y Robertson afirmaron que Estados Unidos había recibido su merecido por tolerar a abortistas, paganos, feministas y homosexuales. Cuando *El Club 700* envió a una unidad móvil para transmitir el servicio matutino dominical de Redeemer, Kathy Keller echó al equipo del edificio y les pidió que no volvieran jamás. No estaba dispuesta a violar la política de «cero publicidad» de Redeemer para el noticiero de Robertson, detestado por muchos en la traumatizada Ciudad de Nueva York.[4]

Sin embargo, Robertson y Falwell no representaron la reacción típica de parte de los líderes cristianos. Los Keller pasaron semanas respondiendo llamadas telefónicas de sus amigos, orando con ellos y acompañándolos. Llegaron donaciones financieras a raudales de parte de iglesias de todo el mundo.[5] Redeemer tuvo que contratar a un contable para hacer un seguimiento de las donaciones y a un trabajador social para repartir dos millones de dólares que llegaron sin que nadie los solicitara.[6]

Si había alguna iglesia que pudiera afirmar estar preparada, era Redeemer, dirigida por el pastor que literalmente escribió un libro sobre el ministerio de misericordia. Aunque algunos miembros fallecieron en los atentados del 11 de septiembre, al momento de desembolsar los fondos, la iglesia también miró hacia afuera. Una mujer, Christina Ray Stanton, había perdido el conocimiento mientras se encontraba en el balcón de su apartamento, ubicado en un piso veinticuatro, a tan solo seis cuadras de la Torre Sur, cuando impactó el segundo avión. La reubicaron a Battery Park y salió de la isla en un rescate marítimo más grande que la famosa evacuación británica de Dunkerque en junio de 1940. Como muchos otros que estaban en el centro, en la zona del trauma, no pudo regresar a su apartamento por meses. Le preocupaba su salud, pues había inhalado el polvo de las torres derrumbadas.

De pie en Battery Park, Stanton se preguntó si sobreviviría a ese día. Y comenzó a reconsiderar su fe superficial.

«No sabía adónde iría si moría —afirmó Stanton—. Tomé plena consciencia de que no tenía relación alguna con Dios, de que solo había vivido para mí. Fue horrible reconocerlo: a lo largo de mi vida, un Salvador me llamó con los brazos abiertos, y a mí nunca me importó lo suficiente para responderle».[7]

Un amigo le dijo que Redeemer podía ayudarla y ella aceptó la donación financiera de la iglesia. Junto a su esposo, Brian, se hicieron miembros. Y luego ambos consiguieron empleos con la iglesia: él, como jefe de finanzas y ella, como directora de misiones.

Un pastor de la ciudad de Oklahoma que ofreció consejería tras el atentado de 1995 advirtió a Tim Keller de que la ciudad tardaría más de lo previsto en recuperarse emocionalmente.[8] Aunque la iglesia recibió a nuevos conversos, aun pervivía la pesadumbre cuando Keller reanudó su serie sobre Jonás.[9] Mako Fujimura, quien vivía en el centro de la ciudad durante los atentados, recuerda que Keller animó a los neoyorquinos a no abandonar la ciudad. «Fue algo que Dios me dijo —recuerda Fujimura—. El amor a veces es sacrificado y doloroso».[10]

Glen Kleinknecht y otros líderes de Redeemer con una larga trayectoria creyeron que la iglesia ayudó a evitar un éxodo masivo de Nueva York. Al mirar atrás, pudieron ver cómo Dios los había preparado para ese momento a través del libro *El auge del cristianismo* de Rodney Stark. El libro se convirtió en una especie de paradigma para el crecimiento de la iglesia en Nueva York, tras la tragedia.

Stark, en parte sociólogo y en parte historiador, se propuso explicar por qué el cristianismo triunfó en el Imperio romano. Durante un punto de inflexión de cien años, el cristianismo pasó de representar menos del 8 % del Imperio romano a casi el 50 %. Stark le enseñó a Keller que uno de los motivos principales fue la respuesta del cristianismo a las plagas que se abatieron sobre el imperio desde el año 165 d. C. hasta aproximadamente el 180 y luego otra vez desde el 251 d. C. hasta casi el 270. Las ciudades sufrieron pérdidas bastante altas. Durante la propagación de la segunda plaga, unas 5000 personas murieron cada día (es decir, 35 000 por semana) solamente en Roma, donde la población no superaba el millón de habitantes. Esa cifra supera la del número de personas que murieron en Nueva York durante el primer año de COVID. Dicho de otro modo, hasta el 30 % de la población de todo el Imperio romano murió durante las dos plagas.

Nadie sabía cómo curar la enfermedad, ya fuera viruela o sarampión u otra cosa. Sin embargo, sí podían ver que se propagaba por el contacto. Por tanto, todo aquel que podía abandonar la ciudad lo hacía, incluidos los médicos. Las familias dejaban morir a los suyos.

«Mas no los cristianos —afirmó Keller ante la Iglesia Presbiteriana Redeemer en 1997—. Los cristianos se quedaron en las ciudades y no solo cuidaron de sus enfermos, sino que también brindaron servicios diligentes de enfermería. Salían y traían y cuidaban a todo tipo de paganos enfermos. En consecuencia, muchos, muchos cristianos murieron».

Entonces, ¿por qué los cristianos se quedaron y murieron cuando los paganos huyeron para vivir? Si los paganos sabían qué esperar del más allá, no necesariamente se trataba de algo bueno, según sus propias creencias. Los cristianos, en contraste, creían que la muerte solo los llevaría a Jesús. Según Stark, habría requerido mayor valentía que los paganos se arriesgaran a morir al atender a los enfermos. Los cristianos podían arriesgarse a hacer de este mundo un lugar mejor porque esperaban que viniera uno aún mejor. De hecho, las personas tenían un 50 % de posibilidades de recuperarse si alguien se limitaba a alimentarlas, abrigarlas y darles agua. Cuando los cristianos se quedaron para cuidar el uno del otro, triplicaron o cuatriplicaron el crecimiento numérico de los paganos. Y cuando los cristianos cuidaron de sus familiares y vecinos paganos, muchos profesaron fe en Jesús.

Los cristianos no actuaron así porque sabían que sus números se triplicarían y podrían finalmente apoderarse del Imperio romano, explicó Keller. Actuaron así porque eso es lo que su Salvador les enseñó a hacer.

«En consecuencia, por lo que podemos saber, aumentó enormemente el crecimiento del cristianismo, biológicamente y mediante las conversiones —explicó Keller—. Es irónico: no había absolutamente nada más práctico que pudieran hacer los cristianos que lo más impráctico. No se movieron».[11]

Diez años después de los atentados del 11 de septiembre, Redeemer miró hacia atrás y evaluó cuánto había crecido la asistencia a la iglesia evangélica desde 1990. Hallaron que se había triplicado, pues había pasado del uno al tres por ciento de la ciudad.[12]

Sin excepciones

Redeemer siempre había enfatizado el amor por Nueva York. La obra de Jane Jacobs y su clásico libro *Muerte y vida de las grandes ciudades* circulaba entre la iglesia. Redeemer buscaba servir a la ciudad entera sin menoscabar los distintos barrios con su amplia gama de residentes. Keller advirtió:

> Si esto sucede, la iglesia puede convertirse en una iglesia «móvil» que ya no sabe cómo alcanzar a la clase de personas que viven en su proximidad inmediata. Las iglesias urbanas deben ser, entonces, conocidas en la comunidad como un grupo de personas comprometidas con el bienestar de todos sus vecinos, cercanos y lejanos. Se necesita esta clase de compromiso integral u holístico de parte de residentes y de

> instituciones para mantener una buena calidad de vida en la ciudad, y la iglesia que no se compromete de esta manera será vista por la ciudad (con toda la razón) como de naturaleza tribal.[13]

Tras el 11 de septiembre, con el perfil de la iglesia que crecía en las cercanías y las lejanías, Keller trató de mantener el equilibrio entre las prioridades originales y la nueva realidad. Había presionado a la iglesia para que estuviera lista precisamente para este momento. Mako Fujimura era uno de los ancianos más jóvenes en 1993, cuando Redeemer tuvo la opción de reunirse en un auditorio de la Universidad Hunter, en el Upper East Side. El único problema era que tenía capacidad para 2200 personas. A Fujimura le parecía una locura trasladarse a Hunter, con más del doble de la asistencia de Redeemer en ese momento entre dos sitios. Sin embargo, tras recorrer la ciudad en busca de espacios alternativos, esa era la única opción disponible.

Poco después, la iglesia creció con velocidad, sobre todo entre estadounidenses de ascendencia asiática. «Nos dijo: "Tenemos solo una oportunidad"», recuerda Fujimura. Keller estaba dispuesto a arriesgarse, a seguir empujando a la iglesia de formas empresariales, y eso impresionó a Fujimura a medida que desarrollaba su carrera como pintor y escritor.[14]

Hacia 2003, tras los atentados terroristas, Redeemer ya no era mayoritariamente blanca. Y contaba con más personas estadounidenses de ascendencia asiática que todas las demás iglesias del país. En 2012, Redeemer inauguró el centro W83 de cincuenta millones de dólares: se trató del primer edificio nuevo para una iglesia en Manhattan en cuarenta años.

Sin embargo, Tim Keller estuvo a punto de no llegar a ese hito. Los atentados del 11 de sepiembre dejaron tras de sí una especie de depresión colectiva en la ciudad, aunque todos trataran de mostrar una portada de valentía. Aunque Redeemer creció hasta tener casi ochocientos miembros de la noche a la mañana, una posterior recesión en Nueva York provocó un déficit presupuestario crítico y los primeros despidos de personal en la historia de la iglesia. El aumento de trabajo y la disminución de recursos exacerbaban la moral en deterioro del personal. Al mismo tiempo, los problemas de salud asolaban a los Keller. A Kathy Keller le habían diagnosticado la enfermedad de Crohn en 1991. Sin embargo, esta empezó a provocar efectos especialmente dolorosos hacia fines de la década. En un año, debió someterse a siete operaciones. Finalmente, a Tim le diagnosticaron en 2002 un cáncer de tiroides. Fue uno de los momentos más oscuros de sus vidas hasta entonces. Aunque la iglesia crecía, Tim se planteó abandonar Redeemer y el ministerio para poder cuidar de Kathy.[15]

Tal como lo volvería a hacer en 2020 cuando le diagnosticaron cáncer de páncreas, Keller le pidió a Dios una renovación espiritual. Desde que hizo un estudio en 1999 sobre los Salmos, sabía que necesitaba tener una vida de oración más profunda y más fuerte. Kathy le recomendó que oraran juntos cada noche, sin excepciones. Tim recuerda que le dijo:

> Imagínate que te diagnostican con una enfermedad letal, que el doctor te ha dicho que morirás dentro de unas horas a menos que tomes una medicina determinada, una píldora cada noche antes de irte a dormir. Imagínate que se te informó que nunca podrías dejar de tomarla o morirías. ¿Olvidarías tomarla? ¿Dejarías de tomarla algunas noches? No. Sería tan importante que no lo olvidarías. Bien, si nosotros no oramos juntos a Dios, no vamos a lograrlo debido a todo lo que tenemos que enfrentar. Te aseguro que yo no podré lograrlo. Tenemos que orar; simplemente no podemos descuidarnos en esto.

Aun cuando Tim viajó a distintas zonas horarias alrededor del mundo, no se perdieron la oración vespertina, ya fuera por teléfono o en persona.[16] Tim incursionó en los clásicos sobre la espiritualidad y las disciplinas espirituales, incluidos aquellos escritos por autores católicos. Sin embargo, regresó a sus fuentes de confianza, en especial a Martyn

Lloyd-Jones y a Jonathan Edwards, para profundizar su vida de oración personal y le pareció que esas fuentes eran aun insuperables. John Owen fue quien más lo ayudó a profundizar en la oración al «contemplar la gloria de Cristo por la fe».[17] Además encontró apoyo para la oración al reaprender la disciplina de la meditación por parte de Richard Baxter y Martín Lutero.

Nada podía reemplazar la actividad de exponerse de forma más sencilla y constante a los Salmos y de pasar un tiempo prolongado de oración. Incluso cuando los desafíos del personal de Redeemer persistieron, junto con las crisis de salud, Kathy Keller observó más felicidad en Tim de la que jamás había visto. El amor y la presencia de Dios desbordaban a Tim de formas nuevas. Los errores de liderazgo lo habían hecho humilde. No podía simplemente predicar sermones y forjar una visión. Necesitaba reconocer sus límites y el valor de trabajar en equipo, sin tener que ser siempre el líder principal. Al igual que cuando se mudó a Nueva York, Keller necesitaba una vida espiritual revitalizada.

Los Keller necesitaban a Dios en oración incluso más de lo que habían creído en su desesperación inicial. No tenían la menor idea de que, tras el 11 de septiembre, muchos de sus mayores cambios aún estaban por llegar.

Libros grandes

Antes del 11 de septiembre, el enemigo arquetípico de Estados Unidos era alguien ateo, en general comunista de la Unión Soviética o de sus aliados. Después del 11 de septiembre y especialmente en la campaña de reelección y el segundo mandato del presidente George W. Bush en 2004, el enemigo cambió. Ahora, muchos estadounidenses percibían que la mayor amenaza eran los creyentes religiosos conservadores: fundamentalistas islámicos como los talibanes, terroristas como Al Qaeda...

o cualquier otra persona que se tomara la fe tan en serio que creyera que debía moldear la vida privada y la pública.

La nueva plaga de la vida urbana es la religión, según advirtieron los nuevos ateos que dominaron las listas de *bestsellers* en los 2000. Richard Dawkins, Sam Harris, Daniel Dennett y Christopher Hitchens no querían hacer que la religión fuera ilegal. No contaban con el apoyo legal o político para hacer algo así. En cambio, aspiraban a hacer que la religión fuera tóxica, la mayor amenaza para toda la humanidad. No necesitarían prohibir la religión si simplemente lograban que, creerla o practicarla, fuera algo vergonzoso.[18] Más bien, los nuevos ateos pidieron a las fervientes multitudes y a los lectores alrededor del mundo que «creyeran en la ciencia». Gracias a la evolución, explicaban, ya nadie más necesita de la religión.[19]

Sin embargo, ni siquiera las ventas combinadas de libros de los nuevos ateos podrían igualar las de Dan Brown. El escritor vendió 80 millones de copias de su novela mediocre *El código Da Vinci* en la década de 2000 y convenció a los escépticos compradores de baratijas de que conocía «la verdadera historia» del crecimiento del cristianismo en el Imperio romano tras el Concilio de Nicea en el año 325 d. C. Publicado en 2003, *El código Da Vinci* contó con la ayuda de *The Boston Globe*, cuyos reportajes sobre encubrimiento de abusos por parte de la Iglesia Católica contribuyeron a crear un ambiente generalizado de rechazo contra cualquier religión organizada. Cuando el tsunami del Océano Índico de diciembre de 2004 dejó más de 250 000 muertos, los ensayos posteriores sobre teodicea culparon mayormente a Dios.

Mientras escribía en 2008, Keller notó el cambio de actitud. «Al llegar por primera vez a Nueva York, hace más de 20 años, escuchaba con frecuencia la opinión de que todas las religiones eran, en realidad, igual de ciertas —recordó—. En la actualidad, en cambio, lo frecuente suele ser oír que todas las religiones son igual de falsas».[20]

Hacia 2008, cuando Tim publicó su primer *bestseller*, *¿Es razonable creer en Dios?*, ya había invertido varias décadas en escuchar y responder a las críticas que comúnmente se hacen del cristianismo. Las charlas en Hopewell se convirtieron en preguntas y respuestas posteriores al servicio en Nueva York. «Quiero agradecer a todas las personas y los líderes de la Iglesia Presbiteriana Redeemer y en especial a quienes han compartido conmigo sus preguntas, sus luchas y sus críticas a lo largo de los años —escribió Keller en *¿Es razonable creer en Dios?*— Este libro no es más que el registro de lo que he aprendido de ellos».[21]

Con *¿Es razonable creer en Dios?*, Keller buscaba reconstruir el puente entre el cristianismo y la ciencia que los nuevos ateos habían demolido. Citó a su amigo Francis Collins, autor de *El lenguaje de Dios* y director del Proyecto Genoma Humano. Al igual que Keller, Collins había nacido en 1950 y leído *Mero cristianismo* de C. S. Lewis en un momento crucial antes de profesar su fe en Jesús. En 2009, el presidente Obama nominó a Collins para dirigir los Institutos Nacionales de Salud, donde seguiría sirviendo durante las presidencias de Trump y de Biden.

En *¿Es razonable creer en Dios?*, junto con las objeciones basadas en la ciencia, Keller abordó preguntas sobre la historia. Nunca dejó de añadir pilares de «grandes libros» a su desarrollo intelectual y espiritual a lo largo de los años. Leyó todo lo que pudo encontrar sobre apologética. Mientras se trataba el cáncer de tiroides en 2002, Keller añadió el premiado libro de apologética de 800 páginas de N. T. Wright, *La resurrección del Hijo de Dios*. Más de una década después, Keller siguió afirmando que no creía que el libro de Wright pudiera ser superado en su defensa de la resurrección histórica de Jesús.[22]

> «No solo me ayudó enormemente en mi comprensión teológica, sino que, dadas las circunstancias, también me dio un ánimo vigorizante en vista de mi agudizada sensación de mortalidad», escribió Keller. «Me recordó y aseguró que la muerte había sido derrotada en Jesús, y que también sería derrotada para mí».[23]

Para Keller, el desarrollo intelectual y el espiritual no podían separarse. Se funden antes de salir a borbotones en sus conversaciones con escépticos, sus prédicas y, finalmente, sus libros. *¿Es razonable creer en Dios?* ayudó a cristianos en todo el mundo a responder a objeciones que cobraron fuerza tras el 11 de septiembre.

Dos cambios

Cientos de miles de lectores conocieron a Tim Keller con *¿Es razonable creer en Dios?* Sin embargo, el libro reflejaba sus antiguos intereses y anticipaba nuevas direcciones en su enfoque apologético. Antes del 11 de septiembre, Keller enseñaba apologética a los líderes de los grupos pequeños de Redeemer, entre los que se encontraba la agente literaria Nicole Diamond, cuyos padres eran ateos y psicólogos. La propia Diamond se había convertido al cristianismo en Yale. Fue la primera en recomendar a Keller que convirtiera las charlas en un libro.

Luego de que Diamond se mudara a Los Ángeles y se casara, Keller se contactó por medio de la iglesia con otro agente literario, quien negoció un contrato con la editorial Penguin. A partir de ese favorable comienzo, Penguin solicitó a Keller un libro cada año. Para esa entonces, Keller estaba a mediados y fines de sus cincuenta y aprovechó el incesante ritmo de publicaciones para ampliar sus lecturas y conocimientos sobre los temas de sus libros, ya fueran la oración, el sufrimiento, el matrimonio, la idolatría, la fe y el trabajo, entre otros. Se sintió intelectualmente fresco en un momento en el que podría haberse limitado a su investigación previa.

Hasta 2010, la mayoría de las personas que se acercaban a hablar con Keller después de los servicios eran neoyorquinos y miembros de la iglesia. Tras cada servicio, dedicaba una hora a tener conversaciones evangelísticas y pastorales. Sin embargo, notó dos cambios a fines de la década del 2000. En primer lugar, las preguntas dejaron de tratarse de ciencia e historia y empezaron a ser sobre moralidad y valores. Las dudas y la incredulidad se convirtieron en ira y denuncias. Los nuevos ateos acusaron al cristianismo de oprimir a las mujeres y a las minorías étnicas.[24] En comparación con 1975, cuando empezó a predicar, Keller observó que el mensaje del evangelio, en especial los temas del infierno y el juicio, se habían vuelto cien veces menos populares.

No obstante, notó otro cambio que lo preocupó más. Luego de que *¿Es razonable creer en Dios?* alcanzara el séptimo puesto de la lista de *bestsellers* de no ficción del *New York Times*, las personas que hacían las preguntas cambiaron. Muchos estaban visitando Nueva York como turistas. Querían que Keller firmara sus libros y tomarse una foto con él. Como pastor que había dedicado casi veinte años a intentar alcanzar a los escépticos de Nueva York, Keller detestó este cambio.[25] Acabó por contratar un asistente, Craig Ellis, cuyo trabajo consistía en responder no ante las peticiones externas, que cada vez llegaban con más frecuencia. Nunca más se lo conocería principalmente como un pastor de Nueva York. Sin embargo, Ellis no vio que la nueva fama, por más frustrante que fuera, cambiara a Keller. «El mayor cumplido que puedo hacerle a Tim es que, así como uno creería que él es al verlo en el escenario, así es él en realidad».[26]

Adictos a los ídolos

La popularidad de Keller entre los cristianos alrededor del mundo seguía aumentando, lo que ponía en peligro su ministerio en Nueva York por medio de Redeemer. Él quería trabajar cerca de los escépticos o al menos de los nuevos cristianos en la ciudad que pasaban la mayor parte de su tiempo con gente que no era cristiana. La apologética se mueve con rapidez, especialmente en una década tan tumultuosa como la del 2000, que comenzó con el peor atentado terrorista de la historia de Estados Unidos y terminó con la Gran Recesión y el primer presidente afroamericano de la nación.

Ted Turnau obtuvo su Maestría en Divinidad y su doctorado en el Seminario Teológico Westminster y estudió con Keller. Su definición de apologética refleja el objetivo de Keller al predicar y escribir:

> La apologética, por tanto, tiene un enfoque dual: fijar la vista en nuestra esperanza y mantenernos fieles a ella y fijar la atención en lo que le importa a quien te está escuchando, a lo que conecta con él o con ella en el nivel de deseo (sin manipulación). El trabajo de la apologética es construir un puente entre la esperanza y el no cristiano. Esta construcción de puentes incluirá «los hechos» y la argumentación en un sentido estrictamente lógico, pero el rango posible de «razones» podrá también incluir argumentos de la belleza, bondad, justicia, misericordia, vitalidad o carácter apacible de la esperanza que hay en nosotros. Podemos emplear cualquier cosa que hable con relevancia al contexto de la cosmovisión de quienes están a nuestro alrededor.[27]

Keller destacaba menos en la apologética filosófica, con sus pruebas de Dios, y más en la apologética cultural. Buscaba conectar el evangelio de Jesucristo con toda la vida, que está mediada por la cultura. Según la definición de Turnau, la cultura es «el reflejo humano de la comunidad, la comunión y la creatividad de Dios relacionándonos y respondiendo a los mensajes inherentes de la creación de Dios (revelación) para crear "mundos" de significados compartidos que glorifican a Dios, muestran amor a otros seres humanos y muestran cuidado al resto de la creación». Dicho de manera más sencilla, la cultura es una «empresa fundamentalmente *religiosa*».[28]

La idolatría se produce cuando la cultura se desvía de su propósito de glorificar a Dios. Durante mucho tiempo, Keller la consideró una forma clave de conectar con los escépticos contemporáneos y en 2009 fue el tema central de su libro *Dioses que fallan: Las promesas vacías del dinero, el sexo y el poder, y la única esperanza verdadera*. En diversas oportunidades, Keller atribuyó la inspiración que sentía para hablar más de la idolatría que de la explicación más común del pecado como una ofensa a Dios al quebrantar sus leyes. Se refirió a los «amores desordenados» de *Confesiones*, de Agustín, que revelan el poder esclavizante de las pasiones no arraigadas en Dios.[29] El antiguo monje agustino Martín

Lutero aparecía con más frecuencia en los primeros sermones de Redeemer de Keller que cualquier otra persona, salvo por Jonathan Edwards.[30] Según Lutero, nadie rompe los mandamientos de no asesinar ni robar ni codiciar sin romper primero el mandamiento de no idolatrar.[31] El inquieto luterano Søren Kierkegaard describió el pecado como construir la identidad sobre cualquier cosa que no sea Dios.[32]

Ernest Becker ayudó a Keller a dar una aplicación contemporánea a esta teología. En *La negación de la muerte*, Becker sostuvo que los estadounidenses habían dejado de buscar el sentido en Dios, la familia y la nación para buscarlo en el romance. Sin embargo, idolatrar las relaciones románticas no resulta mejor que adorar a los padres o a la bandera de uno. Becker escribió:

> Al fin y al cabo, ¿qué es lo que queremos cuando elevamos el amor de la pareja a la posición de Dios? Queremos la redención, nada más y nada menos. Queremos que nos rediman de nuestros errores, de nuestro sentimiento de insignificancia. Queremos que nos justifiquen, saber que no hemos sido creados en vano [...]. No hace falta decir que las parejas humanas no pueden conseguir esto.[33]

Las relaciones de esa clase duran solo mientras imaginamos que satisfacen nuestras necesidades. Lo mismo aplica para un trabajo, un apartamento o una exposición de arte: cosas buenas que se convierten en ídolos cuando esperamos que nos satisfagan. Las rupturas dolorosas se producen cuando el trabajo nos exige noventa horas a la semana. Cuando no podemos pagar la hipoteca del apartamento. Y cuando la exposición de arte recibe críticas negativas. A veces hace falta fracasar para darnos cuenta de que hemos convertido los bienes en dioses. «Este deseo de aferrarse distorsiona el regalo y lo utiliza para un propósito pecaminoso —escribió Turnau—. Y esto lo hacemos habitualmente, incluso compulsivamente. Somos adictos a los ídolos».[34]

Keller citaba ampliamente a Lutero, a Agustín y a Kierkegaard en sus sermones. Sin embargo, le encantaba especialmente citar a alguien como Becker, quien, aunque no seguía a Jesús, tenía argumentos cristianos. En esta línea, Keller mencionó por primera vez al novelista David Foster Wallace en un sermón de 2010. El discurso que dio en 2005 para los graduados de la universidad Kenyon College no podría haber ilustrado mejor la enseñanza de Keller sobre la idolatría.

«Todo el mundo adora algo —afirmó Wallace ante los estudiantes—. La única elección que tenemos es *qué* adoramos. Y una razón excelente para elegir adorar a algún dios o cosa de naturaleza espiritual [...] es que prácticamente cualquier otra cosa que te pongas a adorar te va a comer vivo».

Nunca habrá suficiente dinero. Nuestro cuerpo se irá descomponiendo con la edad. El poder corrompe, y destruimos a otras personas para ocultar nuestro temor. El intelecto falla y se apaga y revela que somos fraudes. Sin embargo, «Mirad, lo insidioso de todas esas formas de adoración [...] es [...] que son *inconscientes* —explicó Wallace, quien se suicidó en 2008—. Son configuraciones por defecto».[35]

Como apologista que cita a personas como Wallace y Becker, Keller empleó una versión de los argumentos trascendentales de Cornelius Van Til, profesor fundador del Seminario Teológico Westminster. Este tipo de argumentos se remontan de la realidad a los supuestos que la sustentan. Buscan el *por qué* detrás del *qué*.[36]

Después del 11 de septiembre de 2001, miles de neoyorquinos querían conocer el *por qué* detrás del *qué* de aquello que acababan de presenciar... y oler. Tim Keller no les dio una explicación definitiva. No obstante, les ofreció esperanza y sentido al señalar a un Dios que obra milagros cuando uno menos espera que lo haga.

Todo el mundo adora algo. Sería mejor que adorara al Dios que resucitó y, sí, que resucita a otros de entre los muertos.

DIECISIETE

UNA FE LÓGICA

Dogwood Fellowship

Tan pronto como Tim Keller publicó su *bestseller* sobre apologética, supo que ya estaba obsoleto.

Al responder a las objeciones más comunes al cristianismo en Occidente, *¿Es razonable creer en Dios?* no dedica ni un solo capítulo a la sexualidad.[1] Después de la publicación del libro en 2008, la sexualidad era casi la única objeción al cristianismo que muchos escépticos querían discutir. Sin embargo, no era esa la mayor deficiencia del libro. Incluso las objeciones suponían un nivel de conciencia e interés en el cristianismo que se está erosionando rápidamente en Occidente.

No obstante, Keller no descubrió las deficiencias de *¿Es razonable creer en Dios?* al hablar con los lectores, que convirtieron al libro en un éxito de la noche a la mañana. Se dio cuenta de los problemas gracias a su propia investigación y lectura, que había empezado a trazar un rumbo diferente en 2004. Ese fue el año en que Keller se unió a la asociación Dogwood Fellowship, organizada por el sociólogo (y cristiano comprometido) de la Universidad de Virginia: James Davison Hunter, y nombrada así en honor a sus raíces comunes en Virginia. Entre 2004 y la recesión de 2008, Keller se reunió unas cuatro veces al año con Hunter, el pastor Skip Ryan y dos líderes empresariales: Don Flow y Jim Seneff. Tras reunir «el capital solapado» de teología, sociología y negocios, Hunter organizó el grupo para entender cómo debería responder la iglesia a su tiempo y cultura. Sus conversaciones dieron lugar al innovador libro de Hunter: *Para cambiar el mundo: La ironía, la tragedia y la posibilidad del cristianismo en el mundo actual*, publicado en 2010 y dedicado «para Dogwood».

En estas discusiones, Keller disfrutó del entorno más estimulante intelectual y espiritualmente desde el tiempo de Westminster y Gordon-Conwell. Hunter compartió folletos y ensayos inéditos a medida que Keller forjaba una visión para un cambio cultural y una renovación mediante redes de amigos. Como estudiante del avivamiento, Keller percibió algo de lo que sintieron quienes formaron parte de la Secta de Clapham en los siglos XVIII y XIX.

La experiencia que marcó esta época para Keller fue copiar la lista de lecturas de Hunter, quien le enseñó cómo entendía «las estructuras profundas» de la cultura. A través de Hunter, Keller conoció a los «cuatro grandes» críticos de la modernidad secular. A partir de ese momento, Charles Taylor, Alasdair MacIntyre, Philip Rieff y Robert Bellah se convirtieron en elementos esenciales del pensamiento, la escritura y la enseñanza de Keller.[2] Provocaron en Keller un análisis más profundo de los problemas que aquejan al Occidente poscristiano en la política y la cultura.

Gran parte de la apologética cristiana, incluida *¿Es razonable creer en Dios?*, opera aun dentro de los límites de la Ilustración. Los cristianos ofrecen explicaciones racionales y aportan pruebas empíricas de los sucesos bíblicos y de lo que la Biblia afirma. Sin embargo, ¿y si la Ilustración ha llegado a su fin? ¿Y si es un callejón sin salida para la cultura occidental? ¿Y si la Ilustración no puede ofrecer el significado, la identidad, el propósito y la justicia que los occidentales siguen exigiendo?

Si el secularismo occidental obtuvo sus valores de tolerancia y justicia del cristianismo, entonces es de suponer que la ciencia objetiva y empírica y la razón no puedan sustentar el idealismo moral. Occidente quiere ser relativista y moralista al mismo tiempo. Y no está funcionando, tal como lo han argumentado estos cuatro críticos durante décadas.[3]

El sociólogo Christian Smith describe el dilema de la Ilustración como un proyecto espiritual en busca de un bien sagrado:

> Hacer que todo sea nuevo, dejar atrás el pasado, no estar atado a ninguna tradición, disfrutar de la máxima posibilidad de elegir, estar libre de toda coacción, poder comprar todo lo que uno pueda permitirse, vivir como uno desea: esa es la visión que guía el proyecto espiritual de la modernidad. Es espiritual (no meramente ideológico ni cultural) porque nombra lo que es sacrosanto, una preocupación máxima, una visión de lo que es más digno de manera que trasciende toda vida individual. Es espiritual porque habla a las subjetividades personales más profundas de la gente, a su visión más trascendente del bien, a su definición de la realización suprema. Es espiritual porque, como la profunda estructura cultural que es, ocupa en el Occidente moderno una posición homóloga a la de la salvación en Dios que se valoraba en la cristiandad premoderna que la modernidad desintegró. Y es espiritual porque, al ser sagrada, vale la pena protegerla, defenderla, vigilarla, luchar por ella, quizás morir por ella, incluso matar por ella.[4]

Entonces, si la Ilustración suplantó al cristianismo con esta espiritualidad rival, ¿cómo puede Occidente regresar al evangelio? Esa es la pregunta a la que Keller se ha propuesto responder en los últimos quince años.

Misiones de Oxford

Cada tres años, el grupo estudiantil Oxford Inter-Collegiate Christian Union (OICCU) organiza una misión de seis días para evangelizar a más de 20 000 estudiantes en esta icónica ciudad universitaria inglesa. Las misiones comenzaron en 1940, meses antes de la batalla de Inglaterra. Martyn Lloyd-Jones dirigió las misiones en 1943 y 1951. También lo hicieron otros héroes de Keller como John Stott y Michael Green.

Durante su primera misión de Oxford a principios de 2012, Tim y Kathy, junto a su hijo Michael y su esposa, Sara, se hospedaron en el Hotel Old Parsonage, a un par de manzanas al norte del campus de la Universidad de Oxford. Mientras la familia regresaba una noche en medio de una nevada, vislumbró un farol tradicional. La magia de Narnia pervivía en Oxford.

Cuando anochecía, la familia Keller, reunida en torno a una chimenea del siglo XVII, analizaba lo bueno y lo malo de las charlas evangelísticas de Tim y las preguntas de los estudiantes. Esas charlas de 2012 se convirtieron en el libro de Keller: *Encuentros con Jesús: Respuestas inesperadas a las preguntas más grandes de la vida*. Muchos de los temas que trata el libro se pueden encontrar en libros previos, tales como *¿Es razonable creer en Dios?*, *Dioses que fallan* y *El Dios pródigo*.

Cuando Keller regresó en 2015, insistió en tener un enfoque temático en lugar de las charlas expositivas que se le solicitó dar en 2012. Quería poner a prueba lo que había aprendido de los críticos sociales Taylor, Rieff, MacIntyre y Bellah. Os Guinness dio las charlas a la hora del almuerzo, mientras que Keller habló por las noches sobre el sentido, la identidad y la justicia. Después de cada día, estos buenos amigos que compartían su amor por Francis Schaeffer y L'Abri se retiraban para reunirse junto a la chimenea del Hotel Randolph para hablar hasta altas horas de la madrugada. En comparación con 2012, en 2015 Keller vio más respuestas alentadoras de los estudiantes escépticos.[5] En el momento de las preguntas y las respuestas de esta segunda misión, Keller concibió lo que se convirtió en una de sus ilustraciones más memorables.

Estaba respondiendo a una pregunta sobre cómo el cristianismo ve la homosexualidad. Se dio cuenta de que no podía contestar sin cambiar de táctica y criticar el concepto de identidad en el Occidente moderno. Su respuesta en la charla ese verano acabó incluida en su libro *La Predicación: Compartir la fe en tiempos de escepticismo.*

Keller pidió a los estudiantes de Oxford que imaginaran a un guerrero anglosajón en Gran Bretaña en el año 800 d. C. Dentro suyo siente el impulso de destruir a todo aquel que le falte el respeto. Esa es la respuesta que exige su cultura de deshonra y honor, por lo que obedece. Sin embargo, también se siente atraído a los hombres. Como su cultura exige que reprima esos sentimientos, no los obedece. Ahora considere a un hombre de la misma edad que camina por las calles de Manhattan en nuestro tiempo. Se siente igual que el guerrero anglosajón. Quiere matar a todo aquel que lo mire de la forma equivocada. Y desea tener relaciones sexuales con otro hombre. Nuestra cultura lo manda a hacer terapia para el manejo de la ira. Se identificará públicamente con su orientación sexual.

Entonces, ¿qué nos enseña esta ilustración? Keller explica:

> Ante todo, revela que no obtenemos nuestra identidad solo desde el interior. Más bien, obtenemos algún tipo de tamiz moral interpretativo y pasamos a través de este nuestros sentimientos e impulsos. Este tamiz nos ayuda a decidir los sentimientos que constituyen el «yo» y deberían expresarse, y los sentimientos que no forman parte del «yo» y no deberían expresarse. Entonces, este tamiz de creencias interpretativas (no una expresión innata y pura de nuestros sentimientos), es lo que da forma a nuestra identidad. A pesar de las protestas en contra, sabemos por instinto que nuestro interior más profundo es insuficiente para guiarnos. Necesitamos algún estándar o norma que, desde afuera, nos ayude a poner en orden los impulsos en conflicto de nuestra vida interior.

> ¿Y dónde obtienen nuestro guerrero anglosajón y nuestro hombre moderno de Manhattan sus tamices? De sus culturas, sus comunidades y sus historias heroicas. En realidad, ellos no solo «eligen ser ellos mismos», sino que están filtrando sus sentimientos, desechando algunos y aceptando otros. Están escogiendo ser, pensar y sentir lo que sus culturas les indican que pueden ser, pensar y sentir. Al fin y al cabo, una identidad que se basa independientemente en tus propios sentimientos internos es imposible.[6]

En lugar de responder directamente a la pregunta sobre la homosexualidad, Keller se refirió a los supuestos subyacentes de la identidad en la cultura occidental, a lo que Bellah llamó: «individualismo expresivo». En su libro *Hábitos del corazón*, publicado por primera vez en 1985, Bellah observa: «El individualismo expresivo sostiene que cada persona posee un núcleo único de sentimiento e intuición que deberá desarrollar o expresar para que la individualidad sea alcanzada».[7] Puede que la individualidad sea el objetivo, pero, como Keller observa con la ilustración del guerrero anglosajón, la identidad se forma en la comunidad. Y las comunidades conforman los valores que pueden contribuir a nuestra identidad. Ninguna persona es libre de ser lo que quiera ser, en especial cuando el gobierno impone perspectivas seculares de la sexualidad en la ley y la educación pública. El poder convence a todo el mundo de que están expresando su identidad individual, mientras que, en realidad, todos están haciendo lo mismo.[8]

Esta tensión entre la expresión y la comunidad es la dinamita tras la implosión de la Ilustración. Bellah y sus colegas lo vieron venir mucho antes de que el matrimonio igualitario se convirtiera en una ley en todo Occidente.

> Lo que tememos por encima de todo, y lo que impide que nazca el nuevo mundo, es que si renunciamos a nuestro sueño de alcanzar el éxito privado en pos de una comunidad societal genuinamente más integrada, abandonaremos nuestra separación e individuación y nos

> hundiremos, entonces, en la dependencia y la tiranía. Lo que nos cuesta ver es que la extrema fragmentación del mundo moderno es lo que realmente amenaza nuestra individuación; que lo mejor de nuestra separación e individuación (nuestro sentido de dignidad y autonomía como personas) requiere de una nueva integración si queremos que se mantenga.[9]

Las conferencias de Keller en Oxford en 2015, basadas en Bellah, contribuyeron a su libro *Una fe lógica*, publicado al otoño siguiente. Comparado con *¿Es razonable creer en Dios?*, *Una fe lógica* no se ha encontrado con un público amplio. Sin embargo, es el libro de apologética que Keller habría escrito en 2008 si hubiera sabido entonces lo que sabe ahora. *Una fe lógica* busca exponer los supuestos que subyacen a las objeciones hechas al cristianismo y, a la vez, estimular el interés por Jesús. Para eso expone las contradicciones de los intentos occidentales por encontrar una alternativa viable a la Ilustración. Al menos hasta ahora, sin embargo, el público con inclinación intelectual y apertura espiritual no se ha materializado aun, salvo en lugares sumamente selectos, como en las misiones de Oxford, que Keller repitió en 2019.[10] Previo a la misión de Keller en 2019, el grupo estudiantil OICCU modificó el orden típico y a las charlas de Keller las precedieron semanas de discusiones grupales en lugar de sucederlas. El resultado fue aún más alentador que en 2015 y llevó a Keller a empezar a planificar formas de adaptar ese modelo para la evangelización en Estados Unidos.

Presiones cruzadas

Charles Taylor no apareció en la predicación de Keller en Redeemer sino hasta el año 2013, tras la primera misión de Keller en Oxford y cinco años después de que el filósofo canadiense publicara su trascendental obra, *La era secular*. Para Keller, Taylor resumía gran parte de la crítica al secularismo y la modernidad que hallaba en Rieff, Bellah y MacIntyre. Keller leyó el libro de Taylor dos veces, renglón por renglón, a lo largo de dos años. Gracias a Taylor, comenzó a ver por qué tantas personas seculares no responden al evangelismo tradicional y a la apologética. Según Taylor, el secularismo no solo significa que la gente deja de creer en Dios. Como explicó Keller en un sermón sobre el Salmo 111, en nuestra era secular, la visión de Dios se diluye. Dios está lejos. No necesitamos obedecerlo ni depender de Él a cada momento. En la visión de la preilustración, existimos para Dios y lo servimos. En cambio, en la visión moderna, observa Taylor, Dios existe solo para nuestro beneficio.[11] Una de las consecuencias de este cambio es que el sufrimiento se nos hace insoportable, pues no podemos confiar en que Dios tenga un propósito más allá de nuestro entendimiento.

Keller se basó en Taylor para rebatir el secularismo de quien confía en sí mismo. En una charla evangelística en Redeemer en 2014, Keller presentó la descripción que Taylor hace de las presiones cruzadas entre la creencia y la duda.[12] Algunos podrán plantear que nunca dudan de la existencia de Dios. Otros podrán plantear que nunca dudan de Su inexistencia. No obstante, el resto de nosotros nos encontramos en algún punto intermedio, ya sea porque creemos en Dios, pero dudamos de vez en cuando, o porque dudamos de Él, pero creemos cada cierto tiempo.

Hace apenas 150 años, la persona promedio nunca conocía a nadie que no creyera en Dios. Normalmente, las comunidades en general creían las mismas cosas sobre Dios. Ahora, casi todo aquel que cree en Dios conoce y ama a personas que no lo hacen. Y conocen muchos argumentos en contra de Dios, algunos de los cuales incluso les parecen convincentes. Lo contrario es verdad también. No hay ateo que pueda escapar de los villancicos al ir de compras en diciembre.

Por medio del concepto de Taylor de las presiones cruzadas, Keller buscaba igualar las condiciones entre quienes dudan y quienes creen. Al reconocer que hay dudas, Keller abrió la puerta a la fe:

> La premisa consiste en que, dado que ninguno de nosotros puede probar o refutar sus más profundas creencias, sus más profundas convicciones morales sobre lo correcto y lo incorrecto, sus más profundas convicciones sobre lo que la gente debería estar haciendo con su vida, sus creencias sobre si hay o no un Dios [...]. No se puede probar a Dios. No se puede refutarlo totalmente. Eso significa que todos nosotros tenemos creencias que no podemos probar y, aun así, sin las cuales, no podemos vivir.[13]

Los críticos sociales como Taylor dieron a Keller nuevas municiones, aunque él ya sabía cómo utilizar las armas. Aprendió a esgrimir la apologética presuposicional en Westminster, como explicó en su clase sobre «La predicación de Cristo en un mundo posmoderno», que impartía en el Reformed Theological Seminary:

> Comprendí esto de la presuposición y la teología bíblica ([Geerhardus] Vos y [Edmund] Clowney y [John] Frame y [Cornelius] Van Til y todo eso) tiempo atrás, cuando todo el mundo pensaba: «¿Qué son estas cosas?». En los setenta y los sesenta, estas cosas eran solo un pequeño afluente en el mundo evangélico. El mundo evangélico estaba completamente dominado por la teología sistemática, la evidencia de la resurrección, las pruebas de la existencia de Dios y ese tipo de cosas. Y ahora todo eso se ve tan pasado de moda que parece increíble.[14]

Pasado de moda, quizás. Sin embargo, la apologética más clásica de *¿Es razonable creer en Dios?* vendió más que la apologética presuposicional de *Una fe lógica*. Una de las razones es que la apologética tiende a apuntalar las creencias cristianas más que convencer a los escépticos. Keller sigue buscando maneras de alcanzar al público más escéptico, ya sea en Oxford o en Nueva York.

A los escépticos que no oyen la cacofonía en las calles de Manhattan, a los que dudan mientras caminan bajo la nieve fresca de Oxford, Keller les ofrece compasión. Formar una identidad bajo los términos del individualismo expresivo es devastador.[15] No obstante, también les ofrece una solución. «Si crees el evangelio y todas sus extraordinarias afirmaciones sobre Jesús y lo que ha hecho por ti y quién eres en Él, entonces nada de lo que suceda en el mundo puede realmente llegar a tu identidad —escribió en *Una fe lógica*—. Imagina, por un momento, cómo sería creer esto. Considera qué diferencia radical haría».[16] Con Jesús, usted obtendrá una confianza absoluta en su valor. No obstante, deberá entregar a cambio su independencia autónoma para obtenerla. Y se le requerirá que sirva a Dios como el centro del universo.[17] «Mediante la fe en la cruz obtenemos un nuevo fundamento para una identidad que nos humilla por nuestro egoísmo, pero es tan infaliblemente segura en el amor, que hace posible que aceptemos, en vez de excluir a los que son diferentes».[18]

Lo que el propio Keller comprendía de esta verdad sobre la tolerancia sería puesto a prueba en 2017.

Encuentro misionero

Casi nadie podría estar más calificado que Tim Keller para recibir el premio Kuyper a la excelencia en teología reformada y testimonio público. Sin embargo, la forma en que muchos alumnos y exalumnos del Seminario Teológico Princeton (PTS, por sus siglas en inglés) reaccionaron ante su elección demostró por qué Keller ajustó su enfoque de *¿Es razonable creer en Dios?* a *Una fe lógica*. En menos de una década, la cultura en la educación occidental había pasado de ser tolerante con la homosexualidad a intolerante con todo aquel que no apoyara la homosexualidad. Las opiniones de Keller sobre la ordenación de las mujeres y la homosexualidad iban en contra de las normas imperantes en el PTS y otros seminarios históricos, por no mencionar la cultura en general. Según este criterio, el propio Abraham Kuyper no habría cumplido los requisitos para recibir el premio que lleva su nombre. Bajo presión, los dirigentes del PTS rescindieron de entregar el premio a Keller.

Richard Mouw, ganador del premio Kuyper en 2007, fue uno de los principales kuyperianos que protestaron contra la decisión del PTS. Mouw escribió para *Christianity Today*:

> Aunque muchos de nosotros no estamos de acuerdo con la postura de Keller sobre la ordenación de las mujeres, lo admiramos enormemente. Su ministerio, la Iglesia Presbiteriana Redeemer en la Ciudad de Nueva York, ha hecho mucho para que la aplicación práctica de la teología de la cultura de Kuyper sirva de modelo al compromiso cristiano en los negocios, las artes, la política, el periodismo y otras áreas de liderazgo cultural en busca de la obediencia al señorío de Jesucristo por sobre (para usar la imagen que Kuyper cita a menudo) «cada centímetro cuadrado» de la creación.[19]

Aunque no recibió el premio, Keller aceptó dar las charlas. Un aplauso entusiasta y prolongado lo recibió cuando subió al podio. El presidente del PTS, Craig Barnes, volvió a recibir el mensaje cuando regresó para despedir al público en una recepción posterior a la conferencia. En 2018, el premio Kuyper, como parte de la Conferencia anual Kuyper, pasó del PTS a la universidad Calvin y al Seminario Teológico Calvin.

Durante veinte años, la Conferencia Kuyper había atraído a un amplio espectro de pensadores reformados. Sin embargo, el rechazo hacia Keller en 2017 mostró cómo las presiones del Occidente poscristiano habían fragmentado más a los protestantes. La conferencia de Keller se relacionaba con las de Warfield que dio Lesslie Newbigin en 1984, en el PTS. Las conferencias de Newbigin se convirtieron en su libro *Foolishness to the Greeks: The Gospel and Western Civilization* [Locura para los griegos: El evangelio y la civilización occidental]. Newbigin abogaba por un encuentro misionero con la cultura occidental, que se había vuelto poscristiana. No hay mayor prueba de este cambio que un seminario cristiano que rechaza a un pastor cristiano porque sostiene creencias cristianas.

Para Newbigin, el Occidente poscristiano es la frontera misionera más resistente y desafiante de todos los tiempos. Ninguna de las respuestas cristianas más comunes bastará para algún programa misionero eficaz. Los cristianos no deben replegarse como los amish. No deben buscar tomar el poder político como sostienen algunos evangélicos y fundamentalistas mediante la derecha religiosa. No deben asimilarse como los protestantes históricos. Las categorías corresponden a la obra de James Davison Hunter *Para cambiar el mundo*: «defensivos contra» (la derecha religiosa), «relevantes a» (los protestantes históricos) y «pureza de» (los amish). Hunter propuso «la presencia fiel en» como una alternativa mejor, que Keller adoptó como su propia perspectiva en *Iglesia centrada*.[20]

En el PTS, Keller reconoció sus diferencias con Newbigin, un protestante histórico. Sin embargo, los instintos misioneros de Keller se deben en gran parte a Newbigin, en combinación con otras grandes influencias que crean una síntesis única.

En un encuentro misionero, los cristianos deben conectarse y enfrentar a la cultura para poder convertir al escéptico. Deben estar preparados, según 1 Pedro 2:12, para sufrir persecución, pero también para ver un aumento en las conversiones. Cuando los cristianos denuncian los ídolos culturales occidentales de la ciencia, el individualismo y el consumismo, muchos se enfurecerán en señal de protesta, mientras que otros llorarán de gratitud. Como explicó Keller en el PTS, su programa misionero para el Occidente poscristiano sigue siete pasos, profundamente influenciados por el neocalvinismo de Kuyper y sus aliados.

El primer paso consiste en *promover una apologética incisiva pública*. Obras clásicas de apologética, como *La resurrección del hijo de Dios* de N. T. Wright, resultan útiles. Aun mejor para nuestro tiempo es *La ciudad de Dios* de Agustín, pues habla de los supuestos y las aspiraciones sociales. A los escépticos que ya no ven la necesidad del cristianismo, hay que mostrarles cómo su inclusividad se ha vuelto excluyente. Necesitan saber que no se puede diferenciar entre el bien y el mal sin la religión. Necesitan ver que la ciencia se basa en la fe, como argumentó Keller en *Una fe lógica*:

> Cuando los seculares respaldan la dignidad humana, los derechos y la responsabilidad para eliminar el sufrimiento humano, están ejerciendo sin duda una fe religiosa en alguna clase de realidad trascendente y sobrenatural [...]. Sostener que los seres humanos son el producto nada más que del proceso evolutivo del más fuerte que se come al débil, y luego insistir que aun así cada persona tiene dignidad humana que debe honrarse [...] es un enorme salto de fe contra *toda* la evidencia en contra.[21]

Segundo, *las dimensiones horizontal y vertical de la fe deben integrarse*. Los protestantes históricos no pueden preocuparse solo por los problemas sociales. Y los evangélicos no pueden preocuparse solo por los problemas espirituales. La justificación debe conducir a la justicia.

Tercero, *una crítica del secularismo debe emerger desde dentro de su propio marco* y no desde un constructo externo. Keller llama a este proceso «cumplimiento subversivo», término que toma prestado de Daniel Strange. Es una forma de «contextualización activa» en tres partes: entrar a la cultura, enfrentarla y apelar al evangelio.[22] Es posible ver este modelo en su predicación. Keller comienza utilizando un vocabulario accesible o, al menos, bien definido para conectar con los escépticos. Cita a autoridades respetadas, en especial fuera de la iglesia, que respalden sus opiniones. A continuación, reconoce las objeciones que hay a la perspectiva cristiana. Afirma las críticas de las ocasiones en que los cristianos y la iglesia no están al nivel de los ideales. Luego expone las contradicciones dentro de la crítica. Muestra que, apartados del evangelio, los escépticos no pueden cumplir sus propios deseos. Y finalmente, muestra cómo el evangelio de Jesucristo puede cumplir nuestras esperanzas más fervientes y superar nuestros sueños más descabellados.[23]

Cuarto, *la comunidad cristiana debe trastocar las categorías sociales de la cultura.* Las comunidades prósperas dan credibilidad al poder transformador del evangelio. Keller cita a Larry Hurtado, autor de *Destructor de los dioses: El cristianismo en el mundo antiguo.* En este estudio incisivo, Hurtado mostró cómo la comunidad cristiana primitiva que sufría persecución no solo era ofensiva para los judíos y los griegos, sino que también era atractiva.[24] Los cristianos se oponían al aborto y al infanticidio al adoptar niños. No tomaban represalias, sino que perdonaban. Se preocupaban por las personas pobres y marginadas. Su ética sexual estricta protegía y empoderaba a las mujeres y a los niños. Las iglesias cristianas unían a las naciones y los grupos étnicos. Jesús destruyó la relación entre religión y etnias cuando reveló a Dios para cada tribu, lengua y nación. La lealtad a Jesús triunfó sobre la geografía, la nacionalidad y la etnicidad en la iglesia. En consecuencia, los cristianos adquirieron perspectiva para poder criticar cualquier cultura. Y aprendieron a oír las críticas de otros cristianos integrados a culturas diferentes.[25]

Quinto, para lograr un encuentro misionero efectivo en el Occidente poscristiano, *el laicado debe integrar su fe con su trabajo.* El discipulado debe extenderse de lo privado a lo público. No se lo puede compartimentar. Quienes no son cristianos deben ver la diferencia que la fe hace en el día a día.

Sexto, *la iglesia local debe estar influenciada por la iglesia global.* Nadie hizo esto mejor que Lesslie Newbigin. Su experiencia en India le dio una nueva perspectiva de los cambios culturales dentro y fuera de la iglesia en su Inglaterra natal. Al responder a Newbigin en Princeton, Keller admitió que los evangélicos conservadores de Estados Unidos ponen demasiada fe en su metodología y les cuesta ver el reino de Dios al margen del interés nacional de su país.

En séptimo y último lugar, Keller animó al PTS a *no pasar por alto la diferencia entre gracia y religión*. Como Richard Lovelace le mostró por primera vez a Keller en su estudio sobre el avivamiento, los encuentros misioneros que producen un cambio social dependen de la gracia y no de las reglas de la religión. Solo la gracia trae transformación espiritual y sin el Espíritu de Dios, somos incapaces de lograr un cambio duradero en nuestro mundo caído.[26]

Antes del incidente del premio Kuyper, Keller observó cómo el Occidente secular se había convertido en una de las culturas más moralistas de la historia.[27] Ellos se creen un refugio tolerante ante el pasado cristiano restrictivo. Sin embargo, esgrimir el poder de la exclusión contra los evangélicos ha contribuido para que aumente la enemistad, junto con la polarización cultural y política.[28]

«Las personas que sienten pasión por la justicia a menudo se vuelven farisaicas y crueles cuando confrontan a personas que perciben como opresoras», escribió Keller en *Una fe lógica*.[29] Solo el evangelio puede unir la tolerancia y la justicia. «El evangelio de Jesucristo ofrece una verdad absoluta no opresora, una que ofrece una norma fuera de nosotros como una manera de escapar de la ineficacia del relativismo y del individualismo egoísta, pero una que de verdad no puede usarse para oprimir a otros».[30]

Al poner en evidencia a la administración del PTS y cancelar su conferencia, Keller podría haber conseguido más atención y apoyo de los demás evangélicos conservadores. No obstante, Keller ha estado enseñando durante años a los líderes cristianos que el evangelio ofrece una alternativa ante la intolerancia del secularismo y el tribalismo de la religión. Escribió en *Iglesia centrada* que «el evangelio cristiano, aleja a las personas tanto del egoísmo como de sus santurronerías para servir a otros en la manera en que Jesús se entregó por sus enemigos».[31]

Si los cristianos esperan evangelizar a su prójimo, no pueden ignorarlo ni denunciarlo. Deben mostrar cómo el evangelio lo cambia todo.

En Jesús, como escribió Keller en *How to Reach the West Again* [Cómo volver a alcanzar a Occidente], los cristianos hallan:

- un sentido en la vida que el sufrimiento no puede quitar, sino más bien incluso profundizar;
- una satisfacción que no se basa en las circunstancias;
- una libertad que no reduce la comunidad y las relaciones a transacciones pobres;
- una identidad que no es frágil ni se basa en nuestro comportamiento o la exclusión de otras personas;
- una forma de lidiar con la culpa y de perdonar a los demás sin rencores ni vergüenzas residuales;
- una base para buscar la justicia que no nos vuelve opresores;
- una manera de enfrentar no solo el futuro, sino también la muerte misma con compostura y paz; y
- una explicación de las sensaciones de belleza y amor trascendente que experimentamos a menudo.[32]

Cómo saber la hora

Cuando la justicia social se convirtió en el debate más candente entre los evangélicos hacia fines de la década de 2010, Keller buscó la ayuda de otro crítico social recomendado por James Davison Hunter. Keller afirma que nadie explica mejor que Alasdair MacIntyre la confusión que hay en Occidente sobre la justicia. MacIntyre, autor de *Tras la virtud* y de *Justicia y racionalidad*, contrasta las visiones de la justicia que provienen de la Biblia, el clasicismo y la Ilustración basadas en su filosofía de la naturaleza y el propósito humanos, la racionalidad práctica y la moralidad.[33] La teoría de la justicia proveniente de la Ilustración que enseña David Hume falló porque la moralidad y la justicia no pueden determinarse por sentimientos subjetivos. MacIntyre sostiene que no podemos determinar si un reloj de pulsera es bueno o malo a menos que sepamos si sirve para dar la hora o para enterrar clavos. Al desvincular la justicia del cristianismo, Occidente olvidó cómo saber la hora.

El consenso moral del cristianismo sigue suspendido en el aire: el residuo de una civilización que hace poco se desplomó. Ahora bien, ¿por qué esta generación o cualquier otra futura habrían de estar de acuerdo sobre el bien y el mal? ¿Por qué debería alguien preferir la moral cristiana antes que sus muchas alternativas históricas? Friedrich Nietzsche admitió a principios del siglo XX que, sin el cristianismo, la igualdad de derechos y la dignidad humana carecen de fundamento alguno. Podemos hacer valer nuestros derechos y reivindicarlos para otras personas, como para los pobres, pero la sociedad no puede ponerse de acuerdo sobre el motivo para hacerlo. Keller argumenta:

> En un universo en el que solo aparecimos, no por algún propósito, mediante un proceso que es básicamente violento, no podemos hablar de merecer algo ni de lo bueno y lo malo. Lo máximo que los pensadores seculares pueden alegar es que, según algún análisis de costo-beneficio, asesinar a las personas o dejar que los pobres mueran de hambre resulta impráctico para algún fin acordado. Sin embargo, como MacIntyre señala, nadie que sea partidario de este punto de vista puede eludir esta forma de expresarse. Inevitablemente «infiltran» vocabulario de moralidad y virtud que su propia visión del mundo no puede sustentar. Eso en verdad debería decirles algo.[34]

Debería decirles que, si quieren justicia, necesitan a Jesús. Solo Él puede reconciliar la libertad y la dignidad individual con el sacrificio colectivo y la comunidad. Solo Él puede darles el lugar que les corresponde a aquellas cosas que, en el Occidente de la posilustración, se intenta hacer encajar en lugares equivocados. Keller identificó esta confusión en su libro de 2018, *El profeta pródigo*:

> Estas creencias modernas, que debemos estar comprometidos con la igualdad de derechos y la justicia, pero que no hay absolutos dados por Dios, se debilitan mutuamente. La educación secular moderna enseña a todo niño que debe ser honesto consigo mismo, que debe identificar sus más profundos deseos y sueños y tratar de alcanzarlos, y no dejar que la familia, la comunidad, la tradición ni la religión se interpongan en su camino. Luego, exige justicia, reconciliación y benevolencia, que son formas básicas de autonegación, aun cuando favorece la afirmación personal. Enseña el relativismo y exige que las personas sean éticas. Anima al egoísmo y exige que las personas se sacrifiquen.[35]

Además de señalar estas contradicciones, con la ayuda de MacIntyre, Keller sostuvo que las opiniones seculares de la justicia reflejan el privilegio de vida de la clase media moderna. Inspirado por Howard Thurman, de la Universidad de Boston, quien en 1947 dio una clase en Harvard sobre los «espirituales afroamericanos», Keller sostuvo que solo se puede debatir sobre filosofía y ética sin hacer referencia a Dios cuando se está a salvo de la oscuridad real.[36]

> Imagina cuán absurdo hubiera sido sentarse con un grupo de esclavos del siglo XIX y decir: «Nunca habrá un día del juicio en el cual la maldad será corregida. No hay una vida ni un mundo futuros, en los cuales tus deseos serán satisfechos. Esta vida es lo único que hay. Cuando mueras, simplemente dejarás de existir. Nuestra única esperanza por un mundo mejor reside en mejorar las políticas sociales. Ahora, con estas cosas en mente, sal, mantén tu cabeza en alto y vive una vida de valentía y amor. No te entregues al desánimo».[37]

Estos críticos sociales ayudaron a Keller a sacudir los cimientos de la justicia social. No obstante, Keller también criticó a la iglesia cuando se quedó corta en cuanto a los estándares de la justicia bíblica. Admitió que muchos cristianos jóvenes acuden a la justicia secular porque la iglesia nunca les enseñó la justicia bíblica.[38] Ya en *Iglesia centrada*,

Keller afirmaba: «Si la iglesia no se identifica con los marginados, será ella misma marginada».[39] El propio Keller había sido ese joven cristiano escéptico alguna vez, durante el movimiento por los derechos civiles. Rechazó a la iglesia cuando los cristianos blancos de mayor edad que conocía, no mostraron urgencia alguna por buscar que se hiciera justicia para los afroamericanos e incluso se opusieron a sus esfuerzos por conseguir derechos civiles. Su opinión cambió cuando conoció a cristianos que aplicaban su fe a las injusticias de fines de los sesenta y principios de los setenta. Aun así, no sabía que Dios, como Creador soberano, exige justicia y envió a Sus profetas a condenar la injusticia. Fue más adelante que se dio cuenta de cómo las iglesias afroamericanas habían apelado más a estos fundamentos bíblicos de la justicia que a las alternativas seculares.[40]

Cuando Keller llegó al seminario, los debates sobre la identidad afroamericana pululaban en Gordon-Conwell mientras el instituto buscaba diversificarse. Elward Ellis, quien ese tiempo era un alumno y amigo de Tim y Kathy, se unió al personal de InterVarsity en 1980. Por siete años, trabajó como el primer director del Ministerio Black Campus en InterVarsity. Frente a la mesa de la cocina de Tim y Kathy en Massachusetts, no dudó en decir lo que pensaba, luego de que los Keller le dieran permiso para ser sincero. «Ustedes son racistas, lo saben —afirmó Ellis ante los Keller—. Oh, no es adrede, y no quieren serlo, pero lo son. No pueden evitarlo».

Ellis sostuvo que muchas personas blancas no reconocen sus propios supuestos culturales. «Cuando la gente afroamericana hace algo de cierta manera, ustedes dicen: "Bueno, esa es su cultura". Pero cuando la gente blanca hace algo de cierta manera, ustedes dicen: "Esa es la forma correcta de hacer las cosas"».

Los Keller no pudieron estar en desacuerdo. Habían mezclado cultura y moralidad y juzgado a otras razas.[41] No obstante, aprendieron la lección. Si nos salvamos por nuestras buenas obras, escribió Keller en *Una fe lógica*, entonces los más fuertes y privilegiados podrían presumir de sus logros. Sin embargo, la salvación que es solo por gracia favorece a los que pasan desapercibidos. Después de todo, Jesús no vino a la tierra rico y poderoso, sino pobre, nacido de una mujer que aún no estaba casada.

> Si todo esto te sorprende, podría significar que has creído una idea completamente equivocada, es decir que el cristianismo se refiere a aquellos que viven vidas morales y buenas y como consecuencia son llevados al cielo. Más bien, uno de los principales temas de [la trama e historias bíblicas] es que incluso algunos de los seres humanos más capaces que han vivido, como Abraham y David, no lograron elevarse por encima de la brutalidad de sus culturas ni el egoísmo de sus propios corazones. Pero, al aferrarse a las maravillosas promesas de la gracia de Dios que se les concedió en sus fracasos morales, ellos triunfaron.[42]

Keller no podía saber cómo sería el recibimiento de *Una fe lógica* cuando se publicó justo antes de la elección presidencial de 2016. Sin embargo, el resultado de esas elecciones cambió el tono y el contenido de los debates evangélicos sobre racismo y justicia. Keller sostenía desde hacía tiempo que el evangelio humilla a todo el mundo para que se vea a sí mismo como parte del problema. Predicó en Redeemer en el verano de 2001:

> Si el evangelio transforma a una persona, nunca más verá a nadie más, en ningún lado, como el enemigo, el verdadero problema con el mundo. El evangelio lo vuelve más capaz de cooperar con las personas, de hacer causa común con la gente y, por tanto, a la larga, lo convierte en alguien más pragmático y dispuesto a comprometerse, a hacer cosas con las personas [...]. Solo el fariseísmo hace que uno mire a las demás personas y diga: «El problema son los malos. Ellos son el verdadero problema aquí».[43]

Este ambiente de recriminación prevaleció entre muchos evangélicos después de 2016. En 2021, Kathy Keller escribió que muchos de sus amigos y colegas abandonaron iglesias que solo predicaban la justicia social y no el evangelio. «Son cristianos maduros que se unieron deliberadamente a congregaciones multirraciales para hacer avanzar el evangelio al demostrar cuán capaz es de derribar barreras, pero que ahora experimentan todo tipo de barreras contra la comunión y la conversación». Al mismo tiempo, ella y Tim escuchaban a pastores que invitaban al ataque ante la mera mención de la justicia. «Así que la pregunta es —cuestionó Kathy—, ¿quiere la iglesia ser eficaz a la hora de cambiar corazones y hacer discípulos, como ordenó Jesús, o vamos a contentarnos solo con predicar a quienes ya están convertidos, quienes concuerdan en la forma particular en que piensan que el evangelio se traduce en política social?».[44]

El problema, por supuesto, es que la justicia es un asunto partidista en Estados Unidos, en la que todo depende de si uno se ha alineado con el equipo azul o con el rojo. Los cristianos se realinearon menos por sus puntos de vista sobre el evangelio o la teología, y más por su política. Las iglesias que se alineaban con el equipo azul estaban tentadas a ignorar las dimensiones verticales de la conversión personal. Y las iglesias que se alineaban con el equipo rojo tenían la tentación de ignorar las dimensiones horizontales de la justicia bíblica y de no evangelizar fuera de su tribu política. En lugar de unirse para compartir de Jesús con un mundo desesperado por la justicia, pero incapaz siquiera de definirla, en 2020 los cristianos estadounidenses se habían ajustado ampliamente a las líneas de batalla partidistas.[45]

Sin embargo, Keller no dejó de recomendar alternativas mejores. Afirmó que sería difícil exagerar la importancia del libro de Tom Holland de 2019: *Dominio: Una nueva historia del cristianismo*. Basándose en muchas de las mismas fuentes que Keller, Holland argumentó que los mejores logros del Occidente moderno provienen del cristianismo, aunque pocos lo admitan. Incluso las críticas seculares a la iglesia dependen de las creencias cristianas. Los cristianos no pueden desilusionarse demasiado si lo que el mundo realmente quiere es que sean más plenamente cristianos: que actúen con integridad, que busquen la justicia para los pobres. «Si ambas partes se dejaran escarmentar por Holland —escribió Keller en su reseña—, las conversaciones futuras serían mucho más fructíferas y estarían más atadas a la realidad».[46]

Keller también retomó la obra del teólogo holandés Herman Bavinck, socio de Abraham Kuyper a finales del siglo XIX y principios del XX. Había leído por primera vez a Bavinck en Gordon-Conwell, en cursos con Roger Nicole. Keller admiraba el equilibrio entre piedad y profundidad teológica, el matiz entre Biblia y dogmática.[47] Cuando James Eglinton publicó su biografía crítica de Bavinck en 2020, Keller describió a Bavinck como el mayor teólogo reformado del siglo XX.[48]

Puede que Bavinck considerara que los estadounidenses eran demasiado voluntariosos para ser calvinistas. Sin embargo, en el siglo XXI, Keller encontró en el teólogo holandés un modelo de crítica social combinado con la dogmática reformada.[49] Eglinton escribió sobre Bavinck: «La cultura occidental, pensaba él, estaba demasiado arraigada a la cosmovisión cristiana como para sobrevivir sin ella. Para salvar a la cultura occidental de su eventual deceso poscristiano, Bavinck insistía en que el señorío de Cristo debía aplicar a todos los ámbitos de la vida moderna».[50]

Como contemporáneo de Nietzsche, Bavinck podía ver que la teología nihilista había sumido a Europa en una guerra mundial innecesaria.[51] Y, al igual que Keller, Bavinck prefería la filosofía de «ambas cosas» antes que la de «solo una». Combinaba la esperanza eterna y la santidad en un extremo del espectro de su denominación con la fe transformadora del mundo en el otro.[52]

Sin embargo, no todo el mundo leería a un teólogo holandés cuyos textos se tradujeron hace poco al inglés. Si la dogmática densa superaba la paciencia de algunos, la literatura y el cine podían ayudar al Occidente de la posilustración a recuperar lo mejor de su pasado cristiano.

El festín de Babette

Si ha visto la película o leído el libro *El festín de Babette*, es posible que se lo haya recomendado Tim Keller. Keller presenta *El festín de Babette*, una de sus tres películas favoritas, en la conclusión de su *bestseller*, *El Dios pródigo*.[53]

Keller compartió un extenso relato de la historia en un sermón de 1997 en Redeemer. En la historia, escrita por el danés Isak Dinesen, dos jóvenes hermanas renuncian a sus sueños de cantar y casarse. Su padre quiere que se queden y se hagan cargo de su secta cristiana en su pequeña comunidad de la costa occidental de Jutlandia. Las mujeres crecen en un mundo pequeño y monótono junto a los ancianos miembros de su secta. Una noche, mucho después de la muerte de su padre, una mujer se presenta en la puerta de su modesta casa en apuros. No pueden pagarle para que sea ama de llaves, pero no sabe adónde ir. Huyó de la violencia en Francia y una cantante de ópera, quien había enseñado a la hermana cantante, le dijo que estaría a salvo con ellas en Jutlandia. La acogen y, durante años, la mujer cocina, limpia y se convierte en una amiga muy querida por las hermanas.

Un día recibe la noticia de que ganó la lotería en Francia. Sin embargo, sorprende a las hermanas al no regresar a vivir allí. Solo visita el país para comprar los ingredientes de un maravilloso festín. Insiste en invitar a los aldeanos daneses. Ellos aceptan, pero con una condición. Entre ellos deciden que sus convicciones cristianas no les permiten disfrutar de la comida. Ni siquiera la probarán, se dicen.

Acompañados por un militar que tiempo atrás había cortejado a una de las hermanas, estos sectarios cristianos se sientan para compartir una comida extravagante que supera lo que podrían imaginar. La comida le recuerda al oficial un restaurante del que una vez había disfrutado en París. No logra imaginar cómo puede estar disfrutando de un festín de talla mundial en tan modesto hogar en Jutlandia.

Finalmente, los sectarios comienzan a compartir su entusiasmo por las delicias *gourmet*.

Es más tarde cuando todos se dan cuenta de que Babette, el ama de llaves, había sido la chef del restaurante parisino. Se había gastado la totalidad de las ganancias de la lotería en una sola comida.

Lo único que quería era honrar a esas mujeres que le habían dado refugio y disfrutar, por una última vez en su vida, de sentirse apreciada como una gran artista. Sin embargo, al final, solo quedan platos sucios. Y el regreso de las comidas insípidas de pescado y pan.

Al sentir la desilusión de Babette, una de las hermanas envuelve a la chef en un abrazo tembloroso y la anima: «¡Pero este no es el final! Siento, Babette, que este no es el final. En el Paraíso, serás la gran artista que Dios quiso que fueras. ¡Ay!», añade mientras las lágrimas corren por sus mejillas, «Ay, ¡cómo encantarás a los ángeles!».[54]

La historia combina dos de los temas más importantes de Keller y sugiere un rumbo para la iglesia en el siglo XXI y quizás también después. Por un lado, Dinesen expone cuán carente de alegría es la obediencia cristiana sin el evangelio de gracia, que no solo nos salva del pecado por la eternidad. La gracia también nos prepara para recibir los regalos de Dios aquí y ahora.

Por una parte, el festín *gourmet* simboliza una especie de avivamiento espiritual a medida que los sectarios vencen su reticencia a disfrutar la generosidad de la creación de Dios. Al comer y beber, se vuelven más honestos entre ellos y se reconcilian mediante el perdón. Años de amargas rencillas se desvanecen con la sopa de tortuga. Keller explicó en un sermón de 1993 en Redeemer: «El mensaje es que, si no puede disfrutar de un buen festín, no está preparado para el futuro de Dios. Comeremos y beberemos y nos sentaremos con Abraham, Isaac y Jacob. Dios inventó lo físico. Se hizo físico para redimirnos».[55]

Por otro lado, Dinesen revela cuán fútil es la alegría efímera sin la eternidad. Si Jesús no ha resucitado, entonces la comida no es más que un último vítor espectacular mientras Babette espera por la nada eterna de la muerte. En cambio, si Jesús ha resucitado (si Babette lo cree, como las hermanas), entonces le espera una fiesta de bodas del Cordero, aún más espectacular.[56] En el cielo y la tierra nuevos, podrá en verdad glorificar a Dios y compartir sus dones con los ángeles en compañía de los redimidos.

La historia de Dinesen se inspira en la vida y las enseñanzas de Søren Kierkegaard, el filósofo existencialista danés del siglo XIX. Kierkegaard creció en Jutlandia y le molestaba el severo cristianismo de su padre. Su madre murió en su infancia y él vivió de forma despilfarradora tras abandonar su hogar. Rompió con su prometida cuando tenía casi treinta años. La voz de Kierkegaard parece llegar a través del oficial, quien relata el significado de la comida de Babette.

Keller explicó a Redeemer en 1997 que Kierkegaard identificó tres formas de vivir ante Dios: la estética, la ética y la espiritual. Podríamos resumir el enfoque estético como: «Siga sus sueños». Está representado en el cantante de ópera que mandó a Babette a ir a las hermanas. El ético dice: «Cumpla con su deber». Así es como las hermanas cumplen los deseos de su padre al quedarse en casa y supervisar la secta.

Según Kierkegaard, casi todo el mundo busca la felicidad, ya sea por medio del deber o del deseo. A veces la gente alterna entre uno y otro. Keller citó al novelista ruso León Tolstoi como ejemplo de pasar de lo estético a lo ético. Keller afirma que en Nueva York él encuentra con más frecuencia lo contrario. Muchas personas que fueron criadas con el enfoque ético huyen para encontrar el estético en Nueva York.

Ninguno funciona, advirtió Kierkegaard. Tanto los estéticos herodianos como los éticos fariseos dejan de lado la libertad espiritual y el gozo del evangelio.[57] Un buen festín puede ser una experiencia espiritual que nos acerque a Dios, pues probamos de lo que disfrutaremos para siempre en Su presencia.[58]

Los escritos de Kierkegaard no son una lectura sencilla, en especial si uno no conoce el contexto del pietismo luterano en Dinamarca. No obstante, la espiritualidad con la que aborda a Dios resonó con Keller como la alternativa al legalismo y al antinomismo. Según la *Enciclopedia Stanford de filosofía*, Kierkegaard enseñó:

> Lo absurdo de la expiación requiere fe: que creamos que para Dios aun lo imposible es posible, incluido el perdón de lo imperdonable. Si podemos aceptar el perdón de Dios, con sinceridad, en nuestro interior, con arrepentimiento, con gratitud y esperanza, entonces nos abrimos a la perspectiva gozosa de empezar de nuevo. El único obstáculo a este gozo es nuestro rechazo o resistencia para aceptar debidamente el perdón de Dios.[59]

Keller, mientras abogaba por un encuentro misionero en las ciudades globales, se inclinó por escritores como Bavinck y Kierkegaard, pues ya habían atravesado el declive de la cristiandad junto con el auge del escepticismo de la Ilustración. En esta transición, no lamentaron la pérdida del privilegio cristiano, en parte porque habían experimentado y rechazado el legalismo. Más bien, compartieron con sus escépticas generaciones las maravillas de la gracia de maneras creativas y fieles.

Y esa es la tarea esencial aún hoy. A medida que la Ilustración da paso a un futuro incierto para Occidente, ¿cómo presentan los cristianos el evangelio de formas irresistibles y comprensibles?[60] No pueden confiar en los supuestos que las culturas hacen sobre Dios, la moralidad, el pecado o la eternidad. De hecho, el mundo poscristiano plantea un nuevo reto en el que la idea misma de la salvación amenaza a un agnosticismo satisfecho de sí mismo.[61] Puede que muchos líderes de la iglesia aún subestimen el mayor desafío. Unas pocas horas repartidas entre enseñar, cantar y charlar con otros cristianos no pueden competir con el diluvio digital de veinticuatro horas al día, siete días a la semana.

«Nuestros modelos de formación teológica nos dan un firme dominio de la doctrina bíblica, lo cual es indispensable —escribió Keller—, pero no logran deconstruir las creencias de las culturas y ofrecer mejores respuestas cristianas para las preguntas del corazón humano moderno».[62]

Como es típico de Keller, no sugiere un enfoque de «solo una cosa», sino que aboga por «ambas cosas». La doctrina bíblica y la crítica cultural van de la mano. Durante la última década de su ministerio en Redeemer, Keller viajó al extranjero dos o tres veces al año a fin de evangelizar y capacitar personas. En ciudades tan diversas como Roma, Berlín, París, Hong Kong y Pekín y en países tan diferentes como Sudáfrica, Corea del Sur, Taiwán y Polonia, Keller vio cómo del ADN de *Iglesia centrada*, incluyendo la inerrancia bíblica y la expiación sustitutiva, se obtenían diferentes conclusiones sociales y culturales. Aunque Keller había pasado décadas contextualizando para Nueva York, adquirió una nueva visión de las Escrituras a través de estas oportunidades que le abrieron la publicación de sus libros y la expansión de Redeemer City to City.[63]

Llevó estas percepciones a los pastores a quienes capacitó para que lo sustituyeran en Redeemer. En las campañas vitales dirigidas por Bruce Terrell en 2005 y 2009, Redeemer se preparó para una iglesia multisitio que se convertiría en una red de iglesias independientes tras el retiro de Keller, cinco o diez años después.

Antes de retirarse de la iglesia en 2017 para trabajar a tiempo completo en Redeemer City to City, Keller se enfocó en capacitar a estos pastores para interpretar una cultura cada vez más hostil. Los evangélicos ya no se beneficiarían del marco de apoyo que les brindaban los creyentes nominales, quienes aún se identificaban como cristianos sin tener celo personal por la fe. No solo en la Ciudad de Nueva York, sino en todo el mundo occidental, los cristianos tendrían que prepararse para una mayor crítica de las creencias históricas en la exclusividad de Cristo, la ética sexual y la Biblia en general. Para estos pastores y otros, mediante su serie Questioning Christianity [Cuestionamientos del cristianismo], Keller modeló una apologética que no presupone un entendimiento racional común.

Sin embargo, incluso cuando se sumergió en la crítica social, Keller renovó el aprecio que sentía por los fundamentos de la Reforma que lo cautivaron cuando era un estudiante universitario. Cuando en 2018 se publicaron los dos volúmenes de Michael Horton sobre la justificación, a muchos líderes cristianos jóvenes ya los había persuadido la crítica de N. T. Wright a los reformadores por ser demasiado individualistas. Aunque Keller no se involucró a fondo en los debates de la Nueva Perspectiva que hicieron furor durante las décadas de 1990 y 2000, observó un sutil legalismo en las alternativas a los reformadores.[64] Keller ha recomendado a menudo las obras de Horton, que ofrecen el trasfondo exegético e histórico de los puntos de vista de los reformadores sobre la justificación y, a la vez, interactúan con Wright y otros críticos.

Poco antes de leer a Horton, Keller siguió un plan que lo llevó a leer *Institución* de Juan Calvino cinco noches a la semana, de seis a siete páginas por día durante doce meses. La experiencia no solo le pareció edificante, sino también electrizante: fue algo profundamente devocional que lo movía a alabar y a maravillarse de Dios. Aunque como ministro reformado conocía la obra de Calvino, al leerla sistemáticamente se maravilló de cómo este utilizaba citas de la Biblia y de los padres de la iglesia para defender sus argumentos. No encontró en Calvino a un frío racionalista, sino a un poderoso defensor de la necesidad de una experiencia espiritual.

También vio a Calvino como quien dio origen a varias escuelas reformadas a las que Keller dedicó su ministerio para mantener unidas. A través de Calvino, Keller encontró recursos para resistir la debilidad espiritual y la insalubridad que resultan cuando las iglesias reformadas separan la piedad y el avivamiento del compromiso cultural y la misión. Estas mismas iglesias necesitan tanto confesión e historia como comunidad y sacramentos en su visión teológica.

Mientras que algunos cristianos sostienen que necesitamos más análisis culturales y otros insisten en que necesitamos más prédicas del evangelio, Keller respondió que necesitamos *ambas cosas*. Como aprendió en medio del éxito de *¿Es razonable creer en Dios?*, las sucesivas generaciones de predicadores y apologistas cristianos deberán profundizar más en la crítica social. De lo contrario, hablarán a un mundo que no sabe qué debe escuchar y que no tiene oídos para oír lo que le dice la Palabra de Dios.

DIECIOCHO

ANILLOS EN UN ÁRBOL

Conclusión

Lo más cerca que Tim Keller ha estado de escribir una autobiografía es con su libro de 2008, *El Dios pródigo*. Cuando fundó Redeemer en Nueva York, conoció a muchos jóvenes adultos que pensaban que podían encontrar un camino mejor por sí mismos, al margen de la familia, la iglesia y sus restrictivas comunidades. Así se sentía el propio Keller durante la conmoción de 1968, cuando dudaba de lo que su familia y su iglesia le enseñaban sobre la religión, la raza y el sexo.

Si la desconfianza de su comunidad cristiana lo llevó a una crisis, la comunidad cristiana también lo llevó a tener fe. Keller escribió en *El Dios pródigo*: «No hay posibilidad de que crezcas espiritualmente si no te involucras en una comunidad de creyentes. No puedes llevar una vida cristiana sin un grupo de amigos cristianos, sin una familia de creyentes en la que puedas encontrar un lugar».[1]

Este libro ha presentado a la comunidad de Keller, en libros y en carne y hueso. Hemos cortado el árbol de su vida y su ministerio para examinar los anillos. En una conversación de 2014 con D. A. Carson y John Piper, Keller explicó por qué es importante servirse de múltiples influencias:

> No solo me refiero a múltiples individuos. Creo que hay que tener múltiples fuentes. Diría que, si usted no aprecia a ninguno de los escritores puritanos, se lo está perdiendo. Hay algunos escritores puritanos extraordinarios. Sin embargo, también conozco a personas que solo parecieran interesarse en ellos. Se adentraron en el bosque puritano y nunca salieron. Es lo único que leen. Y cuando hablan y cuando predican, empiezan con «Paréceme». Creo que como usted [Piper] y yo hemos aprendido mucho de C. S. Lewis y de Jonathan Edwards (dos personas que casi sin duda no se habrían llevado bien, pues son tan diferentes), creo que eso ha hecho que me rectifique en varios puntos cuando me meto demasiado con una persona y la otra viene y me recuerda: «No, él no es el único camino». Es casi como si uno cortara a una persona (a un buen pastor, por ejemplo) como a un árbol: debería haber muchos anillos. Eso le da a ese pastor su propia voz distintiva y quizás le ayude realmente a escuchar aquello a lo que Dios lo está llamando a ser como pastor. Por otro lado, si uno solo tiene a uno o dos individuos o incluso tipos de fuentes, realmente se convierte casi en un clon.[2]

Desde aquel anillo íntimo del evangelio, en su conversión universitaria, Keller se ramificó en busca de perspectiva dondequiera que pudiera encontrarla. Tomó cosas de la predicación de John Stott por aquí y de la visión del mundo de Herman Bavinck por allá. Recurrió al nuevo urbanismo de Jane Jacobs y a la filosofía existencial de Søren Kierkegaard. Mucho antes de volverse moderadamente famoso, sus anillos se ampliaron hasta incluir a Jack Miller y R. C. Sproul, Elisabeth Elliot y Barbara Boyd, Richard Lovelace y Harvie Conn, por no mencionar a pastores poco conocidos como Kennedy Smartt.[3] Keller optó por la síntesis frente a la antítesis. Cuando añadía anillos, no substraía otros.

Redeemer unificó toda la visión: grupos pequeños con formación profesional, predicación evangelizadora y ministerios de misericordia.

La iglesia buscaba ser intelectual pero también piadosa, reformada pero no sectaria. Entre los de su generación, nadie hizo más que Keller para preparar a los evangélicos para el futuro global, multicultural y urbano. No merecería un obituario en *The New York Times* si no fuera por este tema central. Quien más puede compararse con él es John Stott, de la generación anterior. Sin embargo, durante la primera mitad de su vida, Keller apenas mostró familiaridad con el ministerio global, multicultural o urbano. No obtuvo un amplio reconocimiento hasta que ya era relativamente tarde en su carrera, cuando ya tenía más de cincuenta años. Las nuevas generaciones no pueden hacer nada mejor que construir pacientemente sus anillos mientras esperan en el Señor.

Podemos rastrear los anillos del árbol de Keller solo porque reconoce rápidamente el mérito de sus influencias y tiene un don prodigioso para recordar.[4] Al citar a tantos otros, Keller da la impresión de no ser un pensador original. Rara vez se encontrará una idea en Keller que no pueda rastrearse hasta alguien más. Entender a Keller es leer las notas a pie de página de sus libros, donde muestra el trabajo que hizo de procesar y luchar con las fuentes. También lleva a otros a subestimar sus contribuciones porque su historia muestra más continuidad que discontinuidad: en su teología, en sus relaciones, en su personalidad. Ha añadido muchos anillos a su árbol de influencias y, sin embargo, aún hoy pueden reconocerlo los estudiantes más jóvenes de los que fue mentor en Bucknell. Sus compañeros de Gordon-Conwell reconocen su estilo de enseñanza. Los miembros de Hopewell reconocen su celo por el avivamiento. Los primeros miembros de Redeemer reconocen la sencillez con la que presenta su complejo pensamiento.

La originalidad de Keller radica en su síntesis, en cómo reúne las fuentes para obtener ideas inesperadas. Tener un héroe sería poco original; tener cien héroes significa que uno ha bebido profundamente al rastrear el mundo en busca de los pozos más puros. Esta capacidad que Dios le dio para integrar fuentes dispares y compartir luego las perspectivas con los demás ha sido observada por casi todo aquel que haya conocido a Keller, desde sus tiempos universitarios. Es el guía de los gurús. Uno recibe las mejores ideas de ellos, con el toque único que les da Keller. «Eso es parte de la genialidad de Tim —afirma Arthur Armstrong, uno de los primeros ancianos de Redeemer—. Simplifica la increíble profundidad y complejidad del evangelio y de la Palabra para que los seres humanos modernos puedan asimilarlas».[5]

Como intelectuales públicos, a los pastores no se los suele conocer en general porque citen sus fuentes. De hecho, en su capacitación, a menudo se los disuade explícitamente de hacerlo, por miedo de que distraigan a la congregación con nombres de autores y libros que no recordarán. Keller rompe ese molde. Desde Tolkien hasta Taylor y desde Clowney hasta Conn, Keller muestra su obra para que podamos continuar su proyecto. Las generaciones futuras honrarán mejor a Keller si leen su biblioteca que si lo citan.

Qué ironía si el pastor que se nutría de tanta variedad de afluentes se convirtiera en un río solitario que fluye a través de los años.

EPÍLOGO

A lo largo de los tres años en que entrevisté a Tim Keller para este libro, hubo un tema que sobresalió por encima de los demás. Tim nunca dejó de buscar una experiencia más profunda de la gracia de Dios. En medio de los tratamientos por el cáncer de páncreas, Tim afirmó: «No estoy luchando contra el cáncer, sino contra mi pecado». Quería descansar en Cristo regocijándose en la esperanza de la resurrección, como había visto en *La gloria de Cristo*, que el teólogo del siglo XVII John Owen había escrito mientras afrontaba la muerte. Tim también me habló de la batalla de John Newton contra los apegos desmedidos. El pastor británico del siglo XVIII nos incita a considerar qué cosas valoramos demasiado en este mundo que nos impiden buscar el venidero. Para Kathy, explicó Tim, son las vacaciones, los lugares que han visitado, especialmente en Carolina del Sur e Inglaterra. Pero para Tim, son los logros ministeriales. Tim confesó:

> La otra noche dijimos: «Realmente tratamos de convertir este mundo en el cielo» [...]. Y, en consecuencia, siempre estábamos infelices, pues uno no puede quedarse en Inglaterra. Hay que volver a casa. Uno no puede quedarse en Carolina del Sur [...]. Mientras tanto, nunca disfrutaba de mi día, ya que siempre estaba pensando en el mañana y en todo lo que tenía que hacer y en cuán atrasado estaba [...]. No podemos hacer de esta tierra un cielo porque nos será arrebatada [...]. Cuando uno en verdad hace que el cielo sea *el cielo*, las alegrías de la

tierra se vuelven más conmovedoras de lo que solían ser. Eso es lo más extraño. Disfrutamos de nuestro día más que nunca.[1]

El propio Tim previó que el sufrimiento contribuiría al reavivamiento personal: a tener un compromiso emocional más fuerte con los amigos, una mayor santificación y concentración, una vida de oración más profunda. En su libro de 2013 sobre el sufrimiento, Tim escribió que «una de las principales enseñanzas de la Biblia es que casi nadie crece ni encuentra a Dios sin sufrimiento, sin que el dolor llegue a nuestras vidas como sales aromáticas que nos despiertan y nos hacen conscientes de realidades sobre la vida y sobre nuestros corazones que antes no percibíamos».[2]

La vida cambió para los Keller de formas particularmente personales en mayo de 2020, justo cuando el mundo se preparaba para un prolongado confinamiento por el COVID-19. Primero por el grave sufrimiento de Nueva York ante la pandemia y luego debido a la salud inmunocomprometida de Tim, los Keller vivieron un aislamiento como nunca antes habían vivido en su vida, que siempre estuvo llena de gente. Observaron desde Roosevelt Island cómo amigos y colegas luchaban por dirigir iglesias en medio de una división sociopolítica semejante a la de finales de los sesenta y principios de los setenta.

Durante este tiempo, regresaron a las bases: a sus influencias formativas. Pasaron más tiempo juntos del que habían pasado desde que su amistad y subsecuente romance florecieran en la costa norte de Boston. Hicieron *vida en comunidad*, ese sentido de comunidad espiritual que se recoge en el clásico de Dietrich Bonhoeffer. Tim Keller siguió leyendo, más que nunca, incluso de cara a la muerte, mientras se preparaba para futuros proyectos de escritura que quizás nunca complete. Tanto si Dios le concede un mes más como otra década, quiere conectar con los líderes más jóvenes y servirlos con una intencionalidad que no mostró en etapas anteriores de su vida más ajetreadas.

Por encima de todo, Tim regresó a Dios en oración: sus oraciones se volvieron más prolongadas y profundas mientras se preparaba para que su fe se convirtiera en vista.

POSDATA

Nunca hallé un paralelo entre las biografías para este libro, que ha explorado las influencias *sobre* nuestro personaje, Timothy Keller, más que la influencia *de* él. Confío en que las futuras biografías buscarán valorar su influencia perdurable por medio de la Iglesia Presbiteriana Redeemer, Coalición por el Evangelio, Redeemer City to City, sus libros y sus sermones. Espero que esos biógrafos encuentren en esta obra un texto fuente de gran utilidad y precisión.

No escribí este libro como un clon de Keller. Sin embargo, sí escribí, y escribo, con gran apreciación personal y con una relación que data del 2007. Desde 2010, he trabajado con Coalición por el Evangelio, de la que Keller es cofundador. Admiro su obra, a pesar de que diferimos en muchos aspectos. Tengo más o menos la edad de sus hijos. No soy presbiteriano. Vivo en el otro extremo de la frontera cultural de Estados Unidos: en Birmingham, Alabama, cerca del cinturón bíblico. No soy amigo íntimo de la familia y solo visité Redeemer en Nueva York un par de veces cuando Tim predicó.

En innumerable cantidad de ocasiones desde 2007 (por teléfono, por correo electrónico, en Nueva York o durante eventos de Coalición por el Evangelio en Estados Unidos o en el exterior) hablé con Keller sobre lo que está leyendo y aprendiendo. Agradezco que, a través de este libro, otros puedan escuchar esas conversaciones y encontrar inspiración para desarrollar su propia comunidad de amigos, su propia biblioteca y su propia visión teológica para el ministerio en el siglo XXI.

AGRADECIMIENTOS

«Entonces, ¿cuánto tiempo lleva trabajando en el libro?». Nunca sé cómo responder a esa pregunta. ¿En este libro? Veinticinco años, en cierto modo. O al menos dieciséis años, desde que conocí a Timothy Keller. O tres años intensamente, desde que el grupo editorial Zondervan Reflective me invitó a ser el autor. Gracias a mi editor desde hace muchos años y amigo Ryan Pazdur por su liderazgo en este proyecto y su apoyo a lo largo del camino.

A Tim y Kathy Keller, gracias por confiarme su historia. Mientras investigaba y escribía, he sentido el peso de mi responsabilidad, en especial dada la salud de Tim. Gracias por darme su voto de confianza ante sus amigos y familia. Espero que lo que lean en estas páginas honre al Dios al que sirven y al amor que comparten entre ustedes y su comunidad.

Muchos colaboraron con la ayuda adecuada en el momento oportuno y respondieron así a oraciones que ni siquiera sabían que se habían hecho. Gracias, Louise Midwood, por recopilar y compartir valiosos documentos de sus días en Gordon-Conwell. Craig Ellis me indicó la dirección correcta y reveló el mensaje del velorio de Billy Keller. Jake Petty ofreció un análisis de las fuentes citadas en los sermones de Redeemer de Keller. El Seminario Teológico Gordon-Conwell localizó y digitalizó las conferencias Staley de 1973 de Edmund Clowney, que confío inspirarán ahora a futuras generaciones. Yvonne Sawyer me invitó a la comunidad de los primeros miembros y líderes de Redeemer.

Mis colegas de Coalición por el Evangelio merecen un reconocimiento especial por el apoyo que me brindaron orando. Sin el liderazgo de Julius Kim, no creo que este proyecto hubiera podido pasar de una idea a un texto impreso. Lo mismo se puede decir de Michele Bullock y su consejo durante mis momentos de profunda necesidad. Gracias a Brannon McAllister por su ayuda en la búsqueda de imágenes para el encarte fotográfico.

La belleza que Dios le dio a Alabama, el estado que adopté como hogar, y en especial al lago Lake Martin y a Mentone, me sirvió de inspiración durante las semanas más intensas de escritura. Gracias a mis suegros, Paul y Eileen Salter, por permitirme generosamente hacer uso de su casa y al seminario Beeson Divinity School por su generosidad al dejar que usara el espacio de una oficina. En el estado donde nací, Dakota del Sur, sé que mis padres, Randy y Julie Hansen, oraron para que Dios me diera fuerza y resistencia. Espero que en este libro puedan ver algún fruto de los amorosos sacrificios que hicieron durante más de cuarenta años.

Nadie me ha alentado con tanta firmeza en este proyecto y en todas las etapas de mi ministerio como mi esposa, Lauren. Aún mientras contribuía con consejos y apoyo práctico para este libro, dio a luz a nuestro tercer hijo y empezó a trabajar en el ministerio de mujeres de nuestra iglesia. Gracias, Lauren, por quedarte conmigo y estar a mi lado en todo momento. Veo tu belleza y tu alegría en nuestros tres hijos: Paul Carter, Elisabeth Owen y William Christopher.

Este libro está dedicado a la memoria de mi difunto abuelo, William Owen Daniel Jr., quien me dejó una herencia de fe, con el acento del avivamiento galés. Oro para que tu tocayo, William Christopher Hansen, siga tu ejemplo.

ÍNDICE

ÍNDICE

ÍNDICE

NOTAS

Prefacio

1. Craig Ellis, entrevista con Collin Hansen, 15 de enero, 2021.
2. Glen Kleinknecht, entrevista con Collin Hansen, 12 de febrero, 2021.

Capítulo 1: Rivalidad entre madres

1. Ver Timothy Keller con Kathy Keller, *The Meaning of Marriage: Facing the Complexities of Commitment with the Wisdom of God* (Nueva York: Dutton, 2011), 259-60, n. 17, capítulo 4.
2. Ver Timothy Keller con Kathy Keller, *The Meaning of Marriage: Facing the Complexities of Commitment with the Wisdom of God* (Nueva York: Dutton, 2011), 151.
3. Janet Essig, entrevista con Collin Hansen, 27 de enero, 2021.
4. Timothy Keller, *Caminando con Dios a través del dolor y el sufrimiento* (Colombia: Poiema, 2018), v.
5. Louise Midwood, entrevista con Collin Hansen, 29 de enero, 2021.
6. Kathy Keller, correo electrónico a Collin Hansen, 7 de enero, 2021.
7. Sharon Johnson, entrevista con Collin Hansen, 13 de enero, 2021.
8. Sharon Johnson, entrevista con Collin Hansen, 13 de enero, 2021.
9. Kathy Keller, correo electrónico a Collin Hansen, 16 de febrero, 2021.
10. Timothy Keller, *¿Es razonable creer en Dios? Convicción en tiempos de escepticismo* (Nashville: B&H, 2017), ix-x.
11. Timothy Keller, entrevista con Collin Hansen, 20 de mayo, 2022.

Capítulo 2: El hombre absurdo

1. Timothy Keller, entrevista con Collin Hansen, 20 de mayo, 2022.
2. Timothy J. J. Altizer y William Hamilton, *Radical Theology and the Death of God* (Indianapolis: Bobbs-Merrill, 1966).
3. John Robinson, *Honest to God*, ed. 50° aniv. (Londres: SCM Press, 2013), contraportada.

4. Ver Timothy Keller, *Hope in Times of Fear: The Resurrection and the Meaning of Easter* (Nueva York: Viking, 2021), 2-4.
5. Ver Timothy Keller, *¿Es razonable creer en Dios? Convicción en tiempos de escepticismo* (Nashville: B&H, 2017), x.
6. Timothy Keller, *Generous Justice: How God's Grace Makes Us Just* (Nueva York: Dutton, 2010), xv-xvii.
7. Ver Keller, *¿Es razonable creer en Dios?*, 92.
8. Ver Keller, *Hope in Times of Fear*, 2.
9. Ver Keller, *¿Es razonable creer en Dios?*, 111.
10. Timothy Keller, entrevista con Collin Hansen, 20 de mayo, 2022.
11. Ver Keller, *¿Es razonable creer en Dios?*, xi-xii.
12. Timothy Keller, *Jesus the King: Understanding the Life and Death of the Son of God* (Nueva York: Penguin, 2013), xx.
13. Keller, *Jesus the King*, xxi.
14. Timothy Keller, entrevista con Collin Hansen, 20 de mayo, 2022.
15. Sharon Johnson, entrevista con Collin Hansen, 13 de enero, 2021.
16. Ver Keller, *¿Es razonable creer en Dios?*, xi-xii.
17. Keller, *Hope in Times of Fear*, 19-20.
18. Bruce Henderson, entrevista con Collin Hansen, 21 de enero, 2021.
19. Janet Essig, entrevista con Collin Hansen, 27 de enero, 2021.
20. Janet Essig, entrevista con Collin Hansen, 27 de enero , 2021.
21. Sue Pichert, entrevista con Collin Hansen, 28 de enero, 2021.
22. Jim Pichert, entrevista con Collin Hansen, 28 de enero , 2021.
23. Janet Essig, entrevista con Collin Hansen, 27 de enero , 2021.
24. Timothy J. Keller, «The Girl Nobody Wanted», en *Heralds of the King: Christ-Centered Sermons in the Tradition of Edmund P. Clowney*, ed. Dennis E. Johnson (Wheaton, IL: Crossway, 2009), 54, www.monergism.com/girl-nobody-wanted-genesis-2915-35.
25. Timothy Keller, «His Wonderful Light» (sermón, Iglesia Presbiteriana Redeemer, Ciudad de Nueva York, 19 de septiembre, 2010).
26. Bruce Henderson, entrevista con Collin Hansen, 21 de enero, 2021.
27. Sue Pichert, entrevista con Collin Hansen, 28 de enero, 2021.
28. A. Donald MacLeod, *C. Stacey Woods and the Evangelical Rediscovery of the University* (Downers Grove, IL: IVP Academic, 2007), 19.
29. Bruce Henderson, entrevista con Collin Hansen, 21 de enero, 2021.
30. Timothy Keller, entrevista con Collin Hansen, 20 de mayo, 2022.
31. Bruce Henderson, correo electrónico a Collin Hansen, 23 de enero, 2021.
32. Mako Fujimura, entrevista con Collin Hansen, 4 de marzo, 2021.
33. Dick Merritt tenía treinta y ocho años cuando Keller empezó en Bucknell en 1968. Alto y con un ligero sobrepeso, la voz de pastor de Merritt atraía a los oyentes. Él y su esposa, Florence (conocida como Flossie), vivían al lado de la iglesia, en la casa solariega. Militar de firmes rutinas, los intereses de Merritt abarcaban desde la música de *jazz* hasta el *softball* de lanzamiento rápido y

las películas de Mel Brooks (*El joven Frankenstein* era una de sus favoritas). Todos los días, excepto cuando llovía mucho, Merritt caminaba cuatro cuadras desde la iglesia para recoger el periódico de la tarde. Sin embargo, la caminata le ocupaba entre 60 y 90 minutos porque hablaba con muchos transeúntes en esta ciudad universitaria de unos 5700 habitantes. Merritt era menos popular en su propio presbiterio, lo que llevó a la Iglesia Presbiteriana Ortodoxa a intentar convencerlo de que se pasara a su denominación más conservadora.

34. Bruce Henderson, entrevista con Collin Hansen, 21 de enero, 2021.
35. Bruce Henderson, correo electrónico a Collin Hansen, 22 de enero, 2021.
36. Bruce Henderson, correo electrónico a Collin Hansen, 15 de enero, 2021.

Capítulo 3: La mujer que le enseñó cómo estudiar la Biblia

1. Janet Essig, entrevista con Collin Hansen, 27 de enero, 2021.
2. Janet Essig, entrevista con Collin Hansen, 27 de enero, 2021.
3. Janet Essig, entrevista con Collin Hansen, 27 de enero, 2021.
4. Kathy Keller, correo electrónico a Collin Hansen, 22 de enero, 2021.
5. Keith Hunt y Gladys Hunt, *For Christ and the University: The Story of InterVarsity Christian Fellowship of the U.S.A./1940–1990* (Downers Grove, IL: InterVarsity, 1991), 256.
6. Hunt, *For Christ and the University*, 265.
7. Timothy Keller, «Joshua and the General» (sermón, Iglesia Presbiteriana Redeemer, Ciudad de Nueva York, 22 de septiembre, 1996).
8. Timothy Keller, entrevista con Collin Hansen, 20 de mayo, 2022.
9. Peter Krol, «The Bible Study Tim Keller Never Forgot», Knowable Word, 10 de diciembre, 2014, www.knowableword.com/2014/12/10/the-bible-study-tim-keller-never-forgot.
10. Janet Essig, correo electrónico a Collin Hansen, 10 de febrero, 2021.
11. Barbara Boyd, entrevista con Patricia Grahmann, Oral History Project, 7 de abril, 2011, CD 007, InterVarsity Christian Fellowship Records, Collection 300, Billy Graham Center, Wheaton College, Illinois.
12. Janet Essig, entrevista con Collin Hansen, 27 de enero, 2021.
13. Janet Essig, entrevista con Collin Hansen, 27 de enero, 2021.
14. Boyd, entrevista con Patricia Grahmann.
15. Hunt, *For Christ and the University*, 208.
16. A. Donald MacLeod, *C. Stacey Woods and the Evangelical Rediscovery of the University* (Downers Grove, IL: IVP Academic, 2007), 12.
17. Hunt, *For Christ and the University*, 265.
18. Hunt, *For Christ and the University*, 264.
19. Kathy Keller, correo electrónico a Collin Hansen, 7 de enero, 2021.
20. Hunt, *For Christ and the University*, 303.
21. Hunt, *For Christ and the University*, 279.
22. Hunt, *For Christ and the University*, 303.
23. MacLeod, *C. Stacey Woods and the Evangelical*, 102-3.

24. MacLeod, *C. Stacey Woods and the Evangelical*, 161.
25. Timothy Keller, *Center Church: Doing Balanced, Gospel-Centered Ministry in Your City* (Grand Rapids: Zondervan, 2012), 79.
26. Timothy Keller, «Tim Keller speaks at John Stott's US Memorial» (elogio, Iglesia College Church, Wheaton, IL, 11 de noviembre, 2011), www.youtube.com /watch?v=n3WkR0LPCxM.
27. Keller, «Tim Keller speaks at John Stott's US Memorial».
28. Hunt, *For Christ and the University*, 302.
29. Hunt, *For Christ and the University*, 272.
30. Hunt, *For Christ and the University*, 291.
31. Timothy Keller, correo electrónico a Collin Hansen, 6 de mayo, 2021.
32. Gordon Govier, «InterVarsity alumni: Tim Keller», InterVarsity Christian Fellowship, 6 de octubre, 2009, https://intervarsity.org/news /intervarsity -alumni-tim-keller.

Capítulo 4: Kathy, la valiente

1. Lyle W. Dorsett y Marjorie Lamp Mead, eds., *C. S. Lewis Letters to Children* (Nueva York: Touchstone, 1995), 105.
2. Dorsett y Mead, *C. S. Lewis Letters to Children*, 109.
3. Dorsett y Mead, *C. S. Lewis Letters to Children*, 112.
4. Dorsett y Mead, *C. S. Lewis Letters to Children*, 113.
5. Nate Guidry, «Obituary: Henry R. Kristy / WWII pilot, Westinghouse Power exec», *Pittsburgh Post-Gazette*, 30 de mayo, 2005, 16.
6. Kathy Keller, correo electrónico a Collin Hansen, 16 de febrero, 2021.
7. Louise Midwood, entrevista con Collin Hansen, 29 de enero, 2021.
8. Gary Scott Smith, *A History of Christianity in Pittsburgh* (Charleston, SC: History Press, 2019), 64.
9. Sarah Pulliam Bailey, «C. S. Lewis's Pen Pal, Kathy Keller», Religion News Service, 22 de noviembre, 2013, www.christianitytoday.com/ct/2013 /november-web-only/cs-lewiss-penpal-kathy-keller.html.
10. Sue Pichert, entrevista con Collin Hansen, 28 de enero, 2021.
11. Louise Midwood, entrevista con Collin Hansen, 29 de enero, 2021.
12. Ver Timothy Keller con Kathy Keller, *El significado del matrimonio: Cómo enfrentar las dificultades del compromiso con la sabiduría de Dios* (Nashville: B&H, 2017), 43.
13. Kathy Keller, correo electrónico a Collin Hansen, 5 de mayo, 2021.
14. Kathy Keller, correo electrónico a Collin Hansen, 5 de mayo, 2021.
15. Kathy Keller, correo electrónico a Collin Hansen, 5 de mayo, 2021.
16. Sharon Johnson, entrevista con Collin Hansen, 13 de enero, 2021.
17. Kathy Keller, correo electrónico a Collin Hansen, 5 de mayo, 2021.
18. Keller, *El significado del matrimonio*, 7-8.
19. Ver Keller, *El significado del matrimonio*, 31-32.
20. Keller, *El significado del matrimonio*, 243-244.

21. Kathy Keller, correo electrónico a Collin Hansen, 4 de febrero, 2021.
22. Louise Midwood, entrevista con Collin Hansen, 29 de enero, 2021.
23. Keller, *El significado del matrimonio*, 303, n. 146, capítulo 6.
24. Timothy Keller, *Walking with God through Pain and Suffering* (Nueva York: Dutton, 2013), 4.
25. Ver Keller, *El significado del matrimonio*, 210.
26. Timothy Keller, *Counterfeit Gods: The Empty Promises of Money, Sex, and Power, and the Only Hope That Matters* (Nueva York: Dutton, 2009), 209.
27. Louise Midwood, entrevista con Collin Hansen, 29 de enero, 2021.
28. Jim Pichert, entrevista con Collin Hansen, 28 de enero, 2021.
29. Liz Kaufmann, entrevista con Collin Hansen, 11 de marzo, 2021.
30. Ver Timothy Keller, *The Prodigal Prophet: Jonah and the Mystery of God's Mercy* (Nueva York: Viking, 2018), 229.
31. Keller, *Counterfeit Gods*, 210.
32. Keller, *El significado del matrimonio*, 192.
33. Louise Midwood, entrevista con Collin Hansen, 29 de enero, 2021.
34. Timothy Keller, «Truth, Tears, Anger, and Grace», (sermón, Iglesia Presbiteriana Redeemer, Ciudad de Nueva York, 16 de septiembre, 2001), www.youtube.com/watch?v=KkZqsZqiEIA.
35. Ver Keller, *Walking with God through Pain and Suffering*, 6.
36. Kathy Armstrong, entrevista con Collin Hansen, 18 de marzo, 2021.
37. Kathy Armstrong, correo electrónico a Collin Hansen, 18 de marzo, 2021.

Capítulo 5: Mito verdadero

1. Mako Fujimura, entrevista con Collin Hansen, 4 de marzo, 2021.
2. Ver Timothy Keller, *Jesus the King: Understanding the Life and Death of the Son of God* (Nueva York: Penguin, 2013), 6-7.
3. *El significado del matrimonio: Cómo enfrentar las dificultades del compromiso con la sabiduría de Dios* (Nashville: B&H, 2017), 81.
4. Timothy Keller, «Service of Remembrance on 9/11», https://discover.redeemer.com/docs/service_of_remembrance.pdf.
5. Mako Fujimura, entrevista con Collin Hansen, 4 de marzo, 2021.
6. Timothy Keller, «Self-Control: Part 2» (Ciudad de Nueva York, 15 de abril, 1990).
7. Collin Hansen, entrevista con Timothy Keller, 20 de mayo, 2022.
8. J. R. R. Tolkien, *El retorno del rey* (España: Minotauro, 1991), 252.
9. Keller, *Jesus the King*, 231.
10. Timothy Keller, *La predicación: Compartir la fe en tiempos de escepticismo* (Nashville: B&H, 2017), 162, énfasis añadido.
11. Timothy Keller, «An Old Woman's Laughter» (sermón, Iglesia Presbiteriana Redeemer, Ciudad de Nueva York, 14 de septiembre, 1997).
12. Timothy Keller, «The Joy of Jesus» (sermón, Iglesia Presbiteriana Redeemer, Ciudad de Nueva York, 3 de mayo, 1998), https://podcast.gospelinlife.com/e

/the -joy-of-jesus-1630526615; https://lifecoach4god.life/2013/08/04/tim -keller-on-the-joy-of-knowing-jesus.
13. Ver Keller, *La predicación*, 265-66, n. 30.
14. Keller, «The Joy of Jesus».

Capítulo 6: Se aceptan escépticos

1. Charles E. Cotherman, *To Think Christianly: A History of L'Abri, Regent College, and the Christian Study Center Movement* (Downers Grove, IL: IVP Academic, 2020), 14.
2. Cotherman, *To Think Christianly*, 121.
3. Stephen J. Nichols, *R. C. Sproul: A Life* (Wheaton, IL: Crossway, 2021), 90-91.
4. Nichols, *R. C. Sproul*, 63.
5. Gary Scott Smith, *A History of Christianity in Pittsburgh* (Charleston, SC: History Press, 2019), 16.
6. Smith, *History of Christianity in Pittsburgh*, 12.
7. Sarah Pulliam Bailey, «C. S. Lewis's Pen Pal, Kathy Keller», Religion News Service, 22 de noviembre, 2013, www.christianitytoday.com/ct/2013/november-web-only/cs-lewiss-penpal-kathy-keller.html.
8. Cotherman, *To Think Christianly*, 2.
9. Cotherman, *To Think Christianly*, 2.
10. Nichols, *R. C. Sproul*, 94.
11. Cotherman, *To Think Christianly*, 5.
12. Cotherman, *To Think Christianly*, 16.
13. Cotherman, *To Think Christianly*, 29.
14. Nichols, *R. C. Sproul*, 93.
15. Nichols, *R. C. Sproul*, 249.
16. Nichols, *R. C. Sproul*, 84.
17. Timothy Keller, correo electrónico a Collin Hansen, 4 de marzo, 2021.
18. Nichols, *R. C. Sproul*, 102.
19. Timothy Keller, correo electrónico a Collin Hansen, 4 de marzo, 2021.
20. Kathy Keller, correo electrónico a Collin Hansen, 7 de enero, 2021.
21. Timothy Keller, entrevista con Collin Hansen, 20 de mayo, 2022.
22. Timothy Keller, «Doubters welcome», Redeemer Report, 2014, www.redeemer.com/redeemer-report/article/doubters_welcome.

Capítulo 7: Bufé teológico

1. George M. Marsden, *Reforming Fundamentalism: Fuller Seminary and the New Evangelicalism* (Grand Rapids: Eerdmans, 1987), 211-12; Justin Gerald Taylor, «John Piper: The Making of a Christian Hedonist», disertación del Doctorado en Filosofía. (The Southern Baptist Theological Seminary, 2015), 127-29.
2. Cuando el Consejo Internacional de Inerrancia Bíblica comenzó en 1977, varios de los mentores de Keller eran parte de él, entre ellos R. C. Sproul, Edmund Clowney y Roger Nicole.
3. Louise Midwood, entrevista con Collin Hansen, 29 de enero, 2021.
4. Timothy Keller, entrevista con Collin Hansen, 20 de mayo, 2022.

5. En su comentario sobre Marcos 14:34, cuando Jesús oró en Getsemaní y expresó: «Es tal la angustia que me invade que me siento morir» (NVI), William Lane escribió: «Antes de ser traicionado, Jesús estuvo con el Padre durante un interludio, pero delante de Él encontró el infierno en lugar del cielo y quedó pasmado». Respecto al versículo, «Dios mío, Dios mío, ¿por qué me has desamparado?» (Mar. 15:34), Lane concluyó: «El clamor tiene una autenticidad inquebrantable que ofrece la seguridad de que el precio del pecado ha sido pagado en su totalidad. Sin embargo, Jesús al morir no negó a Dios. Incluso en el infierno de su abandono, no renunció a su fe en Dios, sino que expresó su oración angustiosa en un grito de afirmación: "Dios mío, Dios mío"» (*The Gospel of Mark* [Grand Rapids: Eerdmans, 1974], 516, 573). En sus escritos y predicaciones, Keller a menudo regresaba a esta experiencia en Getsemaní. Él citó a su profesor de Nuevo Testamento en su primer libro *bestseller*, *¿Es razonable creer en Dios?*, donde escribe: «La teología cristiana ha reconocido siempre que Jesús tuvo que soportar, en lugar nuestro, la eterna exclusión de la presencia de Dios que la raza humana merecía» (*¿Es razonable creer en Dios? Convicción en tiempos de escepticismo* [Nashville: B&H, 2017], 33).
6. Mark A. Noll, *Between Faith and Criticism: Evangelicals, Scholarship, and the Bible in America* (Grand Rapids: Baker, 1986), 118.
7. Después del primer año de Keller, Lane se divorció de su esposa y dejó Gordon-Conwell.
8. Timothy Keller, correo electrónico a Collin Hansen, 18 de julio, 2022.
9. Timothy Keller, «Christ Our Head» (sermón, Iglesia Presbiteriana Redeemer, Nueva York, 9 de julio, 1989), https://lifecoach4god.life/2013/10/27/sunday-sermon-dr-tim-keller-on-christ-our-head.
10. Timothy Keller, «Reconciliation» (sermón, Iglesia Presbiteriana Redeemer, Nueva York, 29 de junio, 2003), www.youtube.com/watch ?v=lcNIyJZ2bbU.

Capítulo 8: Table Talk

1. Elisabeth Leitch, «Table Talk», *The Paper*, 18 de febrero, 1975.
2. Ver Timothy Keller con Kathy Keller, *El significado del matrimonio: Cómo enfrentar las dificultades del compromiso con la sabiduría de Dios* (Nasvhille: B&H, 2017), 303, n. 147, capítulo 6.
3. Kathy Keller, correo electrónico a Collin Hansen, 4 de febrero, 2021.
4. Kathy Kristy, citada en Elisabeth Elliot, *Let Me Be a Woman: Notes to My Daughter on the Meaning of Womanhood* (1976; repr., Wheaton, IL: Tyndale, 1999), 50-51.
5. Elliot, *Let Me Be a Woman*, 16.
6. Elliot, *Let Me Be a Woman*, 40.
7. Kathy Keller, *Jesus, Justice, and Gender Roles: A Case for Gender Roles in Ministry* (Grand Rapids: Zondervan, 2012), 11.
8. Gary Scott Smith, *A History of Christianity in Pittsburgh* (Charleston, SC: History Press, 2019), 12.
9. Kathy Keller, *Jesus, Justice, and Gender Roles*, 42; ver también Keller, *El significado del matrimonio*, 301, n. 132, capítulo 6.

10. Ver Timothy Keller, *Walking with God through Pain and Suffering* (Nueva York: Dutton, 2013), 174.
11. Smith, *History of Christianity in Pittsburgh*, 16.
12. Leitch impartió clases en Gordon-Conwell desde sus inicios hasta 1973, cuando murió de cáncer. Anteriormente, se desempeñó como profesor en el Seminario Teológico de Pittsburgh-Xenia hasta 1961 como profesor y de 1940 a 1946 como decano de hombres y pastor universitario en Grove City College en Grove City, Pensilvania, a medio camino entre Pittsburgh y el Lago Erie al norte. Babbage regresó a su Australia natal y Lane se escapó con su secretaria.
13. Louise Midwood, entrevista con Collin Hansen, 29 de enero, 2021.
14. Louise Midwood, entrevista con Collin Hansen, 29 de enero, 2021.
15. Louise Midwood, entrevista con Collin Hansen, 29 de enero, 2021.
16. Kathy Keller, «The Nestorian Threat to Christmas», Redeemer Report, diciembre, 2012, www.redeemer.com/redeemer-report/article/the_nestorian_threat_to_christmas.
17. John Palafoutas, correo electrónico a Collin Hansen, 15 de febrero, 2021.
18. «The Issue of Biblical Authority Brings a Scholar's Resignation», Christianity Today, 15 de julio, 1983, www.christianitytoday.com/ct/1983/july-15/issue-of - biblical-authority-brings-scholars-resignation. html
19. Timothy Keller, *Center Church: Doing Balanced, Gospel-Centered Ministry in Your City* (Grand Rapids: Zondervan, 2012), 107, n. 8.
20. «Fuller Theological Seminary Professor David Scholer Dies at 70», Pasadena Star- News, 27 de agosto de 2008, https://blackchristiannews.wordpress.com/2008/08/27/fuller-theological-seminary-professor-david-Scholer dies-at-70.

Capítulo 9: Discrepar sin ser desagradable

1. Mark Dever, «Reflections on Roger Nicole», 9Marks, 11 de junio, 2014, www.9marks.org/article/reflections-on-roger-nicole.
2. Dever, «Reflections on Roger Nicole».
3. John Muether, correo electrónico a Collin Hansen, 10 de junio, 2021.
4. Timothy Keller, entrevista con Collin Hansen, 20 de mayo, 2022.
5. Louise Midwood, entrevista con Collin Hansen, 29 de enero, 2021.
6. Collin Hansen, «Carson, Keller, and Dever Remember Roger Nicole», The Gospel Coalition, 11 de diciembre, 2010, www.thegospelcoalition.org/article/carson-keller-and-dever-remember-roger-nicole.
7. Sally Lloyd-Jones, *The Jesus Storybook Bible: Every Story Whispers His Name* (Grand Rapids: Zonderkidz, 2007).
8. Timothy Keller, *Center Church: Doing Balanced, Gospel-Centered Ministry in Your City* (Grand Rapids: Zondervan, 2012), 131, énfasis original.
9. Timothy Keller, correo electrónico a Collin Hansen, 4 de marzo, 2021.
10. Louise Midwood, entrevista con Collin Hansen, 29 de enero, 2021.
11. Louise Midwood, entrevista con Collin Hansen, 29 de enero, 2021.

Capítulo 10: Neumodinámica

1. Timothy Keller, «Cleansing of the Spirit» (sermón, Iglesia Presbiteriana Redeemer, Ciudad de Nueva York, 23 de marzo, 1997).
2. Timothy Keller, «The Book Tim Keller Says We Can't Do Without», The Gospel Coalition, 24 de agosto, 2020, www.thegospelcoalition.org/reviews /dynamics-spiritual-life-richard-lovelace.
3. Timothy Keller, *Center Church: Doing Balanced, Gospel-Centered Ministry in Your City* (Grand Rapids: Zondervan, 2012), 54.
4. Keller, *Center Church*, 55.
5. Keller, *Center Church*, 74.
6. Richard F. Lovelace, *Dynamics of Spiritual Life: An Evangelical Theology of Renewal* (Downers Grove, IL: InterVarsity, 1979), 101.
7. Keller, *Center Church*, 54.
8. Lovelace, *Dynamics of Spiritual Life*, 211-12.
9. Timothy Keller, *The Prodigal God: Recovering the Heart of the Christian Faith* (Nueva York: Dutton, 2008), 54.
10. Timothy Keller «The Sin of Racism», *Life in the Gospel*, verano, 2020, https:// quarterly.gopelinlife.com/the-sin-of-racism.
11. Lovelace, *Dynamics of Spiritual Life*, 207.
12. Timothy Keller, *Generous Justice: How God's Grace Makes Us Just* (Nueva York: Dutton, 2010), 68-75.
13. Ver Timothy Keller, *¿Es razonable creer en Dios? Convicción en tiempos de escepticismo* (Nashville: B&H, 2017), 180-181.
14. Keller, *Center Church*, 68, énfasis original.
15. George M. Marsden, *Jonathan Edwards: A Life* (New Haven, CT: Yale University Press, 2003), 471.
16. Marsden, Jonathan Edwards, 464.
17. Marsden, Jonathan Edwards, 468.
18. Marsden, Jonathan Edwards, 470.
19. Marsden, Jonathan Edwards, 470.
20. Keller, *Generous Justice*, 183.
21. Marsden, Jonathan Edwards, 471.
22. Christopher Lasch, *The True and Only Heaven: Progress and Its Critics* (Nueva York: Norton, 1991), 257.
23. Ver Timothy Keller, *La predicación: Compartir la fe en tiempos de escepticismo* (Nashville: B&H, 2017), 148.
24. Keller, *La predicación*, 150.
25. Jonathan Edwards, «A Divine and Supernatural Light», en *Selected Sermons of Jonathan Edwards*, ed. H. Norman Gardiner (Nueva York: Macmillan, 1904), 29, énfasis añadido.
26. Keller, *La predicación*, 153.
27. Timothy Keller, «Wise Relations» (sermón, Iglesia Presbiteriana Redeemer, Ciudad de Nueva York, 11 de febrero, 1996).

28. Timothy Keller, *Jesus the King: Understanding the Life and Death of the Son of God* (Nueva York: Penguin, 2013), 133.
29. Ver Timothy Keller, *Hope in Times of Fear: The Resurrection and the Meaning of Easter* (Nueva York: Viking, 2021), 119-20.
30. Archibald Alexander, *Thoughts on Religious Experience* (Edimburgo: Banner of Truth, 1967), xvii.
31. Jonathan Edwards, «Heaven Is a World of Love», *en The Sermons of Jonathan Edwards: A Reader*, ed. Wilson H. Kimnach, Kenneth P. Minkema y Douglas Sweeney (New Haven, CT: Yale University Press, 1999), 242-72.
32. Ver Timothy Keller, *Making Sense of God: An Invitation to the Skeptical* (Nueva York: Viking, 2016), 169.
33. Edwards, «Heaven Is a World of Love», 252-53.
34. Timothy Keller, «The Counterintuitive Calvin», The Gospel Coalition, 14 de noviembre, 2012, www.thegospelcoalition.org/reviews/counter-intuitive-calvin.

Capítulo 11: La capital química del Sur

1. Graham Howell, entrevista con Collin Hansen, 1 de febrero, 2021
2. «Industrial Hopewell», *Washington Post*, 2 de octubre 1989, www .washingtonpost .com/archive/business/1989/10/02/industrial -hopewell/4d3af332 -cc65-443d -a405-04d72134c0e4.
3. Richard Foster, «Kepone: The 'Flour' Factory», *Richmond Magazine*, 8 de julio, 2005, https://richmondmagazine.com/news/kepone-disaster-pesticide.
4. Bruce Henderson, entrevista con Collin Hansen, 21 de enero, 2021.
5. Timothy Keller, entrevista con Collin Hansen, 20 de mayo, 2020.
6. «Fort Lee», MilitaryBases.us, www.militarybases.us/army/fort-lee.
7. Graham Howell, entrevista con Collin Hansen, 1 de febrero, 2021.
8. Ver Timothy Keller, *Generous Justice: How God's Grace Makes Us Just* (Nueva York: Dutton, 2010), xx.
9. Laurie Howell, entrevista con Collin Hansen, 1 de febrero, 2021.
10. Laurie Howell, entrevista con Collin Hansen, 1 de febrero, 2021.
11. Timothy Keller, entrevista con Collin Hansen, 20 de mayo, 2022.
12. Nicholas Wolterstorff, «The AACS in the CRC», *Reformed Journal* 24 (diciembre, 1974): 9-16.
13. George Marsden, «Introduction: Reformed and American», en *Reformed Theology in America: A History of Its Modern Development*, ed. David F. Wells (Grand Rapids: Baker, 1997), 1-12.
14. Timothy Keller, entrevista con Collin Hansen, 4 de junio, 2021.
15. Laurie Howell, entrevista con Collin Hansen, 1 de febrero, 2021.
16. Timothy Keller, entrevista con Collin Hansen, 20 de mayo, 2022.
17. Ver Timothy Keller con Kathy Keller, *El significado del matrimonio: Cómo enfrentar las dificultades del compromiso con la sabiduría de Dios* (Nashville: B&H, 2017), 111.
18. Timothy Keller, entrevista con Collin Hansen, 20 de mayo, 2022.

19. Laurie Howell, entrevista con Collin Hansen, 1 de febrero, 2021.
20. Graham Howell, «How God Is Making Me into Who I'm Meant to Be», Life in the Gospel, primavera, 2020, https://quarterly.gospelinlife.com/how-god-is-making-me-into-who-im-meant-to-be.
21. Graham Howell, entrevista con Collin Hansen, 1 de febrero, 2021.
22. Timothy Keller, publicación en Facebook, 9 de enero, 2021, www.facebook.com/TimKellerNYC/posts/3837664312940093.
23. Timothy Keller, *Preaching: Communicating Faith in an Age of Skepticism* (Nueva York: Viking, 2015), 211-12.
24. Keller, *Preaching*, 211-12.
25. Timothy Keller, entrevista con Collin Hansen, 20 de mayo, 2022.
26. Timothy Keller, *Generous Justice: How God's Grace Makes Us Just* (Nueva York: Dutton, 2010), xvii-xviii.
27. Laurie Howell, entrevista con Collin Hansen, 1 de febrero, 2021.
28. Timothy Keller, *Center Church: Doing Balanced, Gospel-Centered Ministry in Your City* (Grand Rapids: Zondervan, 2012), 370.
29. Laurie Howell, entrevista con Collin Hansen, 1 de febrero, 2021.
30. Laurie Howell, entrevista con Collin Hansen, 1 de febrero, 2021.
31. Laurie Howell, entrevista con Collin Hansen, 1 de febrero, 2021.
32. Timothy Keller, entrevista con Collin Hansen, 20 de mayo, 2022.
33. Laurie Howell, entrevista con Collin Hansen, 1 de febrero, 2021.
34. John Piper, entrevista con Collin Hansen, 2 de marzo, 2021.
35. «John Owen tuvo muchas aflicciones en su vida, al igual que Pablo. Incluso tuvo once hijos y vio morir a cada uno de ellos, al igual que a su primera esposa. En la «Gran expulsión» de 1662, él, junto con otros ministros puritanos, fue expulsado de su iglesia y de su empleo» (Keller, *Hope in Times of Fear*, 188).
36. The Gospel Coalition, «Get More Rings in Your Tree», vídeo en Vimeo, 11:33, 9 de julio, 2014. https://vimeo.com/100309192
37. Timothy Keller, entrevista con Collin Hansen, 20 de mayo, 2022.
38. John Hanford, entrevista con Collin Hansen, 5 de marzo, 2021.
39. Sarah Eekhoff Zylstra, «Has Global Religious Freedom Seen Its Best Days?», The Gospel Coalition, 25 de mayo, 2021, www.thegospelcoalition.org/article/religious-freedom.

Capítulo 12: El despliegue de la historia

1. Timothy Keller, «Finding Our Identity in Christ—Part 1» (sermón, Iglesia Presbiteriana Redeemer, Nueva York, 29 de octubre, 1989), https://podcast.gospelinlife.com/e/finding-our-identity-in-christ-part-1/2.
2. Timothy J. Keller, «The Girl Nobody Wanted: Genesis 29:15-35», en *Heralds of the King: Christ-Centered Sermons in the Tradition of Edmund P. Clowney*, ed. Dennis E. Johnson (Wheaton, IL: Crossway, 2009), 54.
3. Kathy Keller, correo electrónico a Collin Hansen, 7 de enero, 2021.
4. D. Clair Davis, entrevista con Collin Hansen, 8 de junio, 2021.

5. Dennis E. Johnson, «Preface», en *Heralds of the King*, 11.
6. Edmund P. Clowney, *The Unfolding Mystery: Discovering Christ in the Old Testament* (Phillipsburg, NJ: P&R, 1988), 11.
7. Clowney, *Unfolding Mystery*, 13.
8. J. I. Packer, prólogo de Clowney, *Unfolding Mystery*, 8.
9. Timothy Keller, prólogo de Alec Motyer, *A Christian's Pocket Guide to Loving the Old Testament: One Book, One God, One Story* (Ross-Shire, Scotland: Christian Focus, 2015), xi-xii.
10. Keller, prólogo de Motyer, *Christian's Pocket*, ix-xii.
11. D. Clair Davis, entrevista con Collin Hansen, 8 de junio, 2021.
12. Kathy Keller, correo electrónico a Collin Hansen, 7 de enero, 2021.
13. Keller, «The Girl Nobody Wanted», 54-55.
14. Edmund P. Clowney, «The Lord and the Word» (clase, Seminario Teológico Gordon-Conwell, South Hamilton, MA, 26 de marzo, 1973).
15. Edmund P. Clowney, «The Sufferings of Christ and the Glory» (clase, Seminario Teológico Gordon-Conwell, South Hamilton, 27 de marzo, 1973).
16. Timothy Keller, *Jesus the King: Understanding the Life and Death of the Son of God* (New York: Penguin, 2013), 157-58.
17. Edmund P. Clowney, «The Fullness of Christ» (clase, Seminario Teológico Gordon-Conwell, South Hamilton, 28 de marzo, 1973).
18. Edmund P. Clowney, «The Praise of Christ» (clase, Seminario Gordon-Conwell, South Hamilton, MA, 30 de marzo, 1973).
19. Edmund P. Clowney, «The Salvation of Christ» (clase, Seminario Teológico Gordon-Conwell, South Hamilton, MA, 27 de marzo, 1973).
20. Clowney, «Fullness of Christ».
21. Clowney, «The Salvation of Christ».
22. Julius J. Kim, «Rock of Ages», en *Heralds of the King*, 56.
23. Edmund P. Clowney, «The Wisdom of Christ» (clase, Seminario Teológico Gordon-Conwell, South Hamilton, MA, 29 de marzo, 1973).
24. Clowney, «Salvation of Christ».
25. Timothy Keller, *La predicación: Compartir la fe en tiempos de escepticismo* (Nashville: B&H, 2017), 53.
26. Timothy Keller, «What Is Gospel-Centered Ministry?» (clase, The Gospel Coalition National Conference, Deerfield, IL, 23 de mayo, 2007), www.the gospelcoalition.org/conference_media/gospel -centered-ministry.
27. Timothy Keller, «Born of the Gospel» (sermón, Iglesia Presbiteriana Redeemer, Ciudad de Nueva York, 11 de febrero, 2001).
28. Keller, «What Is Gospel-Centered Ministry?».
29. Clowney, «Wisdom of Christ».
30. Timothy Keller, *The Prodigal God: Recovering the Heart of the Christian Faith* (Nueva York: Dutton, 2008), xiii.
31. Kathy Keller, correo electrónico a Collin Hansen, 7 de enero, 2021.

32. Timothy Keller, «Second Lost Son (and the Dance of God)» (sermón, Iglesia Presbiteriana Redeemer, Ciudad de Nueva York, 25 de enero, 1998), https://podcast.gospelinlife.com/e/second-lost-son-and-the-dance-of-god.
33. Keller, *Prodigal God*, 15-16.
34. Timothy Keller, «First Lost Son (and the Kiss of God)» (sermón, Iglesia Presbiteriana Redeemer, Ciudad de Nueva York, 18 de enero, 1998).
35. D. Clair Davis, entrevista con Collin Hansen, 8 de junio, 2021.
36. El estilo de consejería que Tim Keller aprendió en Gordon-Conwell se inclinaba hacia la integración entre la psicología secular y la visión cristiana. Sin embargo, él y Kathy, que obtuvo su título en consejería en Gordon-Conwell, preferían el enfoque que aprendieron de Jay Adams en Westminster en 1971. No obstante, luego de aconsejar con este método en Hopewell, Tim Keller comenzó a considerar que el enfoque de Adams era conductista. «Si haces el bien, te sentirás bien», según la experiencia de Keller. No llegaba al corazón con una interacción adecuada con las motivaciones y las emociones. Vio demasiado de la antítesis de Cornelius Van Til en el rechazo de Adams hacia la psicología moderna y su forma de tratar las emociones y motivaciones. Keller deseaba tomar en cuenta la gracia común, la verdad de que los inconversos podían ser inconsistentes en su cosmovisión y, como tal, hablar con sabiduría y con una visión mejor que la que comprendían. Para Keller, David Powlison y Ed Welch ofrecían un enmiendo de la consejería bíblica a través de la CCEF al interactuar con el corazón, con sus afectos y sus motivaciones. El director de la CCEF, John Bettler, que al igual que Powlison también trabajó como profesor en Westminster, recomendó que sus consejeros leyeran a psicólogos seculares como Alfred Adler sobre «psicología individual». Adler enseñaba que toda persona posee una energía motivadora que la impulsaba a creer que una vez que consiguiera lo que buscaba, su vida será mejor. Este deseo define la realidad y ordena las emociones. Bettler reconoció cómo esta perspectiva psicológica de la idolatría correspondía con la enseñanza bíblica sobre el corazón y la propensión humana hacia la aprobación, el poder, la comodidad y el control. Ver Timothy Keller, «Worship Worthy of the Name», en *Changing Lives through Preaching and Worship* (Nueva York: Moorings, 1995), 178-85, www.christianitytoday.com /pastors/2007/july-online-only/013006a.html.
37. Ron Lutz, entrevista con Collin Hansen, 14 de junio, 2021.
38. Ver David Powlison, «Idols of the Heart and "Vanity Fair"», *Journal of BiblicalCounseling* 13, no. 2 (invierno, 1995): 35-50, www.ccef.org/wp -content /uploads/2009/10/Idols-of-the-Heart-and-Vanity-Fair.pdf.
39. Keller, *Prodigal God*, 134-35.
40. Steve Arcieri, entrevista con Collin Hansen, 2 de febrero, 2021.
41. Craig Ellis, entrevista con Collin Hansen, 15 de enero, 2021.
42. Keller, *La predicación*, 34-35.

Capítulo 13: «Moldeado por el evangelio»

1. Edmund P. Clowney, «Moulded by the Gospel», *Presbyterian Guardian* 38, no. 5 (mayo, 1969): 55, www.opc.org/cfh/guardian/Volume_38/1969-05.pdf.
2. Clowney, «Moulded by the Gospel», 55.
3. Clowney, «Moulded by the Gospel», 56-57.
4. Clowney, «Moulded by the Gospel», 57
5. Clowney, «Moulded by the Gospel», 58.
6. Clowney, «Moulded by the Gospel», 58.
7. D. Clair Davis, entrevista con Collin Hansen, 8 de junio, 2021.
8. Ron Lutz, correo electrónico a Collin Hansen, 14 de junio, 2021.
9. Timothy Keller, entrevista con Collin Hansen, 20 de mayo, 2022.
10. Timothy Keller, *Generous Justice: How God's Grace Makes Us Just* (Nueva York: Dutton, 2010), xviii-xix.
11. Harvie M. Conn, *Evangelism: Doing Justice and Preaching Grace* (Grand Rapids: Zondervan, 1982), 13.
12. D. Clair Davis, entrevista con Collin Hansen, 8 de junio, 2021.
13. Timothy Keller, *Center Church: Doing Balanced, Gospel-Centered Ministry in Your City* (Grand Rapids: Zondervan, 2012), 103.
14. Keller, *Center Church*, 120-21.
15. Keller, *Center Church*, 89.
16. Keller, *Center Church*, 109.
17. Keller, *Center Church*, 125.
18. Keller, *Center Church*, 121.
19. Keller, *Center Church*, 20.
20. Keller, *Center Church*, 151.
21. Harvie M. Conn y Manuel Ortiz, *Urban Ministry: The Kingdom, the City and the People of God* (Downers Grove, IL: IVP Academic, 2001), 87.
22. Conn y Ortiz, *Urban Ministry*, 224.
23. Conn y Ortiz, *Urban Ministry*, 408.
24. Timothy Keller, «An Evangelical Mission in a Secular City», en *Center City Churches: The New Urban Frontier*, ed. Lyle E. Schaller (Nashville: Abingdon, 1993), 34.
25. Keller, *Center Church*, 172.
26. Matthew Bowman, *The Urban Pulpit: New York City and the Fate of Liberal Evangelicalism* (Nueva York, Oxford University Press, 2014), 110.
27. Timothy J. Keller, *Resources for Deacons: Love Expressed through Mercy Ministries* (Lawrenceville, GA: Christian Education and Publications of the PCA, 1985).
28. Kathy Keller, correo electrónico a Collin Hansen, 4 de febrero, 2021.
29. Conn y Ortiz, *Urban Ministry*, 17.
30. Conn y Ortiz, *Urban Ministry*, 21.
31. Michael Green, *Evangelism through the Local Church: A Comprehensive Guide to All Aspects of Evangelism* (Nashville: Oliver-Nelson, 1992), 101.
32. Ver Timothy Keller, *The Prodigal Prophet: Jonah and the Mystery of God's Mercy* (Nueva York: Viking, 2018), 38.

33. Ver Keller, *Prodigal Prophet*, 92-93.
34. Keller, *Center Church*, 215.
35. Keller, *Center Church*, 272-73.
36. Ver Keller, *Prodigal Prophet*, 197-98.
37. Keller, *Center Church*, 21, énfasis original.
38. Keller, *Center Church*, 47-48.
39. Ver Keller, *Generous Justice*, 141.
40. Jonathan Edwards, «Christian Charity: The Duty of Charity to the Poor, Explained and Enforced», en vol. 2 de *The Works of Jonathan Edwards*. ed. Sereno Dwight (Carlise, PA: Banner of Truth, 1998), 164.
41. Keller, *Generous Justice*, xiii.
42. Keller, *Generous Justice*, xiii.
43. Keller, *Generous Justice*, 189.
44. Steve Preston, entrevista con Collin Hansen, 16 de febrero, 2021.
45. Cuatro años después, Tom Hanks ganaría el premio de la Academia como mejor actor en su papel de un abogado gay en *Philadephia*.
46. Keller, *Center Church*, 21.
47. Timothy Keller, «Our Place in the Story: Part 2», Redeemer Report, noviembre, 2014, www.redeemer.com/redeemer-report/article/our place in_the story_part_2.
48. Timothy Keller, entrevista con Collin Hansen, 20 de mayo, 2022.
49. Keller, *Center Church*, 56-57.
50. Timothy Keller, elogio para Michael A. Graham, *Cheer Up! The Life and Ministry of Jack Miller* (Phillipsburg, NJ: P&R, 2020).
51. Timothy Keller, «Dear Children» (sermón, Iglesia Presbiteriana Redeemer, Ciudad de Nueva York, 14 de abril, 1991), https://podcast.gospelinlife.com/e/dear-children.
52. Graham, *Cheer Up!*, 177-78.
53. Liz Kaufmann, entrevista con Collin Hansen, 11 de marzo, 2021.
54. Liz Kaufmann, entrevista con Collin Hansen, 11 de marzo, 2021
55. Graham, *Cheer Up!*, 45-46.
56. Timothy Keller, «Foreword», en Sinclair Ferguson, *The Whole Christ: Legalism, Antinomianism, and Gospel Assurance—Why the Marrow Controversy Still Matters* (Wheaton, IL: Crossway, 2016), 11.
57. Timothy Keller, entrevista con Collin Hansen, 20 de mayo, 2022.
58. Thomas Kidd, «Why Do We Say "Gospel-Centered"?», The Gospel Coalition, 21 de abril, 2021, www.thegospelcoalition.org/article/why-say-gospel-centered.
59. Graham, *Cheer Up!*, 204.
60. Timothy Keller, correo electrónico a Collin Hansen, 18 de marzo, 2021.
61. D. A. Carson, correo electrónico a Collin Hansen, 17 de marzo, 2021.
62. Michael Luo, «Preaching the Word and Quoting the Voice», *New York Times*, 26 de febrero, 2006, www.nytimes.com/2006/02/26/nyregion/preaching-the-word-and-quoting-the-voice.html.
63. Keller, *Center Church*, 260.

64. Keller, *Center Church*, 48.
65. Keller, *Center Church*, 48, énfasis original.
66. Timothy Keller, correo electrónico a Collin Hansen, 24 de enero, 2021.
67. Richard Lints, *The Fabric of Theology: A Prolegomenon to Evangelical Theology* (Grand Rapids: Eerdmans, 1993), 83.
68. Keller, *Center Church*, 19.
69. Lints, *Fabric of Theology*, 316-17.
70. Keller, *Center Church*, 17.
71. Keller, *Center Church*, 19.
72. «Foundation Documents: Theological Vision for Ministry», The Gospel Coalition, www.thegospelcoalition.org/about/foundation-documents/#theological-vision-for-ministry.

Capítulo 14: Amos del universo

1. Ray Bakke, *The Urban Christian: Effective Ministry in Today's Urban World* (Downers Grove, IL: InterVarsity, 1987), 41.
2. Nicholas Goldberg, «Column: The Urban Legend of Kitty Genovese and the 38 Witnesses Who Ignored Her Blood-curdling Screams», *Los Angeles Times*, 10 de septiembre, 2010, www.latimes.com/opinion/story/2020-09-10/urban-legend-kitty-genovese-38-people.
3. «New York Crime Rates 1960-2019», www.disastercenter.com/crime/nycrime.htm.
4. Timothy Keller, *Iglesia centrada: Ministra en tu ciudad con un mensaje enfocado y centrado en el evangelio* (Vida, 2012), cap. 13, nota 10.
5. Lora Gaston, entrevista con Collin Hansen, 16 de febrero, 2021.
6. Kenneth A. Briggs, «Decline in Major Faiths' Influence in City Reflects Last 10 Years of Urban Change», *New York Times*, 18 de agosto, 1975, www.nytimes.com/1975/08/18/archives/decline-in-major-faiths-influence-in-city-reflects-last-10-years-of.html.
7. Matthew Bowman, *The Urban Pulpit: New York City and the Fate of Liberal Evangelicalism* (Nueva York: Oxford University Press, 2014), 15.
8. Bowman, *Urban Pulpit*, 34.
9. Tom Wolfe, *La hoguera de las vanidades* (Anagrama, 1998) cap. 1.
10. Wolfe, *La hoguera de las vanidades*, cap. 1.
11. Wolfe, *La hoguera de las vanidades*, cap. 1.
12. Wolfe, *La hoguera de las vanidades*, cap. 1.
13. Wolfe, *La hoguera de las vanidades*, cap. 1.
14. Jordan Belfort, *El lobo de Wall Street* (Deusto, 2008), prólogo.
15. Peter Donald, «Sermons and Soda Water: A Rich Philadelphia Widow Wants to Save New York Society», Nueva York, 7 de noviembre, 1988, 55.
16. Donald, «Sermons and Soda Water», 56.
17. Donald, «Sermons and Soda Water», 57.
18. Donald, «Sermons and Soda Water», 57-58.
19. Donald, «Sermons and Soda Water», 58.

20. Laura Fels, entrevista con Collin Hansen, 16 de febrero, 2021.
21. Harvie M. Conn y Manuel Ortiz, *Urban Ministry: The Kingdom, the City, and the People of God* (Downers Grove, IL: InterVarsity, 2001), 379.
22. Ver Conn y Ortiz, *Urban Ministry*, 379-80.
23. Timothy Keller, «An Evangelical Mission in a Secular City», en *Center City Churches: The New Urban Frontier*, ed. Lyle E. Schaller (Nashville: Abingdon, 1993), 31-32.
24. Ver Timothy Keller, *¿Es razonable creer en Dios? Convicción, en tiempos de escepticismo* (Nashville, B&H, 2017), xii-xiii.
25. Keller, «Evangelical Mission in a Secular City», 32.
26. William Gurnall, *El cristiano con toda la armadura de Dios* (The Banner of Truth Trust, 2011), cap. 1.
27. Sue Pichert, entrevista con Collin Hansen, 28 de enero, 2021.
28. Kathy Keller, entrevista con Collin Hansen, 23 de enero, 2021.
29. Bruce Henderson, entrevista con Collin Hansen, 21 de enero, 2021.
30. D. Clair Davis, entrevista con Collin Hansen, 8 de junio, 2021.
31. Timothy Keller y Kathy Keller, *El significado del matrimonio: Cómo enfrentar las dificultades del compromiso con la sabiduría de Dios* (Nashville: B&H, 2017), 274.
32. Marlene Hucks, entrevista con Collin Hansen, 10 de marzo, 2021.
33. Kathy Keller, entrevista con Collin Hansen, 23 de enero, 2021.
34. Kathy Keller, entrevista con Collin Hansen, 23 de enero, 2021.
35. Jackie Arthur, correo electrónico a Collin Hansen, 18 de febrero, 2021.
36. Aun si Keller hubiera querido plantar una iglesia para reunir a cristianos que pensaran de manera similar, no podría haber hallado suficientes. Apenas hacían mella en la ciudad. Los evangélicos representaban menos del 1 % de los residentes de Manhattan y sólo el 5 % asistía a algún tipo de iglesia protestante, comparado con el 25 % en todo el país.
37. Craig Ellis, entrevista con Collin Hansen, 15 de enero, 2021.
38. Jim Pichert, entrevista con Collin Hansen, 28 de enero, 2021.
39. Kathy Armstrong, entrevista con Collin Hansen, 18 de marzo, 2021.
40. Timothy Keller, correo electrónico a Collin Hansen, 6 de mayo, 2021.
41. Jackie Arthur, entrevista con Collin Hansen, 16 de febrero, 2021.
42. Jim Pichert, entrevista con Collin Hansen, 28 de enero, 2021.
43. Glen Kleinknecht, entrevista con Collin Hansen, 16 de febrero, 2021.
44. Keller, *Iglesia centrada*, cap. 8.

Capítulo 15: La tierra del sí

1. Yvonne Sawyer, entrevista con Collin Hansen, 2 de febrero, 2021.
2. Yvonne Sawyer, entrevista con Collin Hansen, 16 de febrero, 2021.
3. Tim Lemmer, entrevista con Collin Hansen, 2 de febrero, 2021.
4. Kathy Keller, correo electrónico a Collin Hansen, 16 de febrero, 2021.
5. Durante los primeros dos o tres años de la iglesia, el 50 % de los asistentes no provenían de otra congregación. O no eran creyentes o eran cristianos no afiliados.

Y como si de un ministerio estudiantil se tratara, alrededor del 33 % de los miembros de la iglesia cambiaban cada septiembre. La edad media de los miembros de la iglesia a mediados de los noventa era de treinta años y el 75 % eran solteros. Menos de la mitad, alrededor del 45 %, eran personas blancas.

6. Timothy Keller, «An Evangelical Mission in a Secular City», en *Center City Churches: The New Urban Frontier*, ed. Lyle E. Schaller (Nashville: Abingdon Press, 1993), 33.
7. Timothy Keller, correo electrónico a Collin Hansen, 6 de junio, 2021.
8. Lane Arthur, entrevista con Collin Hansen, 16 de febrero, 2021.
9. Timothy Keller, *Iglesia centrada: Ministra en tu ciudad con un mensaje enfocado y centrado en el evangelio* (Vida, 2012), cap. 28.
10. Lorraine Zechmann, entrevista con Collin Hansen, 4 de febrero, 2021.
11. Lane Arthur, entrevista con Collin Hansen, 16 de febrero, 2021.
12. Ver «Manhattan Center City 2019», presentación de PowerPoint vía Zoom, A Journey through NYC Religions Data Center, 2 de octubre, 2020.
13. Ver Keller, *Iglesia centrada*, cap. 6.
14. C. John Miller, *Outgrowing the Ingrown Church* (Grand Rapids: Zondervan, 1986, 1999), 98-101.
15. Katherine Leary Alsdorf, entrevista con Collin Hansen, 2 de febrero, 2021.
16. Kathy Keller, entrevista con Collin Hansen, 23 de enero, 2021.
17. Marlene Hucks, entrevista con Collin Hansen, 10 de marzo, 2021.
18. Keller, «An Evangelical Mission in a Secular City», 31.
19. Cuando Redeemer añadió un servicio a las 10 de la mañana, muchos miembros rogaron a Keller que mantuviera el de las 6:30 de la tarde, ya que muchos de ellos tenían trabajos en la industria del entretenimiento que les mantenían fuera hasta las dos o las tres de la madrugada. En junio de 1990, la asistencia había vuelto a subir a 350 y, en otoño, a 600, con 100 miembros. En enero de 1991, Redeemer se preparó para dejar de contar con el apoyo de la PCA y particularizarse con sus propios directivos ya en junio. A finales de 1991, Redeemer contaba con 275 miembros y 950 asistentes. Casi la mitad acudía al servicio de las 6:30 de la tarde.
20. Keller, «An Evangelical Mission in a Secular City», 36.
21. Marlene Hucks, entrevista con Collin Hansen, 10 de marzo, 2021.
22. Barbara Ohno, entrevista con Collin Hansen, 2 de febrero, 2021.
23. Ver Timothy Keller y Kathy Keller, *El significado del matrimonio: Cómo enfrentar las dificultades del compromiso con la sabiduría de Dios* (Nashville: B&H, 2017), 10.
24. Timothy Keller, *¿Es razonable creer en Dios? Convicción, en tiempos de escepticismo* (Nashville: B&H, 2017), 49.
25. Ryan P. Burge, *The Nones: Where They Came From, Who They Are, and Where They Are Going* (Minneapolis: Fortress, 2021).
26. D. Martyn Lloyd-Jones, *La predicación y los predicadores* (Editorial Peregrino, 2003), cap. 8.
27. Lloyd-Jones, *La predicación y los predicadores,* cap. 8.
28. Timothy Keller, correo electrónico a Collin Hansen, 27 de abril, 2021.

29. Keller, *Iglesia centrada*, cap. 6.
30. Michael Green, *Evangelism through the Local Church: A Comprehensive Guide to All Aspects of Evangelism* (Nashville: Oliver-Nelson, 1992), 320.
31. Arthur Armstrong, entrevista con Collin Hansen, 18 de marzo, 2021.
32. Barbara Ohno, entrevista con Collin Hansen, 2 de febrero, 2021.
33. Timothy Keller, «An Evangelical Mission in a Secular City», 33.
34. Cregan Cooke, entrevista con Collin Hansen, 3 de febrero, 2021.
35. Lloyd-Jones, *La predicación y los predicadores*, cap. 8.
36. Keller, *Iglesia centrada*, cap. 24.
37. Mako Fujimura, entrevista con Collin Hansen, 4 de febrero, 2021.
38. Katherine Leary Alsdorf, entrevista con Collin Hansen, 2 de febrero, 2021.
39. Timothy Keller, «Our Place in the Story: Part 2», Redeemer Report, noviembre de 2014, www.redeemer.com/redeemer-report/article/our_place_in_the_story_part_2.
40. Timothy J. Keller, «The Girl Nobody Wanted», en *Heralds of the King: Christ-Centered Sermons in the Tradition of Edmund P. Clowney*, ed. Dennis E. Johnson (Wheaton, IL: Crossway, 2009), 55.
41. Keller, «The Girl Nobody Wanted», 57.
42. Keller, «The Girl Nobody Wanted», 61, énfasis original.
43. Robert Alter, *Genesis: Translation and Commentary* (Nueva York: Norton, 1996), 155.
44. Alter, *Genesis*, 154.
45. Keller, «The Girl Nobody Wanted», 63.
46. Keller, «The Girl Nobody Wanted», 64-65.
47. Keller, «The Girl Nobody Wanted», 56.
48. Timothy Keller, entrevista con Collin Hansen, 11 de junio, 2021.
49. Mako Fujimura, entrevista con Collin Hansen, 4 de marzo, 2021.
50. Lorraine Zechmann, entrevista con Collin Hansen, 4 de febrero, 2021.
51. Arthur Armstrong, entrevista con Collin Hansen, 18 de marzo, 2021.
52. Katherine Leary Alsdorf, entrevista con Collin Hansen, 2 de febrero, 2021.
53. Timothy Keller con Katherine Leary Alsdorf, *Toda buena obra: conectando tu trabajo con el trabajo de Dios* (Nashville: B&H, 2018), cap. 5.
54. Liz Kaufmann, entrevista con Collin Hansen, 11 de marzo, 2021.
55. Cregan Cooke, entrevista con Collin Hansen, 3 de febrero, 2021.
56. Craig Ellis, entrevista con Collin Hansen, 15 de enero, 2021.
57. Yvonne Sawyer, entrevista con Collin Hansen, 2 de febrero, 2021.
58. Timothy Keller, *La predicación: Compartir la fe en tiempos de escepticismo* (Nashville: B&H, 2017), 181-183.
59. Keller, *Iglesia centrada*, cap. 23.
60. Keller, *Iglesia centrada*, cap. 21.
61. Sharon Johnson, entrevista con Collin Hansen, 13 de enero, 2021.
62. Kathy Keller, entrevista con Collin Hansen, 24 de junio, 2021.
63. Sharon Johnson, entrevista con Collin Hansen, 13 de enero, 2021.

64. Parafraseado de George Herbert, «Time»: «For where thou onely wert before an executioner at best; thou art a gard'ner now, and more», www.ccel.org/h/herbert/temple/Time.html.

Capítulo 16: Todos adoran

1. John Starke, «New York's Post-9/11 Church Boom», The Gospel Coalition, 7 de septiembre, 2011, www.thegospelcoalition.org/article/new-yorks-post-911-church-boom.
2. Starke, «New York's Post-9/11 Church Boom».
3. Timothy Keller, «Truth, Tears, Anger, and Grace» (sermón, Iglesia Presbiteriana Redeemer, Ciudad de Nueva York, 16 de septiembre, 2001), www.youtube.com/watch?v=KkZqsZqiEIA.
4. Kathy Keller, entrevista con Collin Hansen, 24 de junio, 2021.
5. Liz Smith, entrevista con Collin Hansen, 16 de febrero, 2021.
6. Kathy Keller, entrevista con Collin Hansen, 24 de junio, 2021.
7. Christina Ray Stanton, «God Sustained Me in COVID-19, as He Did on 9/11», The Gospel Coalition, 28 de abril, 2020, www.thegospelcoalition.org/article/god-sustained-me-911.
8. Timothy Keller, entrevista con Collin Hansen, 24 de junio, 2021.
9. Ver Timothy Keller, *El profeta pródigo: Jonás y el misterio de la misericordia de Dios* (Nashville: B&H, 2019), introducción.
10. Mako Fujimura, entrevista con Collin Hansen, 4 de marzo, 2021.
11. Timothy Keller, «Heaven» (sermón, Iglesia Presbiteriana Redeemer, Ciudad de Nueva York, 8 de junio, 1997), https://gospelinlife.com/downloads/heaven-5931.
12. Starke, «New York's Post-9/11 Church Boom».
13. Timothy Keller, *Iglesia centrada: Ministra en tu ciudad con un mensaje enfocado y centrado en el evangelio* (Editorial Vida, 2012), cap. 14.
14. Mako Fujimura, entrevista con Collin Hansen, 4 de marzo, 2021.
15. Ver Timothy Keller, *Caminando con Dios a través del dolor y el sufrimiento* (Poiema, 2018), introducción.
16. Timothy Keller, *La oración: Experimentando asombro e intimidad con Dios* (Nashville: B&H, 2016), 17-18.
17. John Owen, *The Glory of Christ*, abreviado ed. (Carlisle, PA: Banner of Truth, 1994), 7.
18. Ver Timothy Keller, *¿Es razonable creer en Dios? Convicción, en tiempos de escepticismo* (Nashville: B&H, 2017), 268, n. 2, capítulo 1.
19. Ver Keller, *¿Es razonable creer en Dios?*, 95.
20. Keller, *¿Es razonable creer en Dios?*, 10.
21. Keller, *The Reason for God: Belief in an Age of Skepticism* (Nueva York: Dutton, 2008), 241.
22. Timothy Keller, *Hope in Times of Fear: The Resurrection and the Meaning of Easter* (Nueva York: Viking, 2021), xiii-xiv.
23. Keller, *Hope in Times of Fear*, xi.

24. Keller, *¿Es razonable creer en Dios?*, 122.
25. Timothy Keller, entrevista con Collin Hansen, 25 de enero, 2021.
26. Craig Ellis, entrevista con Collin Hansen, 15 de enero, 2021.
27. Ted Turnau, *Popologetics: Popular Culture in Christian Perspective* (Phillipsburg, NJ: P&R, 2012), 38.
28. Turnau, *Popologetics*, 58-59.
29. Keller, *Iglesia centrada*, capítulo 10.
30. Lutero le mostró a Keller una manera de aplicar el evangelio al corazón en lugar de simplemente apelar a la voluntad para obedecer la ley. Lutero le mostró que nuestro corazón busca naturalmente la salvación mediante las obras, pero el evangelio hace que los cristianos vuelvan a depender sólo de la gracia.
31. Timothy Keller, «How to Talk about Sin in a Postmodern Age», The Gospel Coalition, 12 de mayo, 2017, www.thegospelcoalition.org/article/how-to-talk-sin-in-postmodern-age.
32. Keller, *¿Es razonable creer en Dios?*, 288-289.
33. Ernest Becker, *La negación de la muerte* (Kairós, 2003), 247.
34. Turnau, *Popologetics*, 58-59.
35. David Foster Wallace, *Esto es agua: Algunas ideas, expuestas en una ocasión especial, sobre cómo vivir con compasión* (Penguin Random House Grupo Editorial España, 2012), énfasis original.
36. Turnau, *Popologetics*, 239.

Capítulo 17: Una fe lógica

1. Craig Ellis, entrevista con Collin Hansen, 15 de enero, 2021.
2. Varios libros se destacan: *Triumph of the Therapeutic* y *Freud: La mente de un moralista*, de Philip Rieff; *Hábitos del corazón* y *The Good Society*, de Robert Bellah; *Tras la virtud* y *Justicia y racionalidad* de Alasdair MacIntyre; y *Fuentes del yo* y *La era secular*, de Charles Taylor.
3. Timothy Keller, correo electrónico a Collin Hansen, 11 de junio, 2021.
4. Christian Smith, *To Flourish or Destruct: A Personalist Account of Human Goods, Motivations, Failure, and Evil* (Chicago: University of Chicago Press, 2015), 269-70.
5. Timothy Keller, entrevista con Collin Hansen, 24 de junio, 2021.
6. Timothy Keller, *La predicación: Compartir la fe en tiempos de escepticismo* (Nashville: B&H, 2017), 125-26.
7. Robert N. Bellah et al., *Habits of the Heart: Individualism and Commitment in American Life* (Berkeley: University of California Press, 2008), 333-34.
8. Ver Timothy Keller, *Hope in Times of Fear: The Resurrection and the Meaning of Easter* (Nueva York: Viking, 2021), 197.
9. Bellah et al., *Habits of the Heart*, 286.
10. Craig Ellis, entrevista con Collin Hansen, 15 de enero, 2021.
11. Timothy Keller, «God at Work» (sermón, Iglesia Presbiteriana Redeemer, Ciudad de Nueva York, 25 de agosto, 2013).

12. Timothy Keller, «Hope That Transforms» (conferencia, Iglesia Presbiteriana Redeemer, Ciudad de Nueva York, 20 de febrero, 2014).
13. Keller, «Hope That Transforms».
14. Timothy Keller, «Session 1 Question and Answer» (clase «Preaching Christ in a Postmodern World», Reformed Theological Seminary, Orlando, Florida, 8 de septiembre, 2008).
15. Ver Timothy Keller, *Una fe lógica: Usando la razón para creer en Dios* (Nashville: B&H, 2017), cap. 6.
16. Keller, *Una fe lógica*, cap. 7.
17. Ver Keller, *Una fe lógica*, cap. 7.
18. Keller, *Una fe lógica*, cap. 7.
19. Richard J. Mouw, «From Kuyper to Keller: Why Princeton's Prize Controversy Is So Ironic», *Christianity Today*, 27 de marzo, 2017, www.christianitytoday.com/ct/2017/march-web-only/kuyper-keller-princeton-seminary-ironic.html.
20. Timothy Keller, *Iglesia centrada: Ministra en tu ciudad con un mensaje enfocado y centrado en el evangelio* (Vida, 2012), cap. 18.
21. Keller, *Una fe lógica*, parte 2, énfasis original.
22. Keller, *Iglesia centrada*, cap. 10.
23. Ver Keller, *La predicación*, 94-110.
24. Timothy Keller, *How to Reach the West Again: Six Essential Elements of a Missionary Encounter* (Nueva York: Redeemer City to City, 2020), 29.
25. Timothy Keller, «Justice in the Bible», Life in the Gospel (otoño de 2020), https://quarterly.gospelinlife.com/justice-in-the-bible.
26. Timothy Keller, «Answering Lesslie Newbigin» (conferencia, Seminario Teológico Princeton, Princeton, NJ, 6 de abril, 2017).
27. Ver Keller, *Una fe lógica*, cap. 9.
28. Keller, *Una fe lógica*, cap. 9.
29. Keller, *Una fe lógica*, cap. 10.
30. Keller, *Una fe lógica*, cap. 10, n. 30.
31. Keller, *Iglesia centrada*, cap. 17.
32. Keller, *How to Reach the West Again*, 20-21.
33. Timothy Keller, «A Biblical Critique of Secular Justice and Critical Race Theory», Life in the Gospel (Edición especial), https://quarterly.gospelinlife.com/a-biblical-critique-of-secular-justice-and-critical-theory.
34. Keller, «Biblical Critique».
35. Timothy Keller, *El profeta pródigo: Jonás y el misterio de la misericordia de Dios* (Nashville: B&H, 2019), cap. 11.
36. Ver Keller, *Una fe lógica*, cap. 8.
37. Keller, *Una fe lógica*, cap. 8.
38. Keller, «Biblical Critique».
39. Keller, *Iglesia centrada*, cap. 17.
40. Timothy Keller, *Justicia generosa: Cómo la gracia de Dios nos hace justos* (Andamio, 2016), introducción.

41. Keller, *Justicia generosa*, introducción.
42. Keller, *Una fe lógica*, cap. 10.
43. Timothy Keller, «Arguing About Politics» (sermón, Iglesia Presbiteriana Redeemer, Nueva York City, 15 de julio, 2001), www.youtube.com/watch?v=U79Eef6U9nw.
44. Kathy Keller, «The Great Commission Must Be Our Guide in These Polarizing Times», Life in the Gospel (primavera de 2021), https://quarterly.gospelinlife.com/the-great-commission-must-be-our-guide-in-these-polarizing-times.
45. Keller, «Justice in the Bible».
46. Timothy Keller, «Nietzsche Was Right», The Gospel Coalition, 23 de septiembre, 2020, www.thegospelcoalition.org/reviews/dominion-christian-revolution-tom-holland.
47. James Eglinton, «Dutch Inspiration for Tim Keller», trad. Nelson D. Kloosterman, *Nederlands Dagblad*, 11 de julio, 2011, https://cosmiceye.wordpress.com/2011/07/12/dutch-inspiration-for-tim-keller.
48. James Eglinton, *Bavinck: A Critical Biography* (Grand Rapids: Baker Academic, 2020), i.
49. Eglinton, *Bavinck*, 311.
50. Eglinton, *Bavinck*, 150.
51. Eglinton, *Bavinck*, 275.
52. Eglinton, *Bavinck*, 215.
53. Timothy Keller, *El Dios pródigo: El redescubrimiento de la esencia de la fe cristiana* (Andamio, 2017), cap. 7.
54. Isak Dinesen (Karen Blixen), *Babette's Feast and Other Stories* (Nueva York: Penguin, 2013), 68.
55. Timothy Keller, «Death of Death» (sermón, Iglesia Presbiteriana Redeemer, Ciudad de Nueva York, 16 de mayo, 1993).
56. Timothy Keller, «The Finality of Jesus» (sermón, Iglesia Presbiteriana Redeemer, Ciudad de Nueva York, 5 de enero, 1997).
57. Keller, «Finality of Jesus».
58. Timothy Keller, «Death and the Christian Hope» (sermón, Iglesia Presbiteriana Redeemer, Ciudad de Nueva York, 4 de abril, 2004).
59. William McDonald, «Søren Kierkegaard», *Stanford Encyclopedia of Philosophy*, 10 de noviembre, 2017, https://plato.stanford.edu/entries/kierkegaard.
60. Keller, *How to Reach the West Again*, 4.
61. Keller, *How to Reach the West Again*, 7.
62. Keller, *How to Reach the West Again*, 9.
63. Lo que comenzó como la asociación Church Planting Center, dirigida por Terry Gyger dentro de Redeemer, evolucionó hasta convertirse en Redeemer City to City, con su propia junta directiva. El ministerio ayuda a líderes nacionales de todo el mundo a plantar iglesias en sus ciudades más grandes. El objetivo era comenzar con un movimiento global de iglesias centradas en el evangelio, misionales y doctrinalmente sólidas. Y funcionó. Para 2022, Redeemer City to

City había ayudado a plantar más de mil iglesias en hasta ochenta ciudades, con ocho filiales mundiales de redes de iglesias dirigidas por líderes nacionales. *Iglesia centrada* presenta el ADN del movimiento de iglesias centradas en el evangelio, misionales y doctrinalmente sólidas.

64. Timothy Keller, entrevista con Collin Hansen, 10 de junio, 2022.

Capítulo 18: Anillos en un árbol

1. Timothy Keller, *El Dios pródigo: El redescubrimiento de la esencia de la fe cristiana* (Andamio, 2017), sección 6.
2. The Gospel Coalition, «Get More Rings in Your Tree», video en Vimeo, 11:33, 9 de julio, 2014, https://vimeo.com/100309192.
3. Keller, *El Dios pródigo*, agradecimientos.
4. Craig Ellis, entrevista con Collin Hansen, 15 de enero, 2021.
5. Arthur Armstrong, entrevista con Collin Hansen, 18 de marzo, 2021.

Epílogo

1. «Tim Keller on Reformed Resurgence», audio del podcast *Life and Books and Everything*, 25 de enero, 2021, https://lifeandbooksandeverything.sounder.fm/episode/27.
2. Timothy Keller, *Caminando con Dios a través del dolor y el sufrimiento* (Poiema, 2018), cap. 7.